고전, 내 마음의
엘리시움

# 고전, 내 마음의 엘리시움

차기태 지음

필맥

| 머리말 |

# 내 마음의 엘리시움을 찾아

*나의 날들은 얼마나 빨리 날아갔던고!*

16세기의 위대한 인문주의자 에라스무스가 마흔을 눈앞에 두고 남긴 시의 한 구절이다. 이제 쉰을 맞이한 내가 때때로 지난날을 돌이켜볼 때마다 떠올리는 구절이기도 하다. 쉰, 계절로 따지면 인생의 가을이요, 하루로 치면 저녁이다. 지나간 여름은 다시 오지 않고, 한낮의 강렬한 태양도 모두 사라져 버렸다. 도종환 시인도 〈저녁 무렵〉이라는 시에서 이렇게 읊은 바 있다.

*사라진 것들은*
*다시 돌아오지 않을 것이다.*

그래서 나는 요즘 고요한 마음으로 묵연히 살아가고 있다. 산탄드레아 산장에 머무르던 마키아벨리처럼.

그런 가운데 하나의 작업을 시도하게 됐다. 지난 10여 년간 읽은 고전을 재음미 또는 재해석하고 그 향기를 오늘에 되살려보기로 한 것이다. 내 비록 특별한 학위도 없고 전문지식도 부족하지만, 나름대로 축적한 상식과 판단력을 바탕으로 고전을 재조명하기로 결심했다. 그렇게 하면서 인생의 큰 고비에 와 있는 나의 지난날을 돌이켜보고, 좀더 조화롭고 아름다운 세계에 대한 꿈도 꿔 보고 싶었다.

이번 작업은 말하자면 고전과 현실의 접점을 찾아보려는 노력이라고 할 수 있다. 지금까지 기자로서 접해온 이 나라 또는 이 세계의 현실과 고전이 서로 잘 어울릴 때가 많았다. 고전을 읽다 보면 현실세계의 모습이 떠오르고, 거꾸로 현실세계를 들여다보면 고전의 한 부분이 상기된다.

이를테면 최근 '토플대란'으로 나타난 영어교육 광풍과 '0교시 수업' 등을 보면 장 자크 루소의 《에밀》에서 제시된 교육론이 떠오른다. 어릴 때는 외국어 교육을 할 필요가 없으며 자연의 섭리에 맞는 교육이 이루어져야 한다고 루소는 호소했지만, 우리의 교육은 그와 정반대로 청소년들을 괴롭힌다. 영화 〈300〉을 관람할 때는 '역사의 아버지' 헤로도토스가 지하에서 얼마나 눈물 흘리고 있을까를 상상해 보았다. 그가 《역사》에 기록해놓은 테르모필라이 전투가 너무도 괴이한 모습으로 윤색됐기 때문이다.

네 영혼을 돌아보라는 소크라테스의 가르침과 인간의 힘으로 어쩔 수 없는 일이라면 침착하게 받아들이라는 스피노자의 말씀에 이르면 숙연해진다. 이처럼 고전 속 이야기와 가르침은 오래도록 내 마음 속에서 태양이 되어 빛나고 샘물이 되어 흐르고 있다.

나의 고전 읽기는 꽤 오래 됐다. 1990년대 초반부터 시작됐으니 대략 15년

정도 되는 셈이다. 내가 기자로 일하는 가운데서도 고전에 눈을 돌린 데는 몇 가지 이유가 있었다.

우선 내 영혼이 갈피를 잡지 못한 채 이리저리 떠돌게 하지 말아야겠다고 생각했다. 기자로서 많은 정보와 이야기를 들으면서 취재하고 보도해야 하는데, 나름대로 판단의 중심을 세워야겠다고 생각했다. 그렇게 하기 위해서는 건전한 상식이 무엇보다 중요하고, 그것은 바로 고전에서 찾을 수 있을 것이라고 믿었다. 그리스 신화에서 여기저기 바다를 떠돌던 델로스 섬이 한 곳에 고정되듯 내 영혼도 중심을 잡게 하고 싶었던 것이다.

수많은 출판사에서 헤아릴 수 없이 많은 책을 쏟아내고 있지만, 정작 진정한 지혜로 초대하는 책은 많지 않다. 대부분의 책은 오히려 '영혼의 칼'을 무디게 만들 뿐이다. 잡초같이 많은 서적들 중에서 지혜의 샘물이 되고 영혼의 양식이 되는 것은 결국 고전뿐이라고 나는 생각했다.

아울러 자식을 키우는 입장에서 고전을 하나의 유산으로서 남겨주고자 했다. 유형의 고전, 즉 출판된 책은 물론이고 그 고전을 통해 습득하게 되는 무형의 지식과 정신까지 자식에게 물려주고 싶었다.

사실 우리 집안에는 더 중요한 유산이 이미 있다. 그것은 할아버지로부터 이어져온 '3대 기자 가문'이라는 전통과 자긍심이다. 할아버지는 구한말 〈만세보〉의 기자와 일제시대 〈천도교회월보〉의 발행인을 지내셨고, 작은 할아버지는 월간지 〈개벽〉의 주필을 역임하셨다. 아버지는 1950년대에 〈강원일보〉에서 정경부장 등을 맡으시면서 날카로운 필봉을 휘두르셨다. 국내에 '3대 기자 가문'은 우리밖에 없는 것으로 알고 있다. 우리 아이들도 점차 그것을 의식하고 있다. 4대째 기자가 되겠다고 결심할 수도 있다. 나도 그것은 찬성이지만, 그렇게 될지는 아직 알 수 없다. 다만 나로서는 우선 가능한 대로 그러한 유산에 '고전'이라는 하나의 자산을 더해 주고 싶었다.

나는 버스나 지하철로 출퇴근하면서, 혹은 기사마감 후 쉬는 시간을 이용해 고전을 틈틈이 읽었다. 집에서는 잠들기 전이나 주말에 집중적으로 읽었다. 평일에는 독서에 할애할 수 있는 시간이 30분 내지 1시간에 불과했다. 그렇지만 그 시간의 토막들을 허비하지 않고 15년 동안 착실히 축적한 결과, 제법 많은 고전을 읽을 수 있게 됐다.

그사이 나는 동서양과 한국, 고대와 중세, 근대와 현대를 넘나들었다. 동양 고전을 집중적으로 읽다가 서양의 고전에 매달리기도 하고, 때로는 우리나라 고전을 찾았다. 어떤 때는 프랑스 소설을 탐독하다가 영미문학으로 넘어가고, 또 어느 시기에는 서양 근대사상을 주로 읽었다. 물론 번역된 것을 중심으로 봤지만, 필요할 때는 원문을 찾아 부분적으로 대조해보거나 완전히 다시 읽기도 했다.

고대 그리스와 로마의 작품은 특히나 오랫동안 나를 사로잡고 놓아주지 않았다. 플라톤과 아리스토텔레스, 마르쿠스 아우렐리우스의 철학, 호메로스와 베르길리우스의 서사시, 헤로도토스와 투키디데스의 역사, 헤시오도스와 아폴로도로스, 오비디우스의 신화 이야기, 아이스킬로스와 소포클레스, 테렌티우스 등의 비극과 희극, 크세노폰의 회상기, 율리우스 카이사르의 전쟁기, 키케로의 저작들, 플루타르코스의 영웅전 등을 손에 닿는 대로 탐독했다. 에드워드 기번이나 시오노 나나미 등의 로마사 관련서적도 흥미있게 읽어나갔다. 그리스와 로마의 고전을 더 실감나게 즐기기 위해 라틴어를 홀로 공부하기도 했다.

그것은 향기로운 늪이었다. 그 늪은 세이렌처럼 자꾸 나를 끌어당겼다. 근대

고전을 읽다가 나도 모르게 다시 그리스와 로마의 고전으로 되돌아가곤 했다.

그럴 수밖에 없었다. 서양의 근대 저작들은 결국 그리스와 로마에 빚진 바가 많기 때문이다. 근대고전에 제시된 이론의 근거는 주로 그리스 로마의 저작이나 역사에서 도출된 것이었고, 인용된 구절도 마찬가지였다. 근대고전이 담고 있는 논리도 상당부분 그리스와 로마의 고전에서 그 원천을 찾을 수 있었다. 그리스와 로마의 고전이 아이트나(에트나) 화산이라면, 근대고전은 그 화산에서 흘러나온 용암이라고 말할 수 있을 것이다. 따라서 나는 틈만 나면 아이트나 화산으로 접근하려고 했던 것이다.

나는 인류의 위대한 스승들이 남긴 작품들을 언제나 경건한 마음으로 읽었다. 그 작품에 다가갈 때면 잡념은 사라지고 온전히 그 속으로 빠져 들어갔다. 일찍이 마키아벨리가 표현한 그대로다.

그렇게 보내는 네 시간 동안 나는 전혀 지루함을 느끼지 않네. 모든 고뇌를 잊고, 가난도 두렵지 않게 되고, 죽음에 대한 공포도 느끼지 않게 되고 말일세. 그들의 세계에 전신전령(全身全靈)으로 들어가 있기 때문이겠지.

마키아벨리는 자신의 서재에 들어갈 때 관복을 입었다고 한다. 책을 읽을 때 그만큼 진지하고 경건했던 것이다. 그렇지만 나는 고전을 읽을 때 마키아벨리처럼 관복을 입은 것도 아니요, 4시간이나 몰두하지도 못했다. 버스나 전철에서 서서 읽기도 했고, 잠들기 전에 눕거나 엎드린 채로 읽은 날도 많았다. 그렇지만 고전을 대할 때의 마음은 마키아벨리나 나나 별로 다르지 않으리라.

진실로 인류의 스승들이 남긴 고전은 인생과 세계의 좌표요 지침이고, 영원한 지혜의 교과서다. 영원히 지지 않는 '불멸의 꽃'이다. 그 꽃에서 피어나는 향기는 온 누리에 퍼져 있고, 우리는 그 향기를 맡으며 오늘도 살아간다. 특히 플라톤의 철학서적과 에우리피데스 등의 그리스 비극, 에라스무스와 몽테뉴, 스피노자, 루소 등의 저작은 더욱 짙은 향기와 여운을 우리에게 선사하는 것 같다.

고전을 읽는 것은 또한 정신수양의 좋은 과정이기도 했다. 모르는 사이에 나도 변하는 것 같았다. 이전에 비해 성정이 온화해지고 이해심도 커져 갔다. 즐기면서도 탐닉하지 않고, 슬퍼할 때도 상심하지 않게 됐다. 그 누구와 충돌할 만한 일이 벌어져도 웬만하면 참고 양보했다. 인간과 세계에 관한 식견과 안목도 조금은 넓어지는 것 같았다. 괴테가 이야기했듯이 고전에는 "고상한 생활의 지혜, 숭고한 사고방식, 순수하고 강력한 직관"이 들어있기 때문일 것이다.

이렇듯 고전은 오랫동안 나의 동반자였고 내 마음의 엘리시움이었다. 기쁠 때나 슬플 때, 즐거울 때나 괴로울 때 고전은 변함없는 벗이었다. 베누스 여신이 아이네아스를 구름으로 가려주듯 고전의 향기와 여운은 나를 감싸주었다.

고전을 읽으면서 나는 시대에 뒤떨어진 사람, 냉소적인 인간이 되기도 했다. 세상의 일과 사람들이 공허한 가면놀이를 하는 것처럼 보였다. 이 세계가 자기 욕심만 채우려고 나라를 전란에 몰아넣었던 트로이의 파리스 왕자 같은 사람들로 가득 찬 것 같았다. 때문에 내 마음은 때때로 이 세상에 등을 돌리곤 했다.

그럼에도 고전을 계속 읽은 것은 머리를 식히고 휴식을 취하는 데도 더없이 좋았기 때문이다. 하루 일을 마치고 나서 잠깐이나마 고전을 읽는 것은 그 어떤 오락보다도 재미있고 여유를 가져다준다. 베토벤이나 모차르트, 슈베르트, 브람스의 음악까지 함께 들으면 그야말로 최고의 휴식이 된다.

슬프고 힘들었던 추억도 있다. 나의 고전편력 기간은 병고에 시달리고 노쇠해진 부모님과 함께한 기간이기도 하다. 내가 고전을 본격적으로 탐독하기 시작할 무렵 어머니께서 중풍으로 쓰러지셨다. 춘천의 한 병원에 입원하신 어머니를 간병하던 어느 날 아침 눈시울이 뜨거워졌다. 같은 병실을 쓰는 환자에게서 간밤의 이야기를 전해 들었기 때문이다. 그날 나는 간병을 하며 책을 읽다가 새벽녘에 잠들었는데, 잠에서 깬 어머니가 나의 잠든 모습을 보시고는 당신의 이불을 밀어 나에게 덮어주셨다는 것이다. 오, 나의 어머니!

그때 어머니의 병실에서 읽었던 것이 단테의 《신곡》이었던 것으로 기억한다. 며칠 후 어머니가 퇴원하셨다. 나는 아버지와 어머니를 당시 내가 살고 있던 경기도 원당의 작은 아파트로 모셔왔다. 그 후 어머니는 6년 동안 앓다가 돌아가셨고, 아버지는 그로부터 7년 후 역시 세상을 등지셨다. 만약 천국이 《신곡》에 묘사된 바와 같다면, 어머니가 베아트리체처럼 먼저 가서 기다리시다가 아버지를 맞아 편안하게 인도해드렸으리라고 나는 믿는다.

내가 부모님을 모시고 살 때 자식된 도리를 다하고자 했지만, 고전 읽는 재미에 빠진 나머지 부모님께 소홀히 했다는 생각도 든다. 그래서 지금도 때때로 회한에 빠지기도 한다. 돌아가신 부모님께 죄스러운 마음 금할 길이 없다.

나는 대학을 졸업하고 직장을 몇 차례 옮겼다. 오디세우스나 아이네아스처럼 '이 운명에서 저 운명으로' 옮겨다녔다. 앞으로 어떤 운명이 나를 기다리는지 알 수 없다. 다만 "운명이 길을 열어준다"고 하니 그것만 믿을 따름이다. 내게 다가올 운명이 무엇이든, 그것은 운명의 여신이 준비할 일이다. 나는 그저 나의 정원을 가꾸어나가면 된다.

그렇지만 나는 어느 한 분야에 천착한 일이 없고, 따라서 깊은 지식을 갖추지 못했다. 사학자보다는 역사를 모르고, 철학자보다는 철학에 어둡다. 문학에도 문외한이다. '세상이라는 학교'에서 이리저리 흘러 다니며 주워들은 잡다한 지식만 가지고 있다. 그저 고전의 향기를 좋아서 즐겼으니, '고전 애호가'일 뿐이다. 나처럼 속된 인간이 고전을 제대로 이해하고 쓴다는 것은 사실 무리다. 아폴로 신에게 악기 솜씨를 겨루자고 도전했던 마르시아스의 행동보다 더 무모한 짓일 수도 있다.

게다가 나는 대부분의 책을 한글 번역본으로 읽었고, 이 책의 원고 또한 그것을 바탕으로 썼다. 전문가들이 보기에는 내가 읽은 것이 껍데기에 불과할지도 모른다. 인류의 스승들이 남긴 고귀한 저작과 가르침을 왜곡하거나 통속적으로 해석하지 않았을까 하는 두려움은 더욱 크다. 그 스승들의 신발을 닦아줄 자격조차 없는 주제에 신발 끈을 풀어보겠다고 나섰으니 얼마나 당돌한 일인가? 진실로 걱정이 앞선다.

이렇게 내 약점과 한계를 잘 알기에 이 책에 대해서 그 어떤 전문가가 비난하고 책망한다 해도 감수할 것이다. 다만 나는 어려운 고전이라도 '상식의 빛'을 통해 접근하고 이해하고자 애썼음을 밝혀두고 싶다. 그 밖의 어떤 변명도 하지 않을 것이다.

하나 믿는 것이 있다면 위대한 스승들의 관대함이다. 전문가들은 나를 비난할지 몰라도 내가 경애하는 인류의 스승들은 오히려 내 머리를 쓰다듬어줄 것으로 믿는다. 내가 비록 오해한 대목이 있을지라도 그들은 나를 책망하지 않고 너그럽게 용서해주리라 생각한다. 나의 지적 능력이 부족하긴 하지만, 언제나 진실한 마음으로 고전을 읽었음을 그 스승들은 이해해주리라 믿는다.

이제까지 나는 책 쓰는 것이 내 운명에는 없는 일이라고 생각해 왔다. 이제 내가 이 세상에서 새롭게 더 할 일은 없을 줄 알았다. 더욱이 내가 고전을 가지고 책을 쓰게 되리라고는 꿈에도 생각하지 못했다. 그렇기에 집필을 결심하기까지 상당히 망설이지 않을 수 없었다.

결심한 다음에도 어떤 고전을 갖고 쓸 것인지를 놓고 다소 고심했다. 우러나오는 향기가 강하고 비교적 느끼기 쉬운 것을 고르기로 했다. 그리고 가급적이면 남녀노소 누구나 접해볼 수 있는 보편적인 내용의 저작을 중심으로 구성하려고 했다.

내용은 빛나지만 번역이 나쁘거나 완역이 아닌 경우는 제외했다. 이 때문에 내가 소중하다고 여기는 몇몇 고전을 제외시킬 수밖에 없었다. 어떤 고전은 국내에서 여러 판본으로 번역본이 나오기도 했다. 그리스어나 라틴어로 씌어진 원서가 영어나 프랑스어 혹은 일본어를 거쳐 우리말로 옮겨진 것이 있는가 하면, 원문에서 직접 번역된 것도 있다. 두 가지 다 나온 경우에는 서로 대조해보기도 했다.

이렇게 해서 모두 18편의 글을 쓰고 2편씩 9장으로 묶었다. 그리스 신화에 나오는 무사이 여신들의 수에 맞춘 것이다. 각 장에는 특별한 제목 대신 무사이 여신들의 이름을 붙였다. 헤로도토스의 《역사》를 흉내 낸 것이다. 외람된 일이기는 하지만, 이 역시 '역사의 아버지' 께서 양해해주리라 믿는다.

낮에는 회사에 나가서 일을 해야 하는 까닭에 집필 작업은 퇴근 후 밤 시간과 주말에 집중적으로 진행됐다. 예전에 읽었던 고전들을 다시 찾아내 요점과 골자를 정리하는 것이 쉬운 일은 아니었다. 그러다 보니 집필에만 4개월 이상

소요됐다.

그사이 밤잠이 부족해 다소 힘들긴 했지만, 행복한 시간이었다. 고전의 향기를 그야말로 진하게 맡아보았기 때문이다. 이렇게 나의 고전편력을 정리하고 나니 나름대로 뿌듯함도 느낀다. 그동안 내가 고전을 읽을 때마다 책갈피에 하나씩 꽂아 두었던 낙엽들과 해후하는 것 역시 흐뭇한 경험이었다.

그런가 하면 나는 때때로 진한 감상에 젖어들기도 했다. 예전에 읽었던 고전을 되새기면서 글을 쓰다 보니 자연스럽게 지난날을 돌아보게 됐다. 나와 우리 가족의 삶의 궤적을 생각하면서 갖가지 상념과 회오에 사로잡히곤 했다. 돌아가신 어머니와 아버지가 몹시 그리워지기도 했다. 때로는 지난 시간을 돌이킬 수만 있다면 얼마나 좋을까 하는 어리석은 생각도 했다.

내가 이렇게 마음의 카타르시스를 겪으면서 집필 작업에 몰두하는 동안 집안일을 전혀 돕지 못했다. 그런데도 아무 불만 없이 성원해준 집사람과 고등학생 아들, 초등학생 딸, 그리고 귀여운 강아지에게 고마움을 표한다. 이 아이들이 앞으로 몸과 마음 모두 건실하게 커나가기를 바라는 마음이다. 그리고 이 책을 쓰라고 권유하고 다 쓸 때까지 기다려주면서 가장 큰 격려를 해준 두 사람, 즉 필맥출판사의 이주명 대표와 문나영 씨에게 진심으로 감사드린다. 두 분의 격려가 없었다면 이 책은 착수되지도 못했을 것이며, 두 분의 기다림이 없었으면 완성되지 못했을 것이다. 출판사의 무궁한 발전을 기원한다.

내가 이 책을 내고 뿌듯함을 느끼게 된 것은 궁극적으로 돌아가신 어머니와 아버지 덕분이다. 나를 키워주시느라 평생 애쓰셨던 부모님의 노고가 있었기에 나의 오늘날이 있게 되었음을 새삼 깨닫는다. 그러므로 이 책을 어머니, 아버지의 영혼에 바치고자 한다.

끝으로 보잘것없는 이 책이 모든 사람들이 고전의 향기를 제대로 느끼고 윤기 있는 삶과 성숙한 행복, 조화로운 세계를 만들어 나가는 데 조금이나마 보탬이 되기를 기대해본다.

2007년 8월, 차기태

차례

머리말 | 내 마음의 엘리시움을 찾아 ___5

## 클리오

### 이 운명에서 저 운명으로 ___23
호메로스 《오디세이아》
베르길리우스 《아이네이스》

### 인간세계와 가까이 있는 신 ___44
오비디우스 《변신》
헤시오도스 《노동의 나날》《신통기》

## 에우테르페

### 영원한 강대국도 영원한 약소국도 없다 ___63
헤로도토스 《역사》

### 철학의 여신이 통치하는 나라는 가능할까 ___80
플라톤 《국가론》

## 탈리아

### '성스러운' 전쟁범죄의 기록 ___99
《구약성서》

### 위대한 스승의 거룩한 최후와 영혼의 불멸 ___112
플라톤 《파이돈》 《신약성서》

## 멜포메네

### 중용, 행복과 정의의 원리 ___129
아리스토텔레스 《니코마코스 윤리학》
플라톤 《필레보스》

### 오케스트라 같은 공화국을 위한 충언 ___144
키케로 《의무론》

## 테르프시코레

### 도덕미의 극치 ___163
아이스킬로스, 소포클레스, 에우리피데스의 그리스 비극

### 고결한 맏딸의 희생과 부활 ___180
괴테 《타우리스의 이피게니에》
에우리피데스 《타우리스의 이피게네이아》

## 에라토

### 난세 돌파를 위한 냉정한 통치전략 ___195
니콜로 마키아벨리 《군주론》 《로마사 논고》

### 위선자들에게 보내는 통렬한 풍자의 화살 ___212
에라스무스 《우신예찬》

## 폴림니아

### 무지의 나라와 학문의 은혜 ___231
프랜시스 베이컨 《학문의 진보》

### 이성에 따라 사는 사람은 드물다 ___248
스피노자 《에티카》

## 우라니아

### 자연의 섭리에 따른 교육 ___265
루소 《에밀》

### 광신의 병에 이성의 빛을 ___283
볼테르 《관용론》

## 칼리오페

### 베누스 여신처럼 아름다운 어머니의 사랑과 지혜 ___303
존 스타인벡 《분노의 포도》

### 생명을 구하는 직업정신의 영웅 ___315
알베르 카뮈 《페스트》

'클리오'에서 '칼리오페'까지 아홉 개의 장별 제목은 그리스 신화에 나오는 무사이(영어로는 '뮤즈') 여신들의 이름이다. 이들 여신은 문화와 예술을 축복하고 찬양한다. 고대 그리스의 서사시인 헤시오도스의 《신통기》에 따르면 무사이 여신들은 제우스 신과 기억의 여신 므네모시네 사이에서 태어나 성스러운 헬리콘 산에 산다. 헤시오도스는 "여신들의 입에서 사랑스러운 노래가 절로 흘러나오며, 달콤한 선율로 만물의 법칙과 고귀한 신을 찬양한다"고 했다. 클리오는 역사, 에우테르페는 서정시와 음악, 탈리아는 희극, 멜포메네는 비극, 테르프시코레는 춤, 에라토는 연애시, 폴림니아는 무언극과 찬가, 우라니아는 천문학, 칼리오페는 서사시를 각각 관장한다.

# 클리오

### 이 운명에서 저 운명으로
호메로스 《오디세이아》
베르길리우스 《아이네이스》

### 인간세계와 가까이 있는 신
오비디우스 《변신》
헤시오도스 《노동의 나날》 《신통기》

# 이 운명에서 저 운명으로

호메로스 《오디세이아》
베르길리우스 《아이네이스》

여기 고대의 영웅 두 사람이 있다. 오디세우스와 아이네아스가 그들이다. 오디세우스는 트로이를 공격하는 그리스 연합군의 최고 영웅이었고, 아이네아스는 그리스와 맞서다 패망한 트로이 왕국의 유능한 장수 가운데 한 사람이었다. 그들이 실존인물인지 아닌지는 모른다. 그러나 그들의 이름은 위대한 문학가의 위대한 작품 속에서 오늘날까지 전해지고 있다. 전자는 그리스의 서사시인 호메로스가 쓴 《오디세이아》의 주인공이고, 후자는 로마의 시인 베르길리우스가 쓴 《아이네이스》를 찬란하게 장식한 인물이다. 이들 두 영웅은 긴 세월동안 바다와 육지를 떠돌아다니며 온갖 고난과 풍랑을 다 겪었다. 그렇지만 그 고난을 헤치고 소기의 목적을 달성하는 데 성공한다. 이들의 유랑에는 인생의 행운과 불운, 운명의 변전이 모두 담겨 있다.

 오디세우스와 아이네아스의 이야기는 모두 트로이에서 시작한다. 출발의 내용은 서로 정반대다. 오디세우스는 승리한 군대의 영웅이었던 반면 아이네아스는 패배한 나라의 장수였다. 오디세우스는 이타카라는 작은 도시국가의 왕으로서 그리스의 트로이 원정에 참여했다. 그는 트로이를 함락시킬 결정적인 계책을 내놓음으로써 전쟁을 승리로 이끈다. 그리스 병사를 숨긴 목마를 만들어 난공불락의 트로이 성 안에 들여놓은 것이다. 계획은 대성공을 거두었고, 그는 최고의 전쟁영웅이자 '지략이 뛰어난' 인물의 상징이 됐다. 아이네아스는 패망하는 나라의 장수로서 트로이의 최후를 바라보면서 황망하게 탈출한다. 그는 아버지와 아들, 살아남은 일부 병사와 유민들과 함께 탈출하지만, 아내는 잃고 만다.

이렇게 출발은 전혀 달랐지만, 이들의 행로는 여러 모로 비슷하다. 우선 둘 다 항해 도중 악전고투를 거듭한 끝에 간신히 목적지에 도달한다. 오디세우스는 10년간의 트로이전쟁 종결 후 전우들과 함께 귀국선에 오르지만, 돌아가는 길은 전쟁보다 더 험난했다. 예상 밖의 사태가 꼬리에 꼬리를 물고 일어난다. 그는 다시 10년을 모험 속에 떠돈다. 결국 그는 이타카에 20년 만에야 돌아간다. 그 과정을 잠깐 살펴보자.

귀국선에 오른 오디세우스는 키코네스 족의 나라와 채식을 하는 로토파고이 족의 나라를 거쳐 거인 키클롭스 족의 나라로 들어가 큰 불행을 겪는다. 외눈박이 거인 폴리페모스의 동굴에 갇혀 전우들을 잃게 된 것이다. 그는 꾀를 써서 폴리페모스의 눈을 멀게 하고 간신히 탈출한다.

이어 들어간 아이올리아 섬에서는 바람의 신 아이올로스로부터 환대를 받은 다음 배에 올라 귀환 길에 올랐다. 그러나 고향 이타카를 눈앞에 두고 배는 다시 먼 곳으로 밀려난다. 아이올로스 신이 무사히 항해할 수 있도록 실려 보낸 바람주머니를 병사들이 호기심을 참지 못하고 열자 바람이 몰려와 배를 멀리 밀어낸 것이다. 다시 표류하게 된 그들은 라이스트리고네스 족이 사는 나라에

트로이 성안으로 옮겨지는 트로이 목마

가족들과 함께 트로이 성을 탈출하는 아이네아스

서 전우들을 또다시 잃고는 겨우 빠져나와 아이아이에 섬에 들어간다. 이 섬에선 마녀 키르케에 의해 일부 전우들이 돼지로 바뀌는 등 우여곡절을 겪는다. 오디세우스는 헤르메스 신으로부터 약초를 얻어 키르케의 마법을 이겨낸 다음 거기서 1년 동안 머물렀다가 떠난다.

이어 저승에 들러 죽은 자의 영혼을 만나고, 세이렌이 유혹하는 해역 및 마녀 스킬라와 카리브디스가 지배하는 위험한 수역을 지나면서 또다시 일부 전우가 희생된다. 트리나키아 섬에서는 태양신 헬리오스의 암소를 잡아먹은 죄로 바다로 쫓겨나서 폭풍우를 만난다. 표류 끝에 도착한 오기기아 섬에서 오디세우스는, 구혼하는 여신 칼립소에 의해 7년 동안 동굴 속에 감금당했다가 신들의 도움으로 벗어난다. 그리고 바람과 파도에 밀려 흘러들어간 파이아케스족의 나라에서 알키노오스 왕의 도움을 받아 마침내 이타카에 도착한다. 그야말로 파란만장한 여정이다.

아이네아스는 불타는 트로이를 뒤로 하고 아버지 안키세스와 아들 아스카니우스 및 여러 휘하 장병들과 함께 탈출한다.

"이 운명에서 저 운명으로" 쫓겨난 것이다. 처음 도착한 트라키아에서 그는 트로이 왕 프리아모스의 아들 폴리도로스의 비참한 운명에 관한 이야기를 듣고 떠난다. 크레타 섬으로 가서 정착하려다가 전염병 때문에 포기하고 이오니아 해, 이탈리아, 시켈리아(시칠리아) 등지를 거쳐 표류 끝에 카르타고에 도착한다. 카르타고에서는 여왕 디도와 사실혼 관계에 들어갔다가 헤르메스 신으로부터 계시를 받고 다시 떠난다. 일행은 시켈리아 섬을 거쳐 이탈리아에 상륙한다. 이탈리아에서는 쿠마이에서 아폴로 신의 여사제 시빌레의 안내를 받아 저승 구경을 한 뒤 라티움 지역으로 들어가 대장정을 끝낸다. 유랑은 8년

쯤 걸렸다고 한다.

두 영웅은 유랑 도중 끊임없이 신의 후원과 견제를 받았다는 점에서도 서로 닮았다. 오디세우스는 여신 아테나로부터 절대적인 후원을 받았다. 아테나는 '제우스의 양아들'이기도 한 오디세우스가 생사의 고비를 맞을 때마다 결정적인 도움을 주었다. 칼립소의 동굴에 붙잡혀 있던 오디세우스가 다시 귀향길에 오르게 된 것도 '빛나는 눈의 여신' 아테나 덕분이었다. 오디세우스의 상황을 보고 고향으로 보내주자고 제우스에게 진언하여 허락을 받은 것이다. 아테나는 오디세우스가 이타카로 돌아간 뒤에도 아내 페넬로페를 괴롭혔던 구혼자를 물리칠 수 있도록 도와준다. 아테나가 없었다면 오디세우스는 귀환도 하지 못했을 것이고, 페넬로페의 구혼자들을 물리칠 계책도 세우지 못했을 것이다. 헤르메스도 오디세우스에게 약초를 만들어주어 키르케의 마술에 넘어가지 않게 막아주었다. 덕분에 오디세우스는 이미 돼지로 변했던 전우들을 다시 사람으로 변신하게 해주고 키르케의 마음까지 빼앗았다.

아이네아스는 '미의 여신' 베누스(아프로디테)의 아들이었다. 베누스는 바다에서 폭풍우에 시달리다 아프리카에 상륙한 아이네아스 일행이 방황할 때 "오직 전진하여 그대를 인도하는 길을 굳게 지키라"고 용기를 준다. 베누스는 유피테르(제우스)에게 더 이상 트로이인들을 고생시키지 말 것을 눈물로 호소하고, 이탈리아 반도 라티움에서 적대세력과 전쟁을 벌일 때도 아이네아스를 도와준다. 자애로운 베누스 여신은 남편 불카누스(헤파이스토스)에게 부탁해서 만든 갑옷과 방패를 아이네아스에게 선사하고, 전투 도중 날아오는 창끝의 방향을 돌려 그의 생명을 구해주기도 한다.

그런가 하면 두 영웅은 신의 미움과 견제도 받았다. 애초 오디세우스가 그토록 오래 유랑한 것은 바다의 신 포세이돈의 심술 때문이었고, 아이네아스가 패망한 고향을 떠나 고생 속에서 떠돈 것은 여신 유노(헤라)의 분노 때문이었다. 신의 뜻을 어겨서 화를 자초하기도 했다. 오디세우스 일행은 태양신 헬리오스의 소를 잡아먹은 죄로 황급히 쫓겨났고, 바람의 신 아이올로스의 경고를 듣지 않았다가 고향을 눈앞에 두고 다시 밀려나야 했다. 아이올로스 신은 다시 도와달라고 돌아온 오디세우스 일행을 냉정하게 호통 치고는 몰아낸다.

아이네아스는 바다를 떠돌 때뿐만 아니라 이탈리아 반도에 상륙한 후에도 여신 유노의 집중견제 때문에 악전고투했다. 유노는 아이네아스와 라티움 왕의 딸 라비니아의 결혼을 방해하고, 불화의 여신을 부추겨서 전쟁을 일으킨다. 라티움의 왕이 전쟁선포를 거절하자 직접 야누스 신전의 문을 열어 전쟁개시를 선포하고 기회 있을 때마다 적군을 도와준다.

오디세우스와 아이네아스가 유랑 도중 저승세계를 방문한 것도 닮았다. 오디세우스는 하데스의 집에 내려가 예언자 테이레시아스와 어머니를 만난다. 예언자와 어머니로부터 고향 이타카 및 아버지와 아내, 아들의 근황을 전해 듣는다. 또 트로이전쟁의 영웅 아킬레우스와 아가멤논, 아이아스 등의 영혼과 만난다. 아이아스를 본 오디세우스는 트로이전쟁에서 죽은 아킬레우스의 무구와 유품을 둘러싸고 그와 벌인 재판에서 굳이 이기려고 했던 것을 뒤늦게 후회한다. 이어 만난 아킬레우스에게는 "살아서는 고향에서 신처럼 추앙받았고 죽어서는 죽은 자들의 강력한 통치자가 되었으니 죽음을 슬퍼하지 말라"고 말한다. 그러나 기뻐하리라고 기대했던 아킬레우스는 뜻밖의 대답을 한다.

*이미 죽은 자들을 통치하느니 차라리 지상에서 머슴이 되어,*

농토도 없고 재산도 많지 않은 가난한 사람 밑에서 품팔이로 살고 싶소이다.

내세의 행복도 중요하지만 현세에서의 삶이 더욱 소중함을 이보다 잘 설명하는 말은 아마 없을 것이다.

이탈리아에 상륙한 아이네이스도 여사제 시빌레의 안내를 받아 저승여행을 다녀온다. 그곳에서 그는 매장되지 않은 사자의 영혼, 어린아이의 영혼, 자살한 자의 영혼 등을 목격하고 충격을 받는다. 트로이의 프리아모스 왕의 아들 데이포보스를 비롯해서 글라우코스, 메돈 등 트로이전쟁에서 희생된 용사들의 영혼을 만난다. 사랑에 희생된 영혼들이 모여 사는 곳에서는 디도 여왕을 만나 눈물을 흘린다. 생전에 지은 죄로 가혹한 형벌을 받고 있는 영혼들을 목격한 다음 그는 행복한 영혼들의 휴식처 엘리시움으로 진입한다. 그곳에는 음유시인 오르페우스, 트로이의 창설자 다르다노스 등의 영혼이 행복하게 쉬고 있다. 그는 마침내 아버지 안키세스의 영혼과 해후한다. 안키세스는 "사후에 저마다 자신의 운명을 받아들이게 된다"며 영혼의 인과응보를 설명한다. 벌 받을 영혼은 벌 받고, 소수의 영혼은 환희의 들판으로 들어간다고.

죽음의 세계(하데스)에 대한 베르길리우스의 이런 묘사는 단테의 《신곡》으로 이어진다. 단테는 《신곡》에서 베르길리우스의 안내를 받아 지옥과 연옥을 여행하고, 요절한 연인 베아트리체를 만나 천국여행까지 마친다. 만약 이런 이야기들이 작품 속 '허구'가 아니고 '사실'이라면 인류역사상 저승세계를 방문했던 사람이 최소한 3명은 되는 셈이다. 프랑수아 라블레의 풍자소설 《팡타그뤼엘》에 등장하는 인물 등까지 더하면 그 수가 더 늘어나기는 하겠지만.

이들 두 작품에는 빼놓을 수 없는 공통점이 하나 더 있다. 바로 '읽는 재미와 즐거움'이다. 운치 있고 의미심장한 어구와 표현들은 읽는 이로 하여금 헤아릴 수 없을 만큼 깊고 중후한 재미를 느끼게 해준다. 그 장대한 서사시의 준엄한 표현들을 따라가다 보면 때로는 엄숙해지고, 때로는 한숨과 눈물이 새어나온다. 언어구조가 전혀 다른 한국어 번역본으로 읽는 재미가 이러할진대 원어로 읽는 재미는 얼마나 크겠는가! 트로이 성을 발굴한 하인리히 실리만은 호메로스가 쓴 이 《오디세이아》와 또 다른 작품 《일리아스》의 그리스어 원문을 무수히 많이 읽고는 모조리 외워버렸다고 한다.

　차이점도 물론 있다. 가장 큰 차이는 앞서 이야기했듯이 오디세우스가 승자의 군대를 이끌던 영웅 중 한 사람이고, 아이네아스는 패장이라는 사실이다. 오디세우스는 20년 만에 귀환했는데도 어머니를 제외하고 아버지, 아내, 아들이 모두 살아 있었다. 이에 비해 아이네아스는 처음에 아내를 잃고 항해 도중 아버지까지 여의었다. 뒤늦게 아내의 영혼이 아이네아스에게 나타나 한 말이 눈시울을 적시게 한다.

*오오 사랑하는 낭군이여,*
*그렇게 미친 듯이 슬픔에 빠져드는 것이 무슨 도움이 되나요?*
*이런 일들은 신들의 동의 없이는 일어나지 않아요.*
*당신이 여기서 저를 데려간다는 것은 법도가 아니거니와,*
*높은 올림푸스의 저 위대한 통치자께서도 허용하시지 않아요.*
*긴 망명이 당신의 운명이며, 당신은 망망대해를 쟁기질해야 해요.*
*(…) 크레우사를 위해서라면 더 이상 눈물을 흘리지 마세요.*
*자, 이제 잘 가세요. 그리고 우리 두 사람의 아들을 언제까지나 사랑해주세요.*

인간 됨됨이에서도 다소 차이가 느껴진다. 오디세우스는 지략이 뛰어난 인물로 통한다. 호메로스는 그를 묘사할 때 '지략이 뛰어난 오디세우스', '계책에 능한 사람', '교활한 인물' 이라는 표현을 자주 사용한다. 그러나 용맹스럽다든가 현명한 군주 또는 장군이라는 평은 거의 없다. 그가 세운 지략 중 가장 대표적인 것이 바로 트로이 목마다. 오디세우스의 지략은 거기서 그치지 않고, 유랑하는 동안 위기를 탈출하는 과정에서도 유감없이 발휘된다. 키클롭스 족의 땅에 들어갔다가 폴리페모스의 동굴에서 빠져나올 수 있었던 것도 오디세우스의 '지략' 덕분이었다. 이타카에 당도한 다음 구혼자를 처치할 때도 꾀를 내어 성공을 거둔다.

귀향한 오디세우스가 유모에게 한 말은 가관이다. 얼굴에 난 흉터로 자신의 정체를 알아본 유모에게 그는 "잠자코 있지 않으면 비록 유모일지언정 살려두지 않을 것"이라고 위협한다. 자신에게 젖을 먹이고 길러준 유모에게 어찌 이렇게 배은망덕한 말을 서슴지 않고 할 수 있을까? 또한 그는 자신이 없는 동안 부인 페넬로페에게 구혼한 자들 108명 가운데 106명을 무참히 살해했다. 설득해서 원만하게 해결할 생각은 전혀 하지 않았다. 특히 한 인물에게는 가장 고통스러운 방법으로 죽음을 안겨줬다. 신의 사랑을 오용 또는 남용한 행위라고 생각된다.

그리스 비극에서도 오디세우스는 혀로 이간질을 일삼고, 우애 있는 친구 사이도 갈라놓는 자로 묘사됐다. 에우리피데스가 쓴 《트로이의 여인들》에서 전쟁이 끝나 오디세우스의 종으로 끌려가게 된 트로이의 왕비 헤카베는 "가장 교활하고 구역질나는 사내의 종이 되다니"라고 한탄한다. 이에 비해 아이네아스는 특별히 책잡힐 것이 없다. 작품에 묘사된 인간상으로 보면 비교적 경우에

밝은 인물인 듯하다.

　이렇듯 오디세우스와 아이네아스는 각기 유랑 도중 끝없는 불운과 행운의 불연속선을 오간다. 불운이 쌓여 행운을 낳고, 또 행운이 모여서 불운을 만들어낸다. 이들이 유랑 도중 만들어낸 로맨스는 행운의 상징이라고 할 수 있을지도 모르겠다.

　오디세우스는 오기기아 섬으로 밀려가서 '머리를 곱게 땋은' 여신 칼립소와 7년을 함께 지낸다. 칼립소는 오디세우스를 정성껏 떠받들면서 "죽지도 않고 늙지도 않게 해주겠다"고 약속한다. 그렇게 고향 이타카를 아주 잊도록 유혹한 것이다. 그렇지만 신들의 회의에서 오디세우스를 귀환시키기로 결정했다는 소식을 듣고 칼립소는 오디세우스에게 튼튼한 뗏목을 만들어주고 음식과 술까지 마련해준다. '불멸의 옷'도 만들어주고, 오디세우스가 뗏목을 타고 떠날 때에는 순풍을 보내준다. 오디세우스는 또 아이아이에 섬의 마녀 키르케의 궁전에서 1년 동안 살았다. 키르케 역시 오디세우스를 자신의 남편으로 삼아 눌러 살도록 하기 위해 정성을 다했다. 하지만 오디세우스가 떠나겠다는 뜻을 굽히지 않자 저승세계 여행과 스킬라—카리브디스 해역을 지날 때 겪게 될 위험과 대처법 등을 미리 알려준다.

　아이네아스도 카르타고에서 디도 여왕과 깊은 관계에 빠진다. 베누스 여신의 조화 때문이었다. 아이네아스는 그냥 그대로 정착할 수도 있었다. 그것도 하나의 인생으로서 충분히 괜찮았다. 하지만 '제2의 트로이' 건설이라는 중차대한 과업이 남아 있었기에 아이네아스는 디도를 뿌리치고 만다. 오디세우스가 10년 동안의 유랑 끝에 귀향해 아내 페넬로페를 온전히 되찾고 아버지와 아들을 다시 만난 것은 최고의 행운이라 할 수 있겠다. 20년 동안의 불운을 깨끗이

디도와 아이네아스

씻어내고도 남을 행운이다. 불운이 쌓여서 행운이 찾아온 셈이다. 아이네아스는 아내와 일찌감치 작별하고 유랑 도중 아버지까지 세상을 떠나는 불운을 겪었다. 이탈리아에 도착하고 라티움 족과 전투를 벌이기까지 시종 불운의 연속이었다. 그렇지만 결국에는 이런 난관을 뚫고 로마 창건의 기초를 닦았다. 이 역시 큰 행운이라 하지 않을 수 없다.

이렇게 오디세우스와 아이네아스는 이전의 불운을 행운으로 돌려놓는 데 성공했다. 그러나 그것으로 그들이 남은 생 전체의 행복까지 얻었다고 단정할 수는 없다. 오디세우스는 저승 방문 때 만난 예언자 테이레시아스로부터 행복한 말년을 보낼 것이란 예언을 들었다. 안락한 노년을 보낸 뒤 편안한 죽음을 맞이한다는 것이었다. 20년 만에 해후한 남편으로부터 이 이야기를 전해들은 페넬로페도 무척 기뻐한다. 예언대로만 되면 더없이 행복한 인생일 것이다.

그렇지만 오디세우스와 아이네아스는 모두 불행한 죽음을 맞이한다. 번역자 천병희 교수가 쓴 각주에 따르면, 오디세우스는 마녀 키르케와의 사이에 낳은 아들 텔레고노스에 의해 불의의 죽음을 당한다. 텔레고노스가 아버지를 찾으러 이타카에 갔다가 오디세우스를 알아보지 못하고 창을 던져 죽게 한다는 것이다. 물론 본의 아닌 사고였다. 오이디푸스가 거리에서 아버지 라이오스 왕을 본의 아니게 살해했듯이. 키르케와 나눴던 한때의 행운과 행복이 오디세우스에게 불행을 초래한 셈이다. 결국 오디세우스의 최후는 테이레시아스의 예언과는 반대로 끝났다.

천병희 교수의 설명에 의하면 아이네아스도 라티움에서 왕국을 세운 뒤 이웃나라와 전투를 벌이다 강가에서 전사했다고 한다. 그 시체조차 찾지 못했다고 전해진다. 아이네아스가 신이 됐다는 전설도 있지만, 설득력이 약한 것 같다. 사실은 아이네아스의 불행한 죽음을 미화하기 위한 것이라고 여겨진다.

그리스 로마 신화의 어법을 빌려 이야기하자면 운명의 여신이 하는 일에는 최고신도 개입할 수 없다. 제우스도 운명의 여신이 오디세우스와 아이네아스를 위해 준비해 놓은 운명의 실을 전혀 감지하지 못했다. 결국 오디세우스와 아이네아스는 모두 말년의 행운을 끝까지 지키지 못하고 불운하게 삶을 마감한 셈이다. 인간 운명의 변전을 이들 두 영웅이 경험한 유랑의 궤적만큼 잘 보여주는 예도 없을 것이다.

인생 유전과 관련해 눈여겨볼 만한 또 다른 대목은 안드로마케의 끝없는 변신이다. 트로이의 명장 헥토르의 아내였던 안드로마케는 트로이전쟁이 끝나자 그리스 군의 영웅 아킬레우스의 아들 네오프톨레모스(일명 피루스)의 노예로 끌려간다. 전사한 아킬레우스를 대신해서 그의 아들에게 보상으로 주어진 것이다. 아킬레우스는 남편 헥토르를 전사시킨 장본인이었다. 호메로스의 또 다른 서사시 《일리아스》를 보면 그녀의 아버지와 일곱 명의 오빠도 아킬레우스의 손에 죽었다. 게다가 그리스 군은 안드로마케와 헥토르 사이에 태어난 어린 아들 아스티아낙스를 높은 성벽에서 내던져 죽인다. 결국 안드로마케는 시아버지와 아들을 모두 전란으로 잃었고, 아버지와 오빠 그리고 남편까지 죽인 적장의 아들에게 노예로 끌려가게 된 것이다. 참으로 모질고 얄궂은 운명의 장난이다.

노예로 끌려간 안드로마케는 네오프톨레모스의 아들을 낳았다. 그러나 헤르미오네와 결혼한 네오프톨레모스는 그녀를 트로이 왕가 출신의 노예 헬레노스에게 넘겨줬다. 그런데 네오프톨레모스와 정식 부인 헤르미오네 사이에는 아이가 생기지 않았다. 그것이 안드로마케 때문이라고 생각한 헤르미오네는 그녀를 죽이려 하지만 실패하고, 대신 아가멤논의 아들 오레스테스를 끌어 들여 아폴론 신전에서 네오프톨레모스를 죽인다. 헬레노스와 안드로마케는 죽은 네오프톨레모스의 땅 일부를 받아 트로이와 비슷한 모양의 성과 왕국을 세웠다.

안드로마케는 용감한 장군의 아내에서 적장 아들의 노예로 전락했다가 다시 작은 왕국의 왕비로 변신한 것이다. 아이네아스는 유랑 도중 안드로마케와 헬레노스를 만난다. 안드로마케는 뜻밖의 해후에 놀라 기절까지 한다. 이들은 며칠 동안 함께 지내면서 회포를 푼 다음 다시 헤어진다. 아이네아스는 눈물을 흘리면서 작별의 말을 한다.

행복하게 오래 사시오. 그대들의 운명은 이미 성취되었소.
하지만 우리는 이 운명에서 저 운명으로 끊임없이 부름을 받고 있소.
그대들에게는 안식이 주어졌소. (…)
그대들은 (…) 그대들의 손으로 만든 트로야를 보고 있소.
만약 내가 언젠가 (…) 우리 백성에게 약속된 도시의 성벽들을 보게 된다면,
(…) 친족 도시들과 이웃 백성들을 결합시킬 것이오.
(…) 그리하여 우리는 정신적으로 하나의 트로야를 만들 것이오.

안드로마케의 끝없는 간난신고와 막바지에 잡은 행운, 아이네아스와의 해후, 그리고 또다시 작별……. 모두 다 극적인 운명의 반전이요 마음을 울리는 애절한 이야기들이다.

그리스인들은 인간의 행복과 행운에 대해 말할 때 언제나 최후까지 지켜봐

야 함을 강조했다. 최후를 맞기도 전에 미리 행복을 장담하지 말라는 것이다. 아테네의 입법자 솔론이 이와 관련된 금언을 남겼고, 아리스토텔레스도 프리아모스 왕의 예를 들어 비슷한 이치를 강조한다. 에우리피데스의 비극《트로이의 여인들》에서도 트로이의 왕비였던 헤카베가 "참으로 사람의 운명은 이 세상을 떠날 때까지 무상하기 이를 데 없구나"라고 탄식한다. 소포클레스의 비극《오이디푸스 왕》에도 이런 금언이 나온다. "삶의 저편에 이르기 전에는 이 세상 누구도 행복하다고 부르지 말라."

그리스와 트로이의 운명도 비슷한 구도로 조명해볼 수 있을 것 같다.《아이네이스》에서 주인공 아이네아스는 제2의 트로이를 건설해야 한다는 '천명'을 띠고 있었다. 그리스 군에 의해 멸망된 트로이를 이탈리아 반도에 가서 되살린다는 것이다. 뿐만 아니라 아이네아스의 후손들이 창건하는 로마가 트로이를 멸망시킨 그리스에 복수하도록 예정돼 있었다. 이는 저승에서 만난 아이네아스의 아버지 안키세스의 입을 통해 제시된다.

> 저기 저 사람(뭄미우스)은 아키비 족을 도륙함으로써 명성을 얻고는
> 코린토스의 승리자로 카피톨리움 언덕으로 전차를 몰게 될 것이다.
> 저기 저 사람(파울루스)은 아르고스와 아가멤논의 미케나이와
> 아이아쿠스의 후손으로 강력한 전사 아킬레우스의 자손인 페르세우스를 무찔러
> 트로야의 선조들과 모독당한 미네르바 신전을 위해 복수를 할 것이다.

사실《아이네이스》의 집필은 로마의 연원을 트로이로 소급하고, 그리스에 대한 정복과 지배를 정당화하려는 시도 중 하나였다. 이는 로마의 명장 율리우

스 카이사르가 스스로 베누스 여신의 후예라고 주장했던 것과도 일맥상통한다. 당시 로마에는 군사적으로는 그리스를 정복했지만, 문화적으로는 그리스에 정복당할지도 모른다는 두려움이 팽배했다. 때문에 그리스 문화에 압도당하지 않으려면 또 다른 뿌리를 내세워야 했다. 그 뿌리로 가장 그럴듯한 것이 트로이였던 것이다.

트로이의 불운은 결국 로마라는 행운으로 되살아난 반면에 그리스는 '제2의 트로이', 즉 로마에 의해 거꾸로 정복됨으로써 행운이 불운으로 바뀐 셈이다. 이쯤 되면 이런 가설들을 한번 세워봄 직하지 않을까. 하나, 인생의 행운과 불운을 지배하는 운명의 여신이 나라와 민족의 행운과 불운까지도 결정한다. 둘, 나라와 민족의 경우에도 불운이 쌓여서 행운이 되고, 행운이 지나치게 축적되면 불운에 의해 무너진다. 그러므로 영원한 강대국이란 없다.

《오디세이아》는 《일리아스》와 함께 호메로스가 남긴 인류 최초의 서사시다. 작품의 시대적 배경이 된 트로이전쟁은 기원전 12세기쯤으로 추정되고, 작품을 쓴 시기는 기원전 8세기로 알려져 있다. 오랫동안 단순한 전설로 간주돼왔으나, 19세기 독일인 하인리히 슐리만에 의해 발굴됨으로써 역사적 사실로 증명됐다. 《일리아스》는 트로이전쟁의 전투와 에피소드를 중심으로 기술된 데 비해, 《오디세이아》는 전쟁이 끝난 후 참전용사들을 이끌고 귀환하던 이타카의 왕 오디세우스의 개인적 모험을 소재로 삼았다. 이들 작품은 당시 지중해 일대를 누비던 그리스인들의 유랑과 개척의 역사와 세계관을 엿보게 한다. 그리스인들은 호메로스의 이 작품을 끊임없이 음미하면서 문화와 철학을 꽃피웠다. 기원전 5세기 그리스 문화가 철학, 문학, 건축 등 모든 면에서 황금기에 도달한 원동력도 바로 호메로스에 힘입은 바가 크다.

《아이네이스》 역시 트로이전쟁과 그 이후를 배경으로 한 서사시다. 그러나 집필 시기는 기원전 1세기 아우구스투스 황제 시대로, 로마가 1세기 이상의 내전과 혼란을 끝내고 제정으로 넘어간 직후였다. 이 같은 시대적 배경으로 말미암아 작품 속에는 로마의 혼돈을 끝내고 안정과 번영을 누리기를 희구하는 마음이 잘 나타나 있다. 이를테면 안키세스는 저승을 방문한 아들 아이네아스에게 로마의 미래를 보여주면서 이렇게 말한다.

*조국의 심장을 향하여 조국의 강력한 힘을 돌리지 마라.*
*올림푸스 신들의 혈통을 이어받은 네가 먼저 용서하고 손에서 무기를 던져라.*

아우구스투스 황제 치하의 평화(곽스 아우구스타, Pax Augusta) 또는 로마 제국의 평화(곽스 로마나, Pax Romana)를 위한 조언이라고 여겨도 될 것이다.
작가 베르길리우스는 12년 걸려 이 작품을 완성했지만, 죽음을 앞두고 소각하라고 유언했다고 한다. 만약 유언대로 했다면 인류문화의 위대한 금자탑 하나가 허망하게 사라졌을 것이다. 다행히도 황제 아우구스투스의 명으로 이 작품은 소각을 면했다. 그리고 1천 년 후에는 단테라는 또 다른 시성을 탄생시키는 정신적 자양분이 됐다. 단테는 《신곡》에서 베르길리우스에 대한 한없는 존경심을 표현했다.
《오디세이아》와 《아이네이스》를 통해 본 오디세우스와 아이네아스의 인생 유전을 보면 승자와 패자, 행운과 불운의 차이는 백지 한 장의 차이에 불과함을 절감하게 된다. 이렇게 사소한 차이는 역사상 많은 인물들이 보여준 바와 같다. 조선을 건국했지만 아들 방원에게 사실상 쫓겨난 태조 이성계나 세인트 헬레나 섬에서 쓸쓸하게 세상을 떠난 나폴레옹 등 많은 인물들이 행운과 불운의 덧없음을 보여준다.

몇 년 전 세상을 떠난 정주영 현대그룹 명예회장의 경우도 이와 비슷한 감상을 낳는다. 정 회장은 평생 자신의 노력과 행운의 후원을 바탕으로 거대 재벌을 일으키긴 했지만, 말년에는 험한 꼴을 당했다. 현대그룹의 해체를 겪는 데 그치지 않고 아들들 사이의 권력다툼까지 봐야 했다. 차라리 아들들 사이의 다툼을 보기 전에 세상을 떠났더라면 좋았을 것이라는 생각을 지울 수 없다.

행운과 불운은 권력이나 재산의 많고 적음을 가리지 않는다. 그것은 모든 인간을 무차별하게 대한다. 그러니 이제 여기서 다시 한번 되새겨 볼 필요가 있다. 불운이 쌓이면 어느덧 행운이 될 수 있고, 행운이 쌓이면 다시 불운을 맞이할 수도 있음을.

### 잊지 못할 구절들

《오디세이아》

† 신께서는 오늘은 이 사람에게, 내일은 저 사람에게 행복과 불행을 주시지요.

† 나쁜 짓은 잘되는 법이 없고 날랜 자를 느린 자가 따라잡는 법이지.

† 와 있는 손님을 환대하고, 가고 싶어 하는 손님은 보내주어야지.

† 진실로 많은 고생을 하며 떠돌아다닌 사람에게는 고통조차도 나중에는 즐거운 법.

† 사람은 결코 도리를 무시하지 말고, 무엇을 주시든 말없이 신의 선물을 받아들여야 할 것이오.

† 그대가 아무리 아는 게 많기로, 영생하시는 신들의 뜻을 다 헤아리기는 어려울 것이오.

† 누가 환대하는 사람들과 다투겠소.

《아이네이스》

† 나는 불행을 모르지 않기에 불쌍한 이들을 돕는 법을 배우고 있소.

† 우리는 이 운명에서 저 운명으로 끊임없이 부름을 받고 있소.

† 하늘이 정한 일을 기도로 바꿀 수 있다는 생각일랑 버려야지.

† 그는 지금도 대중의 인기라는 미풍을 너무 즐기고 있지.

† 각자가 시작한 대로 노고나 행운을 거두게 될 것이오.

† 인간의 마음은 운명과 다가올 미래사를 알지 못한 채, 행운이 떠받쳐주면 절제할 줄 모르는 법이다.

† 전쟁에 안전이란 없소.

† 불행한 자들에게도 행운이 따를지 누가 알겠소!

† 그대의 행운을 이용하도록 하시오! 그대는 더 이상 증오하지 마시오!

## 참고서적

《오뒷세이아》 호메로스 지음, 천병희 옮김, 숲, 2006년
《일리아스》 호메로스 지음, 천병희 옮김, 숲, 2007년
《일리아스/오뒷세이아》 호메로스 지음, 김병익 옮김, 삼성출판사, 1988년

《아이네이스》 베르길리우스 지음, 천병희 옮김, 숲, 2004년

《아이네이스》 베르길리우스 지음, 유영 옮김, 혜원출판사, 1994년

《하인리히 슐리만 자서전》 하인리히 슐리만 지음, 김병모 옮김, 일빛, 2004년

# 인간세계와 가까이 있는 신

오비디우스 《변신》
헤시오도스 《노동의 나날》《신통기》

절에 가면 보리수를 흔히 만난다. 부처님이 보리수 밑에서 깨달음을 얻었다고 하므로 절에 보리수를 심어두는 것은 자연스런 일이다. 속리산 법주사 입구에는 보리수 길을 조성한다는 소식도 들린다. 보리수가 죽 이어진 도로는 매우 아름답고 드라이브하기에도 좋을 듯하다. 그런데 나는 보리수를 볼 때마다 부처님보다는 그리스 신화의 한 대목을 떠올리곤 한다. 바로 필레몬과 바우키스에 관한 에피소드다.

어느날 유피테르(제우스)가 메르쿠리우스(헤르메스)와 함께 사람 모습으로 변장을 하고 프리기아 지방 시찰에 나섰다. 이 지역 여러 집의 문을 두드렸지만, 모두 다 지팡이와 막대기에 의지하고 있는 이들을 내쫓았다. 마지막으로 유피테르는 필레몬과 바우키스가 사는 허름한 초가집에 들렀다. 이 노부부는 달랐다. 가지고 있던 음식과 포도주로 변장한 유피테르 일행을 극진히 대접했다. 물론 그들은 방문객이 신인 줄은 전혀 몰랐다. 나중에는 기르고 있던 거위마저 잡으려고 했다. 노부부의 성의와 아름다운 마음씨에 감복한 유피테르는

유피테르와 메르쿠리우스에게 극진한 대접을 하는 필레몬과 바우키스

자신의 정체를 밝히고 거위를 잡지 말라고 했다. 그리고 노부부에게 소원을 말해보라고 했다. 금슬 좋은 노부부는 서로 죽음까지도 함께 하게 해달라고 말했다.

> 나는 아내를 묻고 싶지 않으며,
> 아내 또한 그럴 것이니,
> 둘 중 하나가 더 오래 살지 않게 해주십시오.

소박하고도 담백한 소망이다. 유피테르는 이들의 소망을 들어줬다. 그리하여 노부부는 충분히 해로한 어느 날 서로 작별인사를 나눈 뒤 각각 갈참나무와 보리수로 변했다. 너무나 아름답지 않은가! 그리스로마 신화의 많은 에피소드들 가운데 가장 감동적인 일화인 듯하다. 이 대목을 읽은 뒤부터 나는 보리수를 볼 때마다 필레몬과 바우키스 부부 이야기를 생각하면서 미소 짓곤 한다. 보리수도 더욱 신비롭게 여기게 됐다. 한편, 변장한 유피테르를 문전박대한 마을은 가혹한 징벌을 받았다. 마을 전체가 물에 잠겨 농병아리나 검둥오리 같은 늪지 새들이 모이는 연못이 됐다고 한다.

이 에피소드에 담긴 메시지는 간단하다. 신들은 선량한 사람들을 보살피고, 귀한 이들은 귀히 여김을 받는다는 것이다. 반면 신과 인간을 업신여기는 자들에게는 엄격한 응징이 뒤따른다.

오늘날 흔히 쓰는 용어로 말하자면 '글로벌' 한 규모로 무차별적인 응징이 인류에게 가해지기도 했다. 사건의 발단은 이러하다. 최고신 유피테르는 변장을 하고 아르카디아 지방을 돌아보고 있었다. 그러던 중 폭군 리카온의 집에서 천인공노할 장면을 목도하게 된다. 나그네를 대접한답시고 볼모로 잡힌 사람을 죽여 잔칫상을 차린 것이다. 이 끔찍한 모습에 격분한 유피테르는 그 자리에서 집을 불태우고 리카온을 이리로 만들어버렸다. 나아가 그는 인간세계에 이러한 죄악이 만연함을 깨닫고는 그 인류를 멸하고 새로운 인류를 창조하기로 결심한다.

이를 위해 그가 선택한 방법은 물난리였다. 비를 몰아오는 노토스, 무지개 여신 이리스, 바다의 신 넵투누스, 그리고 모든 강의 신들을 불러 모아 대홍수를 일으켰다. 노토스가 구름을 건드리자 비가 쏟아지고, 구름이 약해질 때쯤에는 이리스가 무지개에다 물을 실어 구름에 공급했다. 넵투누스는 삼지창으로 대지를 때려 물길을 트고, 강의 신들은 저마다 수문을 열었다. 온 땅은 물에 잠기고 땅 위에 사는 인간과 동물은 거의 다 익사했다.

그러나 단 한 쌍의 인간만은 목숨을 건졌다. 데우칼리온과 피라 부부가 그들이다. 신에 대한 믿음이 깊고 행실이 올곧았던 이들은 파르나소스 산으로 피신해 재난을 피했다. 유피테르는 나머지 인간이 모두 멸망한 것을 확인하고는 땅을 삼켜버린 물을 모두 빼냈다. 그러나 세상은 황량하기 그지없었다. 데우칼리온과 피라 부부는 너무나 외롭고 무서웠다. 이들은 만물의 이치를 주관하는 테미스 여신에게 함께 기도한다. 인류가 절멸한 이 땅을 수습할 수 있도록 도와달라고. 그러자 여신도 이들을 가엾게 생각하고는 인류를 재생하는 방법을 알려준다. 어머니의 뼈인 대지의 돌을 어깨 너머로 던지자 새로운 인간들이 생겨난다. 이로써 유피테르의 뜻대로 '새로운 인류'가 생겨나게 됐다. 오비디우스의 《변신》에 따르면 오늘날 지구상에 살고 있는 인간은 말하자면 '새로운 인류'인 셈이다.

이렇게 새로 생겨난 인간들은 여러 신이나 요정들과 갖가지 애증관계와 사연을 만들어낸다. 그런 과정에서 인간은 준수해야 할 규범과 법도를 자각하고 축적해간다. 그리고 무엇보다 인과응보라는 필연의 법칙을 피할 수 없게 됐다. 신과의 관계에서건 인간과의 관계에서건 인간의 도리를 다하는가에 따라 결과가 주어진다. 신을 공경하고 인간의 도리를 다하면 신의 사랑을 받는다. 반대로 신에게 불손하게 굴거나 인간의 도리를 다하지 않으면 어김없이 응징이 가해진다. 《변신》에서 우리는 그러한 사례들과 끊임없이 마주친다.

테바이의 왕비 니오베는 교만 때문에 자식들과 함께 비참한 최후를 맞았다. 어느 날 거리에서 여신 라토나(레토)에게 제사 지낼 것을 설파하는 여자를 보고는, 그녀를 비난하고 라토나와 자신을 비교하는 불경을 저지른 것이다. 니오베는 유피테르의 손녀요, 신들의 식사에 초대받았던 탄탈로스의 딸인 자기가 이름도 없는 여신 라토나보다 못할 게 뭐가 있냐고 주장했다. 게다가 여신 유노(헤라)의 질투로 1남 1녀만 둔 라토나에 비해 자신은 일곱 명의 아들과 일곱 명의 딸을 두었으니 훨씬 행복하다고 자랑했다. 이에 라토나 여신은 노발대발했다. 그녀의 아들과 딸인 아폴로(아폴론)와 디아나(아르테미스)가 화살을 쏘아 니오베의 자녀를 모조리 다 살해했다. 극심한 슬픔에 젖은 니오베는 눈물을 흘리며 돌로 변했다. 그 석상에서는 지금까지도 눈물이 흘러내린다고 한다.

리키아 지방의 농부들은 자연의 선물을 독점하려는 욕심을 부렸다. 라토나 여신이 아직 갓난아기이던 아폴로와 디아나 여신을 안고 온 세상을 떠돌다가 이 지역에 당도했을 때였다. 극심한 갈증을 해소하려 호숫물을 마시려는데 농부들이 방해했다. 여신은 누구나 마실 권리가 있는 물을 왜 못 마시게 하느냐며 자연은 개인의 사유재산이 아니라고 말했다. 어린 것들을 불쌍히 여겨달라

죽음을 맞는 니오베의 자녀들

고 하소연하기도 했다. 그러나 농부들은 아랑곳 않고 계속 방해했다. 심지어 호수 바닥을 휘저어 물을 흙탕물로 만들어놓았다. 화가 난 라토나는 "저들이 영원히 이 호수에 살게 하소서"라고 기원했다. 그러자 농부들은 개구리로 변하고 말았다.

키프로스 섬의 어느 도시에서는 사람들이 나그네를 죽이는 일이 발생했다. 이를 안 여신 베누스(아프로디테)는 살인을 한 사람들 중 처녀는 매춘부로, 나머지는 황소로 만들어버렸다. 인류 최초의 매춘부는 이렇게 생겨났다고 한다.

이 밖에도 많은 예가 있다. 마르시아스는 교만함이 지나쳐 아폴로 신과 피리 연주를 겨루자고 했다가 껍질이 벗겨진 채 죽어갔다. 대지의 여신 케레스의 숲에서 여신이 아끼는 우람한 떡갈나무를 베어낸 에릭시톤은 폭식증에 걸렸다. 그는 먹을 것을 마련하느라 가산을 탕진하자 딸까지 팔아먹었다. 그리고 급기야는 자신의 팔과 다리는 물론 몸뚱이까지 뜯어먹다가 죽음에 이르렀다.

아버지와 조국을 배신하고 새로 변한 스킬라의 일화도 있다. 메가라의 왕 니소스에게는 백발 사이에 보라색 머리카락이 한 올 있었다. 이 머리카락은 왕국을 지키는 일종의 수호신 역할을 했다. 어느 날 크레타의 왕 미노스가 공격해왔다. 미노스에게 마음을 빼앗긴 니소스의 딸 스킬라는 아버지가 잠든 사이에 보라색 머리카락을 뽑아 미노스에게 바쳤다. 미노스는 그 덕에 승리했지만, 사실을 알고는 스킬라의 행위를 범죄라고 꾸짖었다. 그리고 자기나라에 괴물을 들일 수는 없다며 그녀를 버리고 떠났다. 거의 반미치광이가 된 스킬라는 미노스 왕의 함대를 쫓아가 배를 잡았다. 그러나 물수리로 변한 니소스 왕이 부리로 쪼려고 스킬라를 덮쳤다. 놀란 그녀는 뱃머리에서 손을 놓고 떨어지면서 새로 변했다.

이 모든 비극은 신의 뜻을 어긴 데서 비롯됐다. 처벌의 이유가 제물봉헌의 의무를 소홀히 했다거나 우상숭배에 있는 것도 아니다. 단지 자연의 법도와 인류의 보편적인 규범을 어긴 데 있다. 사람을 죽여 손님을 대접하는 끔찍한 짓은 물론이고 교만과 탐욕, 배신은 모두 보편적 규범과 신의 뜻에 어긋난다. 모두가 자유롭게 쓸 수 있는 공유재산인 호수의 물을 마시지 못하게 하는 건 무지막지한 탐욕이요 월권이다. 더구나 갓난아기의 젖을 물리고 있는 어머니에게! 조국을 배신하는 것도 용서받지 못할 일인데 아버지까지 배반하는 것은 자연과 생명의 근본원리를 거역하는 짓이다.

자연의 법도, 즉 신의 이법이란 그리 특별한 게 아니다. 무조건적인 자기희생이나 신의 이름으로 행해지는 무조건적인 정복이 아니다. 그저 날마다 기본적인 인간의 도리를 지키며 살면 된다.

그리스로마 신화에서 인간과 신 사이의 관계는 합리적이다. 무조건적인 사랑이나 무조건적인 미움은 찾아보기 어렵다. 사랑이 머무를 만한 곳에는 사랑이 머무르고, 징벌이 필요한 경우에는 징벌이 가해진다. 그것은 신의 냉정하고 끊임없는 관찰에 의해 결정된다.

그리스의 시성 헤시오도스는 《노동과 나날》에서 "신들은 인간들 가까이에 계셔서 다른 사람들에게 고통을 주는 모든 자들을 예의주시한다"고 썼다. 최고신 제우스가 보낸 불멸의 파수꾼만도 3천 명에 이른다고 한다. 이들은 어디든지 가리지 않고 돌아다니며 잘못된 판결과 수치스러운 행동을 감시한다. 그 가운데는 제우스의 딸이자 성처녀인 '정의의 여신' 디케도 포함돼 있다. 누구보다도 그녀의 마음을 상하게 하지 말아야 한다. 그녀의 마음을 다치게 하거나 모욕하면 돌아오는 것은 제우스의 징벌뿐이다.

자신에게 애원하는 사람과 이방인을 학대하는 사람과 형제의 아내와 음탕한 짓거리를 하기 위해 형제의 침대에 올라가는 자, 혹은 사리분별이 없이 고아에게 부정한 짓을 저지르거나 황혼의 문턱에 선 백발의 아버지에게 욕설을 하며 거친 말로 대드는 자도 똑같은 악행을 저지르는 자로서 진실한 제우스 신의 저주를 받아 결국 자신의 비열한 행동에 대해 엄청난 죄과를 치르게 될 것이다.

문제의 해결방식도 사안의 경중에 따라 결정된다. 영웅 헤라클레스의 삶과 행적은 이런 합리성을 잘 보여준다. 헤라클레스는 제우스와 알크메네 사이에 태어났다. 제우스의 난봉행각은 그의 아내 헤라의 질투를 유발했다. 헤라클레스가 생후 8개월쯤 됐을 때 헤라는 그를 죽이려고 뱀 두 마리를 보냈다. 그러나 헤라클레스는 그 뱀들을 목 졸라 죽이고 살아났다. 헤라클레스는 장성하면서 더욱 힘이 세졌다. 소 떼를 습격한 사자를 잡고 자신을 때린 사람을 죽이는 등 대적할 사람이 없게 됐다.

그러나 계속되는 헤라의 질투로 인해 미쳐버린 헤라클레스는 자기 자식들을 죽이고 만다. 그러고는 자신의 죄를 정죄하고자 델포이 신전으로 가서 신탁을 받고, 12가지 고역을 치르기 위해 길을 떠난다. 네메아의 사자와 레르나 늪의 히드라를 죽이고, 케리네이아의 암사슴과 에리만토스의 멧돼지를 생포한다. 저승을 지키는 개 케르베로스까지 데리고 오는 등 그는 타의 추종을 불허하는 힘과 함께 꾀와 지혜를 모두 동원해 임무를 완수한다. 12년 징역살이한 것과 비슷하다고나 할까. 하지만 그 뒤 다시 광기가 도져 살인을 저지르고, 죗값으로 3년 동안 종살이를 한다. 종살이 하는 동안에는 노상강도들을 사로잡고, 밀랍날개를 달고 하늘로 올랐다가 떨어져 죽은 이카루스의 시신을 수습해

뱀을 죽이는 어린 헤라클레스

묻어주기도 했다.

 죗값을 다 치른 헤라클레스는 다시 행복한 결혼생활을 시작하려 했으나 불의의 죽음을 당한다. 헤라클레스가 살아 있는 동안 치른 고역과 죗값은 대부분 선행이었다. 그것은 인간사회의 안정과 평화를 위해 중요한 과제였다. 이런 선행을 높이 평가한 신들의 배려에 의해 헤라클레스는 신으로 승격된다.

 헤라클레스의 출생으로부터 죽음에 이르는 과정에는 인간이 저지를 수 있는 실정법상의 범죄가 골고루 들어 있다. 그 죄와 벌 사이에는 균형이 비교적 잡혀 있다. 자신을 때린 사람을 죽인 것은 '정당방위'로 인정되고, 아이들을 죽인 것은 광기 때문이라는 점이 고려돼 12년의 유기징역으로 끝난다. 광기로 인한 추가 살인행위에는 3년형이 선고된다. 그렇게 죄를 씻으면서 인간세계를 해치는 동물과 괴물, 강도를 퇴치하는 등 건전한 시민으로서 책임을 다한다. 구약성서에서 우상을 숭배하고 안식일을 지키지 않은 죄인을 무조건 사형에 처한 것과 비교할 때 훨씬 합리적이다.

 또한 신들은 제각기 맡은 영역에서만 최고의 지배권을 행사할 뿐이다. 다른 분야에서는 다른 신의 권한에 맡긴다. 일례로 인간의 운명에 관해서는 최고신인 제우스조차 관여할 수 없다. 하찮아 보이는 운명의 여신 세 자매에게 전적으로 위임돼 있다. 신들도 이렇게 자신의 금도를 지키는데 하물며 인간이랴!

 인간의 한계를 억지로 넘어서려는 행위는 언제나 불행과 파멸을 초래한다. 밀랍날개를 달고 너무 높이 날아올랐던 이카루스는 태양열에 밀랍날개가 녹아 떨어져 죽었다.

 무녀 시빌레의 일화는 인간생명의 한계를 명확히 해준다. 그녀는 아폴론에게 "흙덩이의 흙만큼" 무수한 생일을 맞았으면 좋겠다고 소원했다. 그 결과 지나치게 오래 살게 된 나머지 늙고 추한 노파의 모습으로 변했다. 청춘으로 살게 해달라는 이야기를 빼먹고 장수만을 희망했기 때문이다. "아폴로 신조차도 이제는 나를 알아볼 수 없을 것"이라고 한 시빌레의 탄식은 과도한 장수의 불행을 웅변해준다.

이카루스과 시빌레가 당한 불행은 결국 인간이 주어진 한계에 순응해서 살 수밖에 없음을 보여준다. 그 한계를 어기면 온전한 생명과 행복을 누릴 수 없다.

그런가 하면 신들은 서로 견제도 한다. 트로이전쟁에서는 트로이를 후원하는 아프로디테, 아폴론, 아르테미스 진영과 그리스 편에 선 헤라, 아테나, 헤파이스토스 진영으로 갈라진다. 이들 신은 전장에서 직접 싸움을 벌이기도 한다. 그 과정에서 헤라에게 활을 빼앗기고 얻어맞은 아르테미스는 제우스를 찾아가 헤라에게 맞았다고 일러바치기까지 한다. 신들의 행동도 결국 사람 하는 짓과 별로 다르지 않은 것 같아서 웃음이 나온다.

그리스로마 신화에 나오는 몇몇 에피소드들은 구약성서와 흡사하다. 우선 신이 혼돈에서 천지를 창조하고 마지막으로 인간을 만들었다는 이야기가 비슷하다. 타락한 인간을 벌주기 위해 대홍수로 멸망시키려 했다는 이야기는 구약성서에 나오는 '노아의 방주' 설화와 무척이나 닮았다. 메소포타미아 지방 수메르인들이 기원전 3천 년쯤에 남긴 《길가메시 서사시》에도 유사한 내용이 들어 있다. 당시 중동지방에서 천지창조와 노아의 방주와 같은 설화가 널리 유포되고, 나중에는 그리스와 로마로 전파됐기 때문이라고 추측된다.

그렇지만 구약성서와 그리스로마 신화에는 큰 차이가 존재한다. 그리스로마 신화에서는 신과 인간 사이의 관계가 일방적이지 않고 끊임없는 상호관계를 형성한다. 사람 냄새가 물씬 풍긴다. 여신들도 제각기 아름다움을 뽐낸다. 헤시오도스의 《신통기》에 따르면 헤라는 팔이 새하얗다. 그 손 역시 예뻤을 것이다. 아프로디테는 생글생글한 눈을 지니고 있다. 대양의 신 오케아노스의 딸들은 귀여운 발목을 갖고 있다. 승리의 여신 니케와 헤라클레스의 어머니 알크메네도 발목이 예쁘다고 한다. 이렇게 개성이 다른 신들의 희로애락은 인간의 희로애락과 별반 다르지 않다. 헤시오도스는 "신과 인간은 원래 뿌리가 하나"라고 했다.

구약성서는 유혈이 낭자하고 피비린내가 진동하는 반면 그리스 신화에는 재미있는 설화와 합리적 판단이 주로 지배한다. 인간의 복종과 불복종, 신의 사랑과 징벌이 이런 합리성의 토대 위에 진행되는 것이다. 물론 신은 인간을 지배하는 존재다. 그렇지만 그 신이 인간에게 요구하는 것은 결코 지킬 수 없는 수준이 아니다. 인간이 자연의 일부로서 주어진 위치에서 자기 본분만 다하면 신은 노여워하지 않는다. 그렇지 않을 경우에만 인간이 대가를 치르게 되는 것이다.

그리스로마 신화에 흐르는 신과 인간의 관계는 오늘날에도 유효하다고 나는 생각한다. 신의 섭리는 곧 자연의 섭리를 뜻한다. 신이 실제로 있는지 없는지 모르지만 자연의 섭리에 부응하면 곧 신의 명에 순응하는 것이나 다름없다. 자연을 활용해 인간이 꾸려나가는 경제현상의 한가운데도 언제나 신이 자리하고 있는 듯하다. 경제현상이 비록 복잡하고 어지럽기는 하나 신의 섭리라는 관점에서 바라보면 좀더 명쾌하게 이해되는 경우가 많다. 경제활동을 자유롭게 하되 최소한의 규범은 지켜야 탈이 없다. 그렇지 않으면 언제든지 신의 징벌과 보복을 초래하게 된다. 애덤 스미스가 《국부론》에서 말하는 '보이지 않는 손'도 이 같은 진실을 반영한 말이라고 생각된다.

이를테면 금융시장에는 금융의 신이 있고, 외환시장은 환율의 여신이 지배하고 있다는 생각이 든다. 신들이 평소에는 인간의 행동을 가만히 지켜보다가 때때로 흐름을 좌우하는 듯하다. 인간이 환율을 억지로 억누를 경우 언젠가 폭발한다. 참고 있던 환율의 여신이 행동을 하는 것이다. 그 결과 환율은 급변하고 인간들은 당황하게 된다. 인간이 탐욕을 부려 무리하게 재산을 늘리고 기업을 확장할 경우에도 마찬가지다. 당장은 화려해 보이지만, 시간이 흐른 뒤 파멸적 결과가 일어날 수도 있다.

1997년의 IMF 구제금융 사태는 대한민국 사람과 기업이 신의 섭리를 거역했기 때문에 벌어진 일이라고 나는 생각하곤 한다. 고도성장에 대한 환상에 빠진 나머지 탐욕을 자제할 줄 모른데다 환율을 억지로 통제한 결과였던 것이다. 또한 그 무렵 대한민국에는 니오베와 미다스, 에릭시톤, 이카로스 같이 탐욕을 다스리지 못하고 무모하게 행동하는 사람과 기업들이 너무 많았다. 남을 희생시켜서 환심을 사려는 리카이온과 혼자서 잘났다고 믿는 나르키소스 같은 기업과 기업인, 관료도 적지 않았다. 반면 헤라클레스처럼 주어진 과업을 끈질기고 성실하게 다하는 거인은 별로 없었다. 게다가 이들의 잘잘못을 가려내고 응분의 방어조치를 다하는 라다만티스 같은 판관도 거의 없었다. 대업을 이루기 위해 자신의 분신 일부를 잘라낸 아가멤논과 같은 결단력도 부족했다. 그러니 결국 신이 오른팔을 치켜든 것 아닐까? 그러므로 홍수 같은 파멸을 피할 수 없었던 것이다. 다만 이 나라의 나르키소스나 미다스만 신의 분노를 몰랐던 것이다.

나는 1996~1997년 금융담당 기자로 일할 때에 이런 신의 섭리를 늘 염두에 두고 흐름을 지켜봤다. 그 섭리에 따라 외환위기 도래 가능성을 예감하고 그 위험성을 경고하는 기사를 사태발생 1년 전에 쓰기도 했다. 불행하게도 나의 그 예언(?)은 그대로 적중했다. 나는 그때 한국의 외환위기는 신이 내린 징벌이라고 생각했다. 그 결과는 누구나 다 아는 바와 같다. 오디세우스와 함께 귀환 길에 올랐던 그리스군 병사들이 모두 희생되고 말았듯이, 대한민국에서도 얼마나 많은 사람들이 외환위기 수습 과정에서 희생당하고 곤욕을 치렀던가?

이 같은 교만과 탐욕은 지금도 계속된다. 몇몇 재벌은 여전히 노골적으로 에릭시톤처럼 혹은 미다스처럼 행동한다. 과연 신들은 이들을 어떻게 보고 무슨 생각을 하고 있을까? 혹시 언젠가 또다시 오른팔을 들겠다고 하지 않을까 걱정된다.

인간이 반드시 신을 믿을 필요는 없다. 그렇지만 인간세계나 우리 주변에 신이 있다고 믿는 것은 크게 나쁘지 않다고 생각한다. 하느님이든 알라신이든 부처님이든, 아니면 그 어느 자연신이든 다 좋다. 그런 신이 존재한다는 믿음을 갖고 있으면 스스로 올바른 행동규범을 갖게 된다. 탐욕과 방종, 위선 등 신이 금지하는 행위에는 신의 응징이 따른다고 믿으면 누구든 함부로 행동할 수 없기 때문이다. 그렇게 함으로써 인간의 문명과 도덕은 발전한다고 나는 믿는다. 그리스 로마 신화가 인간문명의 발전과정에서 갖는 진정한 의의는 바로 여기에 있는 게 아닐까.

## 잊지 못할 구절들

《변신》

† 내가 신이라는 것이 한스럽구나. 죽음의 문이 내 앞에서 닫혀 있으니···.

† 어리석어라! 달아나는 영상을 쫓아서 무엇 하랴! 그대가 구하는 것은 존재하지 않는다.

† 내게 넉넉한 것이 나를 가난하게 하는구나.

† 슬픔과 고통은 사람을 강하게 하고, 역경과 곤경은 사람을 창조적이게 하는 법이다.

† 이 세상에는 우수의 그림자가 드리워지지 않은 즐거움이란 없는 것인가?

† 바람은 모르는 사람에게는 무섭지 않을지 모르지만, 잘 아는 사람에게는 참으로 무서운 것이랍니다.

《노동의 나날》

† 불멸의 신들은 성공으로 가는 길 위에서는 우리의 이마에서 땀이 흐르지 않으면 안 되도록 해놓으셨다.

† 좋지 않은 이윤을 추구하지 말라.

† 너의 빵을 얻기 위해 스스로 노력한다면 노동은 하나의 축복이 될 것이다.

† 찬란한 봄의 시작과 더불어 적시에 내리는 비를 간과하지 마라. 모든 일을 하는 데는 정확한 시점이 가장 중요하다.

† 사람들에게 최고의 보물은 혀를 아껴 사용하는 것이다.

## 참고서적

《변신이야기》 오비디우스 지음, 이윤기 옮김, 민음사, 1994년

《오비드 신화집》 김명복 옮김, 도서출판 솔, 1993년

《신통기/노동의 나날》 헤시오도스 지음, 김원익 옮김, 민음사, 2003년

《길가메시 서사시》 N.K. 샌다즈 지음, 이현주 옮김, 범우사, 1989년

# 에우테르페

영원한 강대국도 영원한 약소국도 없다
**헤로도토스 《역사》**

철학의 여신이 통치하는 나라는 가능할까
**플라톤 《국가론》**

## 영원한 강대국도 영원한 약소국도 없다

헤로도토스 《역사》

 기원전 480년 무렵, 그리스 땅은 동방에서 몰려든 군사들로 인산인해였다. 페르시아 국왕 크세르크세스가 그리스 침공을 위해 대군을 몰고 헬레스폰토스 해협(현재의 다르다넬스 해협)을 건넌 것이다. 국왕 크세르크세스는 군사를 한군데 집결시키고 병력을 점검했다. 병력을 1만 명씩 나누어 원형으로 쌓은 돌담 안으로 들여보내 확인하는 식으로 점검은 진행됐다.

 확인 결과 보병만 170만 명이었다. 페르시아인은 물론이고 아시리아인, 박트리아인, 간다라인, 인도인, 아르메니아인, 리디아인, 에티오피아인, 콜키스인 등 당시 페르시아가 지배하고 있던 모든 민족들이 동원됐다. 메디아인, 카스피오이인 등으로 구성된 기병 8만 명 및 아라비아인 낙타부대와 리비아의 전차부대 2만 명도 더 있었다. 해군도 강력했다. 페니키아 함선 300척, 이집트 함선 200척, 키프로스 함선 150척, 킬리키아 함선 100척 등 모두 1207척의 함선이 동원됐다. 여기에 탄 병력도 51만 7610명이나 됐다.

 이들 병력을 모두 합치면 군병력만 모두 231만 7610명을 헤아린다. 여기에 페르시아 군이 트라키아나 마케도니아 등지에서 징발한 지상군 약 30만 명과 120척의 전함에 실린 2만 4000명의 해군이 더해져야 한다. 이들 병력을 모두 합치면 총병력은 무려 264만 1610명으로 늘어난다.

게다가 수행종복이나 식량수송선 등의 승무원 등까지 합치면 528만 3220명에 달했다고 한다. 해군함선 외에 식량수송선 같은 지원 선박까지 더하면 동원된 함선은 모두 3000척에 이르렀다는 계산이다.

이 병력규모는 '역사의 아버지' 헤로도토스가 《역사》에서 추산한 것이다. 헤로도토스는 실제 동원된 인원은 이보다 더 많았을 것 같지만 보수적으로 계산했다고 밝히기도 했다. 아무튼 그야말로 전대미문의 병력규모라고 아니할 수 없다. 아마도 인류 역사를 통틀어 이렇게 많은 병력이 동원된 전쟁은 별로 없었을 것으로 생각된다. 이렇게 대규모 병력이 진군하는 동안 중소규모 하천의 물은 말라 버렸다. 병사와 병마의 식수에 쓰인 물이 어마어마했을 테니까.

크세르크세스 왕은 이렇게 엄청난 규모의 병력을 아시아에서 유럽으로 이동시키기 위해 아시아와 유럽을 잇는 헬레스폰토스 해협에 다리도 세웠다. 그러나 다리는 완공되자마자 거센 폭풍에 파괴됐다. 분노한 크세르크세스 왕은 바다에 채찍형 300대를 가했다. 단단히 화풀이를 한 셈이다.

이렇게 대규모 병력을 동원한 크세르크세스 왕의 군대는 테르모필라이에서 강력한 저항에 부딪힌다. 그곳에는 레오니다스 왕이 지휘하는 300명의 스파르타 군을 비롯한 그리스 연합군 수천 명이 버티고 있었다. 병력의 규모는 페르시아 군에 비하면 그야말로 미소했다. 이들은 그리스 연합군이 본격적으로 전쟁에 참전하기 전에 보낸 선발대였다. 전투가 시작된 이후 전세가 불리하다고 느낀 그리스 연합군은 대부분 철수했다. 결국 스파르타인과 테스피아이인 등

테르모필라이 전투에서 맞선 페르시아 군과 그리스 연합군

1천여 명만 남아서 저항했다. 이들은 절대적인 수적 열세에도 불구하고 끝까지 용전분투하다가 전원 전사했다. 스파르타의 레오니다스 왕도 명예롭게 생을 마감했다.

테르모필라이에는 전사한 스파르타인의 용맹을 기리는 비석이 남아 있다고 한다. 이 전투를 소재로 한 비석에는 다음과 같은 비문이 새겨져 있다.

*길손들이여, 스파르타에 가서 말해주오.*
*조국의 명을 받들어 여기, 이곳에 우리가 누워 있노라고.*

이 비문은 당시의 유명한 시인 시모니데스가 지었다는 주장과 그렇지 않다는 의견이 엇갈린다고 들었다. 어느 주장이 맞는지 나로서는 알 수 없다. 그러나 누가 지었건 이 비문을 보면 절로 숙연해진다.

그리스 연합군의 저항은 예상보다 강력했고, 페르시아 군사 가운데는 제대로 싸울 수 있는 군사가 많지 않았다. 크세르크세스 왕은 "병력 수는 많지만 참된 병사는 극히 적음"을 절감했다. 사실 그럴 수밖에 없었다. 그리스 군은 자신들의 땅과 물, 그리고 자유를 지켜야 한다는 절박한 이유를 가지고 있었지만, 페르시아 군은 마지못해 끌려나온 온갖 민족의 군대로 짜깁기돼 있었기 때문이다. 그 군사들에게는 죽기를 각오하고 싸울 이유가 없었다. 따라서 예기치 못한 저항에 부딪혔을 때 용기를 발휘한다는 것은 기대하기 어려울 수밖에 없었다.

우여곡절 끝에 페르시아 군은 그리스인 배반자의 도움을 받아 그리스 연합군을 격파했다. 그렇지만 페르시아 군도 2만 명의 전사자를 냈다. 전체 병력규모에 비하면 극히 일부분에 지나지 않지만, 이로 인한 심리적인 위축은 자못 컸을 것이다.

페르시아 군은 이어 아테네로 진공해 점령하는 데 성공했다. 아테네 시민 대부분은 바로 앞의 살라미스 섬으로 피신했다. 아테네 시를 유린한 크세르크세스 왕은 곧바로 산중턱으로 올라가 살라미스 해전을 관전했다. 그렇지만 페르시아 해군의 전력은 상당히 약화돼 있었다. 앞서 치른 아르테미시온 해전에서 상당한 타격을 입었고, 에우보이아 해역에서 거센 폭풍우를 맞아 막대한 손실을 당했기 때문이다.

한편 그리스 연합군은 아테네가 출전시킨 180척을 비롯해 모두 378척의 전함을 살라미스 해역에 투입했다. 페르시아 군으로부터 탈주한 배 2척을 합치자 전함은 모두 380척으로 늘어났다. 그렇지만 에우리비아데스가 지휘하는 스파르타 해군을 비롯해 펠로폰네소스 반도에서 파견된 해군은 후퇴할 기회만 엿보고 있었다. 펠로폰네소스 반도 방어에 집중하기 위해서였다. 스파르타, 아르카디아, 엘리스, 코린토스 등 당시 펠로폰네소스 반도의 도시국가들은 페르시아 지상군이 그리스 본토를 거쳐 진공할 때를 대비해 지협에 장성을 쌓는 등 방어태세를 강화하고 있었다. 바로 이때 아테네의 사령관 테미스토클레스가 기지를 발휘해서 페르시아 군이 공격을 서두르도록 만들었다. 펠로폰네소스 반도 국가들로부터 출전한 해군이 다른 생각을 할 틈을 주지 않기 위해서였다. 결국 전투는 벌어졌고, 페르시아는 결정적인 패배를 당했다. 크세르크세스 왕의 동생도 전사했다. 이것으로 전쟁은 사실상 끝났다.

산중턱에 앉아 패전의 광경을 생생하게 목격한 크세르크세스는 전의를 완전히 상실했다. 그리고 그리스 공격이 무모한 야심이었음을 깨달았다. 그는

살라미스 해전에서 대승한 그리스 연합군

서둘러 철군하기로 결정했다. 그리스 군이 헬레스폰토스 다리를 끊어 퇴로를 완전히 차단해 버릴까봐 걱정됐기 때문이다. 실제로 아테네의 테미스토클레스 장군은 헬레스폰토스의 다리를 파괴하고 퇴로가 막힌 페르시아 군에 최후의 일격을 가하자고 주장했다. 그렇지만 스파르타의 에우리비아데스 장군 등 펠로폰네소스 함대의 장군들이 반대하는 바람에 포기했다. 만약 다리를 파괴했다면 진퇴유곡의 처지에 빠진 페르시아 군이 독기를 품고 결사항전했을 것이다. 그리스와 페르시아 양측이 모두 더 많은 피를 흘릴 것임은 뻔한 이치였다. 따라서 그리스의 자제는 참으로 현명한 결정이었다고 판단된다.

크세르크세스 왕이 철군한 후 휘하의 장군 가운데 한 명인 마르도니우스가 다시 아테네를 침공해 점령하기도 했다. 그러나 아무 의미도 없는 일이었다. 시민 대부분이 떠나버린 아테네에서 얻을 수 있는 것은 아무것도 없었다. 도리어 페르시아 군은 플라타이아 전투에서 파우사니아스가 지휘하는 스파르타 군과 아리스테이데스가 이끄는 아테네 군 등 모두 11만 명의 그리스 군에게 또다시 참패했다. 30만에 이르는 병력 가운데 살아남은 병사는 3천이 채 안 됐다고 한다. 이 전투에서 마르도니우스 장군도 전사했다. 테르모필라이 전투에서 장렬하게 전사한 레오니다스 왕의 죽음도 이로써 보상을 받은 셈이다. 전투가 끝난 후 파우사니아스는 페르시아 전사자의 시체를 모욕해 레오니다스의 희생을 보복하자는 제안을 단호하게 거부했다. 이 역시 이성적인 결정이었다고 평가된다.

그리스 군은 같은 날 미칼레 전투에서도 스파르타의 레오티키데스, 아테네의 크산티포스의 지휘 아래 대승을 거둬 페르시아 군을 완전히 몰아냈다.

페르시아는 크세르크세스의 선왕 다레이오스 왕 시절에도 그리스로 출병했었다. 그러나 그 유명한 마라톤 전투에서 대패했다. 크세르크세스는 선왕의 패배에 복수하고 그리스 정복의 야망을 실현해 보고자 재차 전쟁을 일으켰으나 또다시 실패하고 만 것이다.

원정계획이 나올 때마다 이를 재검토하자는 의견이 있었지만, 받아들여지지 않았다. 크세르크세스 왕이 원정 의사를 밝혔을 때도 숙부인 아르타바노스는 "육지와 바다가 적의를 품고 있다"며 계획을 재고하라고 진언했다. 대함대가 머무를 큰 항구가 없고, 길어지는 행군거리로 인해 식량난이 발생할 가능성이 있다는 것이었다. 또 소아시아 해안 이오니아 지역의 도시국가들이 그리스인이 세운 것임을 들어 "소아시아의 이오니아인이 조상의 나라를 공격하게 하는 일이 없도록 하라"고 충고했다. 오랜 경륜을 바탕으로 심사숙고한 끝에 제시한 의견이었다. 그러나 자신만만한 크세르크세스에게는 가소로운 이야기에 불과했다. 크세르크세스는 아르타바노스를 수도로 되돌려 보내고 전쟁을 강행했다. 그러나 결과가 말해주듯 페르시아는 연전연패했고, 두 번 다시 그리스의 '땅과 물'을 넘보지 못하게 됐다.

그리스 연합군의 승리와 페르시아의 패퇴 이유에 대해 헤로도토스는 그리스의 해군력을 제시한다. 해상에서 크세르크세스를 맞아 싸운 그리스 함대가 없었다면 아테네는 물론 스파르타까지 페르시아의 지배하에 떨어졌을 것이라는 추론이다. 그런 점에서 "아테네가 그리스의 구세주"라고 헤로도토스는 강조한다. 이는 임진왜란 당시 충무공 이순신의 함대가 왜나라 수군을 철저하게 격파해서 서남해안을 방어하고 조선의 강토를 지킨 것과 비슷한 이치가 아닐까? 아마 헤로도토스가 임진왜란 경과를 지켜봤다면 "조선 수군과 충무공 이순신이 조선의 구세주였다"고 했을 것이다.

그리스가 페르시아를 격퇴할 수 있었던 데는 다른 이유도 있었다. 그것은 그리스인들의 자유정신과 강인한 상무정신이다. 페르시아 군은 그 수가 비록 많다고는 하나 전제군주에 의해 강제 동원된 다민족 군대였다. 전반적으로 애국심 같은 게 있을 리 없었다. 이에 비해 그리스 군은 수적으로는 열세였지만, 자유롭고 민주적인 도시국가를 지켜야 한다는 시민정신과 애국심, 그리고 명예심으로 무장돼 있었다. 특히 방어를 주도한 아테네와 스파르타의 경우에는 그런 의식이 더 강했을 것으로 추정된다.

스파르타 왕으로 있다가 추방당해 페르시아로 망명한 데마라토스가 크세르크세스에게 한 말이 있다.

그리스는 본래 가난을 타고났지만 (…) 용기를 갖춘 나라다. 용기 덕분에 그리스는 가난에도 좌절하지 않고 전제에도 굴복하지 않았다. 그리스에 예속을 강요하는 제안은 그 어떤 상황에서도 절대 받아들여지지 않을 것이다. 그들은 자유스럽지만 법(노모스)이라는 왕을 섬긴다.

비록 그리스 연합군에게 패퇴했지만 페르시아도 결코 야만적인 나라는 아니었다. 중동, 소아시아, 아프리카 지역의 패권을 장악하고 각 민족의 문화를 집대성한 문명을 발전시켰다. 넓은 제국을 효과적으로 나누어 통치하고, 당시 가장 효율적인 파발망을 구축했다. 아테네의 장군 크세노폰은 《키루스의 교육》에서 이 파발망이 페르시아 제국의 창시자 키루스 왕에 의해 구축됐다고 썼다. 페르시아는 수많은 민족들을 제국에 복속시켰는데, 그들의 종교와 관습을 억제하지 않고 허용했다. 전제군주제이긴 하지만 그다지 가혹하지는 않았고, 행동의 금도(襟度)를 갖추고 있었다. 이를테면 다레이오스 왕 시절 "땅과 물을 내놓으라"는 요구를 전하러 간 페르시아의 사자를 아테네와 스파르타는 무참하게 죽였지만, 크세르크세스 왕은 스파르타의 사절을 정중하게 대우했다.

다레이오스 왕이 정변을 일으켜 집권할 때 동지였던 오타네스는 페르시아인 전체에 의한 국정처리를 제안하기도 했다. 민주정치를 하자는 것이었다.

> 대중에 의한 정치는 첫째로 만민평등이라는 참으로 훌륭한 명분을 갖고 있고, 둘째로 이 체제하에서는 독재 체제하에서 일어나는 일이 행해지지 않소. 관리들은 추첨에 의해 선출되고 책임감을 갖고 직무를 수행하며, 모든 국가정책은 여론에 의해서 결정되오.

오늘날의 시각에서 봐도 손색없는 민주정치의 원리를 말한 것이다. 이 주장은 받아들여지지 않았다. 하지만 페르시아인들에게도 민주정치에 대한 의식이 있었다는 증거로 여겨도 되지 않을까 싶다. 이오니아 지역의 그리스계 도시국가에서 독재자를 모두 추방하고 민주체제를 세워준 인물도 페르시아의 총사령관 마르도니우스 장군이었다. 페르시아는 타민족과 그 국가를 점령한 후에는 대체로 포용적인 정책을 폈다. 살육을 저지르고 여자와 아이를 노예로 만들고 주민을 강제 이주시키기도 했지만, 전멸시키지는 않았다. 정복지역에서 모든 생명을 도륙했던 유태인들과는 판이하다. 바빌론을 정복했을 때는 그곳에 포로로 끌려와 있던 유태인들을 자기 나라로 돌려보내기도 했다.

테르모필라이 전투를 소재로 제작된 할리우드 영화 〈300〉이 얼마 전에 상영됐다. 규모가 크고 재미도 있다 해서 개봉 당시 상당한 화제를 모았다. 그런데 이 영화는 객관성을 현저히 결여하고 있는 듯하다. 때문에 관객을 역사적 오류에 빠뜨리기 쉽다. 역사적 사건에서 모티브를 따서 창조해내는 예술작품의 상당수가 이런 한계를 지니고 있다. 그렇지만 최소한의 객관성은 확보해야 공감을 얻을 수 있다.

영화는 레오니다스 왕과 그가 이끄는 스파르타의 용사 300명이 페르시아 대군과의 전투에서 끝까지 분투하다 전사한 대목 빼고는 신뢰할 만한 데가 없다. 무엇보다 공정하지 않다. 페르시아인들을 야만인으로 묘사하고, 크세르크세스 왕을 괴상한 인물로 그렸다. 페르시아 병사들은 괴물 또는 외계인처럼 표현됐다. 그리스의 배신자 에피알테스를 그렇게 기형적인 인물로 그린 것 또한 설득력이 부족한 것 같다. 스파르타인의 투혼은 물론 칭송받아 마땅하다. 그렇지만 그것을 부각시키는 것이 작품의도였다는 것을 감안하더라도 페르시아에 대한 묘사에는 상당히 악의적인 데가 있는 듯하다. 더욱이 페르시아는 한때 반짝했다가 포말처럼 사라져간 나라가 아니라 오늘날까지도 연면히 발전해 온 문명국가 중 하나이지 않은가.

이 영화에는 다른 나라와 다른 문명에 대한 예의나 이해심도 없는 듯하다. 그러므로 페르시아의 후예인 이란이 이 영화에 대해 비판의 소리를 낸 것도 당연한 일이다. 테르모필라이 전투에 관한 기록을 역사에 남긴 헤로도토스도 이 영화의 내용에 동의하지 않을 것이다. 내가 보기에 이 영화는 헤로도토스에 대한 모독에 가깝다.

헤로도토스의 《역사》는 인류문명의 본격적인 개화에 대한 최초의 증언이다. '신화시대'에서 '역사시대'로 넘어가는 가교 역할을 톡톡히 했다. 신화의 에피소드에 역사의 옷을 입히는가 하면 반대로 역사적 사건에 신화의 이미지를 착색하곤 한다.

그리스 신화에 나오는 이오의 이집트 유랑은 페니키아인에 의한 납치 때문이고, 황소로 변한 제우스의 등을 타고 크레타 섬으로 건너간 에우로페는 사실 유럽인에 의한 납치라고 전한다. 그리스인들이 콜키스 왕의 딸 메데이아를 유괴한 후 보상하지 않자 트로이의 왕자 파리스도 용기를 얻어 스파르타의 헬레네를 빼내갔다는 것이다. 헤로도토스는 이런 해석을 "페르시아인은 이렇게 이야기한다"는 식으로《역사》의 첫머리에 제시한다.

그런 반면에 인간사의 여러 가지 일들에 신을 개입시키곤 한다. 이를테면 아르테미시온 해전에서 페르시아의 해군함정 상당수가 폭풍우로 상실된 것은 페르시아와 그리스의 전력을 비슷한 수준으로 맞춰주기 위한 신의 배려였다고 설명한다. 또 페르시아 군이 플라타이아 전투에서 패하고 데메테르 숲 주위에서 전사한 이유는 엘레우시스 신전을 불태운 죄 때문이라고 풀이한다. 그 외에도 중요한 고비마다 신탁을 제시하고는 그대로 이루어졌다고 기록했다. 오늘날의 관점에서 보면 미신이라고 비판받아 마땅한 기술방식이다.

그러나 이런 측면만을 부각시켜《역사》가 비과학적이라고 매도할 수는 없다. 헤로도토스는 당시의 여느 그리스인과 마찬가지로 신의 섭리를 존중하면서 인간사를 이해하려고 했을 뿐이다. 그것은 신에 대한 맹종이 아니라 인간에게 내린 신의 규범을 역사에 적용해보자는 것이다. 헤로도토스의《역사》에 등장하는 신은 그런 규범을 주는 존재였다. 중요한 것은 헤로도토스가 기술한 내용들이 대체로 역사적 사실에 부합한다는 것이다.

사실 헤로도토스는 기원전 5세기의 인물이라고는 믿어지지 않을 만큼 곳곳을 누비며 치밀한 관찰과 고증을 거쳤다. 당시의 열악한 교통사정에도 불구하고 남쪽으로 이집트와 리비아, 에티오피아를 충분히 관찰하고, 북으로는 스키티아 지방을 답사했다고 한다. 당시 그리스인의 행동반경이나 세계에 대한 인식수준을 고려할 때 사실상 전 세계를 누비고 다닌 셈이다.

실로 헤로도토스의 끈질긴 탐구노력에 경탄하지 않을 수 없다. 이집트의 역사와 지리, 환경, 생활풍습을 직접 탐구, 관찰하고 여러 사람들의 이야기를 들어 견문을 축적했다. 나일 강의 홍수를 연구, 관찰한 끝에 이집트 문명이 '나일 강의 선물'임을 입증했다. 이집트가 한참 번영할 때에는 도시가 2만 개에 이르렀다고 한다.

《역사》의 관점은 결코 국수주의적이거나 편협하지 않다. 당시 그리스 문화의 상당부분이 이집트에서 유래했음을 여러 가지 증거를 통해 제시한다. 헤라클레스라는 이름은 이집트에서 건너간 것이고, 그리스 신의 이름 가운데 상당수도 이집트에서 유래했다. 기하학은 물론이고, 그리스 철학자들이 심취해 있던 영혼윤회설도 이집트에서 건너갔다고 한다. 그런데도 일부 그리스 철학자들은 그런 설을 자기 것이라고 주장한다고 헤로도토스는 비꼬기도 했다.

트로이전쟁의 발단이 됐던 스파르타의 메넬라오스 왕과 그의 왕비 헬레네에 관해서도 재미있는 이야기가 실려 있다. 파리스 왕자는 헬레네를 납치해 트로이로 가는 도중 풍랑을 만나 이집트까지 밀려갔다. 이들을 붙잡은 이집트 왕은 헬레네와 재물을 압수하고 파리스만 트로이로 보냈다. 헬레네는 트로이전쟁이 끝날 때까지 이집트에 억류돼 있었다. 때문에 트로이는 헬레네를 돌려보내라는 그리스인들의 요구에 응하려 해도 응할 수 없었다. 트로이의 해명을 믿지 않았던 그리스는 전쟁이 끝난 뒤에야 사실을 알고 이집트로 찾아가 헬레네를 돌려받았다. 이런 설명이 맞는다면 트로이전쟁은 그야말로 공허하고 잘못된 전쟁이다. 미국이 대량살상무기를 찾아내겠다며 침공했지만 막상 아무것도 찾지 못했던 이라크전쟁과 비슷하다. 그래서 소크라테스는 트로이전쟁을 '헬레네의 환상'을 목표로 한 전쟁이었다고 지적했는지도 모른다.

어찌됐든 헬레네 납치로 인해 트로이 왕국은 그리스와의 전쟁 끝에 멸망하고 말았다. 헤로도토스는 이 문제에 대해서도 '신의 섭리'라고 해석한다. 즉 "커다란 죄과에 대해서는 신이 내리는 벌도 또한 크다"는 이치를 인간에게 보여주기 위한 것이었다고.

헤로도토스 시대의 세계 판도로 볼 때 페르시아는 최강대국이었던 반면 그리스는 상대적으로 약하고 분열돼 있었다. 따라서 전쟁이 벌어지면 페르시아가 쉽게 승리하리라고 예단하는 것도 무리는 아니었다. 그러나 결과는 정반대였다. 마라톤 전투나 살라미스 해전 등 중요한 모든 전투에서 그리스인들이 승리를 거뒀다. 객관적 열세를 딛고 강성한 페르시아를 물리쳤다는 것이 얼른 이해되지 않는다. 그렇지만 우리 역사에서도 고구려가 수나라의 100만 대군을 물리친 것을 미뤄볼 때 불가능한 일은 결코 아닐 것이다. 현대에 와서 미국이 베트남 전쟁에서 패퇴한 것이나 이라크에서 악전고투하고 있는 것도 비슷한 이치일 것이다.

더욱이 그리스는 여러 작은 도시국가로 분열된 가운데 서로 끊임없이 화해와 갈등을 거듭하고 때로는 전쟁을 치렀다. 아테네와 스파르타, 아테네와 아이기나 등이 마치 견원지간처럼 반목했다. 그렇지만 강대국 페르시아의 침공을 받자 이들 도시국가는 종전의 반목과 질시를 거두고 일치단결해 싸움으로써 값진 승리를 쟁취했다. 페르시아에 투항하거나 중립을 취한 일부 도시국가들은 후에 응징을 받았다. 분열과 갈등 속에서도 하나의 힘과 문화를 창출한 그리스인의 역동성이 놀랍다.

또한 평소 도시국가들끼리 크고 작은 전투를 끊임없이 치름으로써 전투실력이나 군인정신 면에서 오히려 페르시아를 압도했다는 해석도 할 수 있다. 근대 유럽은 갖가지 전쟁을 끊임없이 겪으면서 총과 대포 등의 무기와 군대조직을 끊임없이 개량했다. 그렇게 갈고 닦은 실력으로 유럽 각국이 아시아, 아프리카 등지를 침략하면서 승리를 얻은 것과 같은 이치가 아닐까 한다.

그리스가 페르시아의 침입을 막아냈다고 하는 역사적 사실의 메시지는 분명하다고 나는 생각한다. 비록 작은 나라들이라도 역량을 조직적으로 결집하면 어떤 강대국이 침략해 와도 이겨낼 수 있다는 것이다. 초기 상황이 다소 불리하더라도 차츰 전열을 정비하고 반격하면 충분히 극복할 수 있다. 임진왜란 때도 처음에는 왜군에게 일방적으로 밀렸지만 차츰 전열을 정비해감에 따라 왜군을 몰아낼 수 있었다.

그 옛날 중동지역에서 패권을 장악했던 페르시아의 위상은 오늘날 크게 축소돼 있다. 서양문명의 고향이라 할 수 있는 그리스 역시 왜소해졌다. 인간과 마찬가지로 국가도 이렇게 영고성쇠를 거듭하는 것이다. 헤로도토스는 이 같은 만고의 진리를 도입부에서 제시한다. 헤로도토스가 이 노작을 쓴 것도 바로 이런 철칙을 강조하기 위해서가 아닐까.

*일찍이 강대했던 나라 대부분이 오늘날에는 약소국이 되었고, 우리 시대에 강대하게 된 나라도 전에는 약소국이었기 때문이다. 그러므로 인간의 행운이 결코 오래 계속되는 것은 아니라는 이치를 알고 있는 나로서는 대국도 소국도 똑같이 다루면서*

서술해가고 싶다.

그리스는 페르시아와의 전쟁을 승리로 이끈 뒤 한동안 번영의 시대를 구가한다. 특히 아테네에는 빛나는 '페리클레스 시대'가 열린다. 역사상 가장 번영하고 문예가 꽃핀 시대였을 것이다. 그러나 그런 화려한 시기가 지난 뒤 그리스는 아테네와 스파르타 진영으로 나뉘어 펠로폰네소스 전쟁을 치른다. 그 이후 그리스의 힘과 문화도 점차 쇠퇴의 길을 걷더니 끝내 공화국 로마에 복속된다.

그리스 문명을 계승한 로마제국도 갈기갈기 찢어졌다. 반면 당시 야만족 취급을 받았던 서부 유럽은 오늘날 문명의 중심지로 우뚝 서있다. 하지만 그들의 지배적 위치도 과거에 비해 약화됐다고 볼 수 있다.

헤로도토스가 오늘날 살아난다면 현재 부강한 나라들도 역시 언젠가는 쇠락하고 만다는 이야기를 하고 싶을 것이다. 그 대신 새로운 나라, 새로운 문명이 흥기할 것임을 다시 강조할 것이다. 그것이 언제일지, 어떤 나라가 흥기하고 어떤 나라가 약해질지 알 수는 없다. 하지만 국가와 문명의 흥망성쇠는 지금도 계속되고 있다는 것만큼은 느낄 수 있다. 그렇다면 지금의 약소국도 희망을 버리지 말 것이며, 강대국 역시 좀더 겸허해질 필요가 있겠다.

## 잊지 못할 구절들

《역사》

† 인간의 운명은 수레바퀴와 같은 것이어서 같은 자에게 계속해서 행운을 베풀지는 않는다.

† 만사가 모두 행운을 입어 잘 풀리는 것보다는 행운과 불운을 번갈아 맛보면서 일생을 마치는 것이 바람직하다.

† 재앙을 재앙으로 치유하려고 해선 안 된다.

† 한 사람을 속이는 것보다 다수의 인간을 기만하는 것이 더 쉽다.

† 자유를 위해서는 창뿐만 아니라 손도끼라도 들고 싸워야 한다.

† 일의 초반에는 결말을 모두 꿰뚫어 볼 수 없다.

† 진실만을 듣고 싶으십니까, 아니면 단지 마음에 드는 대답만을 듣고 싶으십니까?

## 참고서적

《역사》 헤로도토스 지음, 박광순 옮김, 범우사, 1987년

《키루스의 교육》 크세노폰 지음, 이동수 옮김, 한길사, 2005년

《펠로폰네소스 전쟁사》 투키디데스 지음, 박광순 옮김, 범우사, 1993년

《불의 문》 스티븐 프레스필드 지음, 이은희 옮김, 들녘, 1999년

# 철학의 여신이 통치하는 나라는 가능할까

## 플라톤 《국가론》

옆으로 길을 비키지 않으면 사람들과 부딪히기가 일쑤라네.
선생은 학생을 두려워하여 그 비위를 맞추고 학생은 선생을 무시하네.
결국 그 어떤 자도 그들의 주인일 수 없으므로 무시하게 될 걸세. 법률까지도 말일세.

오늘날 대한민국을 두고 하는 어느 정치평론가 혹은 사회평론가의 말인 듯하다. 그러나 아니다. 문명의 여명기에 인류의 위대한 스승 소크라테스가 했던 말이다. 플라톤의 역작 《국가론》에 실려 있는 이 말은 우리가 요즘 흔히 보고 듣는 일들을 정확히 예언했다. 민주주의의 약점과 위기를 너무나 명쾌하게 짚은 표현이 아닌가?

요즘 우리 사회에서는 이익집단은 이익집단대로, 노조는 노조대로, 지역은 지역대로 제각기 자기주장만을 목청껏 외친다. 공무원도 재벌도 이 대열에서 빠지지 않는다. 모두가 다른 사람은 손해 봐도 좋으니 자기 이익만은 반드시 지키겠다고 아우성이다. 학교의 모습도 별반 다를 게 없다. 교사는 학생이나 학부모로부터 교권침해를 당했다고 볼멘소리를 하고, 아이들은 두발이나 복장을 마음대로 하게 해달라고 요구한다. 국민은 화장터나 쓰레기소각장 같은 혐오시설은 남의 동네로 밀어내고, 기업체나 관공서처럼 돈벌이와 집값 올리는 데 도움 되는 시설은 자기 동네로 끌어당기기에 여념 없다. 국회의원과 지방의원은 쓸데없는 외유에 혈세를 낭비하거나 지역사업 내세우기에 혈안이다. 법조인이나 의사 등 고소득전문직 종사자들은 밥그릇이 줄어들까봐 노심초사다.

모두가 의무보다는 권리를, 책임보다는 자유를 내세운다. '민주주의'의 나라인지 '이기주의'의 나라인지 잘 모르겠다. 모두가 민주주의적인 공동체 건설에는 관심이 없고, 자기 주머니 채우기에만 몰두한다. 대한민국의 민주주의는 수십 년 동안 많은 사람들이 피와 땀과 눈물을 흘려서 쟁취한 것이다. 그렇지만 형식과 허울 좋은 민주정치는 있되, 균형과 조화의 공동체를 위한 참된 민주주의 정신은 찾아보기 어렵다. 그 누구도 만족하지 않고 불만투성이인 채 서로 남을 제압하는 데 여념이 없다.

소크라테스가 꼬집은 민주주의의 문제점이 어찌 이처럼 잘도 들어맞을까? 특히 대한민국에 너무나 잘 들어맞는 지적인 듯하다. 언제가 어느 외국 언론에서 지적한 대로 '어린 민주주의'라서 그런가? 소크라테스가 한 말을 더 들어보자.

> 가장 강력한 자가 떠들어대기도 하고 일을 집행하기도 하는데 나머지 인사들이 연단 주위에서 함께 맞장구를 치면서 아무에게도 반대의 기회를 주지 않네.

대통령 선거가 다가오면서 'ㅇㅇㅇ 지지자 모임'을 자처하는 사람들이 시민의 여론을 유도하고 조작하려는 모습을 연상시킨다. 민주주의 나라에서 가장 자랑스러운 것은 '자유'다. 그런데 자유가 극도에 도달한 나머지 모두가 지배자처럼 행동한다. 피지배자처럼 행동하는 지배자와 지배자처럼 행동하는 피지배자가 칭찬받는다. 연장자들은 까다롭다거나 보수적이라는 말을 듣지 않으려고 젊은이들에게 영합한다. 시민들은 매우 민감해지고 조금이라도 종속적인 분위기를 느끼면 참지 못하고 분노를 터뜨린다. 서로가 주인이 되려고 한다. 그러다 보니 법률까지도 무시되기 일쑤다.

소크라테스는 이런 병통과 약점들이 모여 민주주의를 위기에 빠뜨리고 전제정치를 유발한다고 지적했다. "지나친 자유는 드디어 비통하고 참혹한 노예제도로" 전락한다. 연기를 피하려다 불 속으로 빠져버리는 셈이다.

소크라테스의 이 같은 민주주의 비판은 이미 역사적으로 실증되기도 했다. 공화정 말기의 로마는 극심한 정치적 폭력과 내전의 소용돌이를 거쳐 제정으로 넘어갔다. 프랑스혁명 후의 혼란은 나폴레옹 황제의 등극으로 이어졌고, 바이마르공화국의 독일은 히틀러의 나치체제를 불러들였다. 4.19혁명 후의 혼란을 이어받은 것은 5.16군사쿠데타였다.

소크라테스는 국가의 정체를 다섯 가지로 분류했다. 아리스토크라티아, 크레타-스파르타 식 체제, 과두제, 민주제, 참주제가 그것이다.

과두제란 재산의 많고 적음이 중요한 역할을 하는 체제다. 재산의 규모로 통치자가 선출되는 체제이기 때문에, 가난한 사람은 아무리 유능해도 통치자가 될 수 없다. 때문에 과두제에서는 돈을 탐하는 것이 타당하며 미덕이다. 법률도 아무 소용이 없다. 모두가 돈벌이에 열중하는 이 체제에서 청년들은 명예보다는 돈을 더 탐낸다. 돈을 둘러싸고 입씨름과 갈등과 재판이 끝없이 이어진다.

오늘날 대한민국의 정치체제가 이러한 과두제와 흡사하다고 하면 지나친 비약일까? 재벌 회장이 엄청난 규모의 비자금을 조성하고도 상응하는 처벌을 받지 않고, 폭력배를 동원해 술집 종업원을 폭행하는 일이 과두제의 증표 아닐까?

과두제는 오래가지 않는다고 한다. 민주제로 바뀌게 돼 있다. 그렇지만 민주제 역시 그 허점 때문에 다시 참주제, 즉 전제정치로 전락할 수밖에 없다고 소크라테스는 지적한다. 참주제 또한 불행한 나라, 불행한 인간을 만든다. 명령에 순종하는 대중을 손에 넣고 추방과 살인을 일삼는다. 부자이면서 민중을 싫어한다는 악평을 듣는 자는 설 땅을 잃고 희생된다. '민중의 지배자'는 이 같은 적대적 인물들을 추방하거나 제거한다. 또 민중이 언제나 지도자의 필요성을 느끼게 하기 위해 끊임없이 전쟁을 일으킨다. 안으로는 비싼 세금을 물려 민중을 가난하게 만들고, 하루하루 살아가는 데 급급하게 만든다. 전제정치의 지도자를 옹립하는 데 참여한 사람들 사이에 반발이 생기고, 이들 역시 소탕 대상이 된다. 동지들에게조차 감시의 안테나를 세운다. "훌륭한 친구를 죽이고 노예를 믿고" 살게 된 지도자는 결국 일부 충성분자와 호위병들의 삼엄한 경계를 받으며 '행복한' 생활을 한다. 그렇게 참주는 폭군이 되고 만다.

소크라테스가 이런 주장을 한 배경에는 그의 생존 당시 아테네의 상황이 한 몫 한 듯하다. 기원전 5세기에 아테네는 최고의 전성기였던 페리클레스 시대가 끝나고 스파르타와의 장기간 전쟁(펠로폰네소스 전쟁)을 벌인 끝에 패배한다. 전쟁이 끝난 후 30인 참주제가 수립되는 등 극심한 정치적 혼란이 시작된다. 혼란의 한가운데서 소크라테스는 일부 시민으로부터 고발을 받아 재판을 받은 뒤 독약을 마시고 세상을 떠난다. 아리스토텔레스도 희생당할 위기를 맞았지만, 고향 마케도니아로 피해 위기를 모면했다. 명예롭던 아테네의 민주주의가 중우정치 수준으로 전락하고 만 것이다.

그렇다면 소크라테스가 추구한 국가는 어떤 국가였을까? 그는 "정치권력과 철학정신이 일체가 되는 나라", "철학의 여신이 통치하는 나라"를 꿈꿨다. 즉 "진정한 철학자가 국가의 통치자가 되어 세상의 모든 고귀한 것을 존중하고, 정의에 따라 다스리는" 나라가 그가 생각하는 이상국가였다.

소크라테스에 의하면, 철학자란 언제나 불변의 진리를 파악할 줄 아는 사람이다. 변전하는 잡다한 사물 속을 헤매지 않는 사람이요, 모든 '실재'를 사랑하는 사람이다. 이런 '철인'이 통치하는 나라는 "참으로 부유한 자가 지배하는 나라"다. '참으로 부유한 자'는 돈을 많이 가진 자가 아니라 행복한 자의 조건을 풍부하게 갖춘 자, 즉 옳게 사는 방법을 많이 아는 자를 가리킨다. 이런 철인은 '정치 애호자'와는 달리 정치적인 야심을 경멸한다.

철인이 다스리는 나라에서는 정의가 실현된다. 이때의 정의란 각자가 자기 일에 전념하는 것을 말한다. 상인이든 국가방위 책임을 맡는 수호자든, 모든 사람들은 각자 자신의 맡은 일에 전념하고 남의 일에 손을 대지 않는다. 재판도 이것을 기준으로 판결을 내린다. 각자가 자신의 일에 전념하기 위해서는 하는 일에 따른 덕목이 요구된다. 상인이나 수호자, 위정자에게는 절제와 용기, 지혜의 덕이 필요하다.

이 나라에서는 온 국민이 쾌락과 고통도 함께 나눈다. 개인의 행복이나 불행이 국가 전체의 행복 또는 불행으로 간주된다. 이렇게 되기 위해서는 공동소유의 폭이 넓어져야 한다. 특히 수호자들은 집이나 토지는 물론이고 모든 것을 공동으로 소유해야 한다. 아내와 자녀까지도.

*양친은 자기 자식을 알 수 없으며, 자식 또한 양친을 알 수 없게 된다.*

그렇게 되면 개인 소유물로 인한 분열과 다툼을 막을 수 있다. 어린이와 가족을 부양하기 위해 돈을 벌려고 애쓰는 고통이나 곤란도 사라진다. 가난한 자가 부자에게 아부하는 등의 일도 일어나지 않는다. 이처럼 모든 악에서 벗어나기 때문에 수호자들은 "올림픽 경기에서 우승한 사람보다도 행복한 생활을" 해나갈 수 있게 된다. 남녀의 생활방식도 같다. 똑같은 교육을 받고, 국내에서나 전쟁터에서나 모든 일을 공동으로 한다. 전쟁터에서 용기를 북돋아주기 위해 공을 세운 자에게는 영예의 관을 씌운다. 그렇지만 적의 무기 외에는 약탈이 허용되지 않는다. 동족들끼리 싸울 때는 패배한 나라라 하더라도 집이나 논밭을 불사르는 등의 야만적 행위는 하지 않는다. 소수의 적대행위 주동자들에게만 책임을 묻는다.

이런 나라에서 지도자가 되려는 사람은 그에 걸맞은 자질이 필요하다. 우선 철학의 소질을 타고 나야 한다. 기억력 좋고 이해력이 빠르며 도량이 넓고 우아해야 한다. 진리, 정의, 용기, 절제를 사랑하는 사람이어야 한다. 그렇지 않으면 철학 자체를 배울 수 없다.

이런 자질을 타고난 아이를 선발해 유년부터 성년에 이르기까지 부단히 훈련과 훈육을 시킨다. 그 과정에서 온갖 시련을 겪은 끝에 틀림없다고 생각되는 자를 나라의 통치자로 임명한다. 이들은 음악, 체육, 수학, 천문학, 철학 교육에

라파엘로, 철학. 소크라테스가 꿈꾼 이상국가는 오직 철학의 여신에게 지도를 받으며 불변의 진리를 탐구하고 실천하는 철인이 다스리는 나라였다.

이어 15년 동안 실무를 맡는다. 그 실무기간이 끝나면 비로소 통치자의 자리에 올라 정무를 맡게 되며, 아울러 후계자도 길러낸다. 그리고 나서 현역에서 은퇴해 '행복의 섬'으로 들어갈 준비를 한다.

철인 지도자는 귀족적인 인간이다. '국가의 꿀'을 독점하는 현실적인 귀족이 아니고 '마음의 귀족'이다. 그 귀족은 오로지 '철학의 여신'으로부터 지도를 받으며 불변의 진리를 탐구하고 실천하기에 힘쓴다. 소크라테스가 꿈꾸는 이상국가는 이처럼 귀족적인 정신을 지닌 철인 지도자에 의해 통치되는 나라다. 다른 정체에서도 각각 거기에 걸맞은 인간형이 형성된다고 소크라테스는 말한다. 크레타-스파르타 식의 정체에서는 명예로운 인간형이, 과두제에선 과두적인 인간형이, 민주제에선 민주적인 인간형이, 참주제에선 참주적인 인간형이 형성된다는 것이다. 물론 소크라테스는 귀족적인 인간형을 가장 의롭고 선한 인간형으로 꼽았다.

귀족적인 인간형은 가장 행복하다. 인간의 3가지 쾌락, 즉 지식, 명예, 돈 가운데 지식의 쾌락에 가장 부합하는 인간형이기 때문이다. 지식의 쾌락은 경험과 식견, 추리 등 모든 면에서 나머지보다 훨씬 우월하다. 나머지 쾌락은 진실하지도 순수하지도 않으며, 단지 그림자에 불과하다. 쾌락의 진실성 측면에서 귀족적인 인간 혹은 철인왕은 참주보다 729배나 즐거운 생활을 한다는 계산 결과까지 소크라테스는 제시했다. 쾌락의 진실성이란 측면에서 왕의 쾌락(A)을 1이라고 할 때 과두적 인간의 쾌락(B)은 3배 멀고, 참주적 인간의 쾌락(C)은 그로부터 또 3배 멀다고 한다. A:B=B:C 이므로 A:C=1:9라는 계산이 나온다. 여기다 세제곱을 하면 1:729가 된다. 세제곱을 하는 이유는 확실하지 않으나, 쾌락의 종류를 3가지로 들었기 때문이 아닌가 한다.

철인정치를 실현할 수 있는 길에는 두 가지가 있다. 철학자가 여러 나라의 왕이 되거나 왕이라고 불리는 권력자들이 철학을 뒤늦게라도 공부해서 나라를 다스리는 것이다. 즉 정치권력과 철학정신이 일체가 되어야 한다. 그렇지만 그것은 어려운 일이다.

제자들도 철인이 통치하는 이상국가를 수립하는 게 가능하냐고 물었다. 소크라테스는 "실천은 말보다 진리를 포착하기 어렵다"며, 그 실현가능성의 입증을 강요하지 말라고 요청한다. 그렇지만 입증할 수 없다고 해서 탐구조차 무가치한 것은 아니라고 강조한다.

정의에 관해서도 마찬가지다. 토론과 탐구를 통해 완전히 의로운 인간상을 그려볼 수는 있지만, 그것이 그런 인간의 실존가능성을 증명하는 것은 아니다. 단지 완벽하게 의로운 인간상의 행복과 불행을 알아보고 그것을 우리 자신과 견주어 본다는 데 의의가 있다. 현실에서 완벽한 정삼각형을 찾아보기는 어려워도 정삼각형에 대한 연구를 그만둘 수 없는 것과 같은 이치다.

소크라테스가 제시한 국가를 실현하는 것은 불가능에 가깝다고 나는 생각한다. 재산뿐만 아니라 자녀와 아내까지 함께 공유한다는 것은 인간의 본성과 자연의 섭리에 어긋나기 때문이다. 모든 생산수단과 재산을 국유화하고 평등사회를 실현하겠다는 사회주의, 공산주의도 오늘날 사실상 실패로 끝나가고 있다. 하물며 인간사회의 기본 구성단위인 가족을 무시하고, 어린이와 아내까지 공유한다는 발상이랴!

그 이상국가는 경찰국가와 비슷하다는 느낌도 준다. 이를테면 남자와 여자 가운데 우수한 자는 우수한 자끼리, 열등한 자는 열등한 자끼리 결합시켜야 한다고 소크라테스는 주장한다. 더욱이 우수한 자의 자손만 키우고 열등한 자의 자손은 기르는 것이 허용되지 않는다. 결혼의 수도 통치자의 재량에 맡긴다. 모두가 인위적 통제가 아니면 실현되기 어려운 정책들이다. 예술도 비슷한 관점에서 허용되거나 배척된다. 음악은 장려되는 반면 시와 그림은 되도록 억제된다. 음악은 영혼에 절제와 조화를 심어주기 때문에 어렸을 때부터 체육보다 먼저 교육시킨다. 그렇지만 시와 그림의 본질은 '모방'이고, 시인과 화가는 '모방자'이다. 이들은 진리로부터 한참 멀리 떨어져 있다고 소크라테스는 이야기한다. 모방술은 그 자체로 열등할 뿐만 아니라 열등한 것과 사귀어 열등한 것을 낳는다는 주장이다. 인간정신의 불합리하며 무익하고 반역적인 면이 모방을 위한 여러 가지 재료를 제공한다는 것이 소크라테스의 논리다.

이런 이유로 신을 찬미하고 훌륭한 인물을 찬양하는 노래만 허용된다. 나머지는 거부되고 추방된다. 호메로스와 다른 비극작가의 작품들도 배척된다. 비록 그들이 가장 위대한 시인이며 비극작가라 할지라도. 호메로스의 《일리아스》에 나오는 "아, 슬프도다. 비참하기 짝이 없는 나, 훌륭한 아이를 낳은 불행한 어머니"와 같은 내용의 시는 가르치면 안 된다. 소크라테스는 "시의 매력은 인정하지만 진리를 배반할 수는 없다"고 말한다. 오늘날 전체주의 국가에서 체제를 옹호하고 찬양하는 시만 허용하는 것과 비슷한 논리요 주장인 듯하다.

《국가론》의 저자 플라톤은 동양의 성인 공자처럼 현실정치에서 자신의 이상을 실현해보고자 시도했다고 전해진다. 공자가 노나라에서 정사를 다뤘던 것처럼 플라톤은 시켈리아의 한 도시국가를 방문해 군주의 통치를 지도했다. 그러나 플라톤의 시도는 헛수고로 끝났다. 그와 군주가 서로 호흡을 같이할 때는 괜찮았지만, 그 기간은 그리 오래가지 못했다. 아무래도 그의 통치원리가 너무도 현실과 동떨어졌기 때문이 아닐까 싶다.

《국가론》에 나오는 이상국가는 하늘의 뜬구름 같은 것일지도 모른다. 한 국가의 국민을 고상하게 다스리고 교육시킨다고 모두가 고상한 인간이 되는 것은 아니다. 그런 고상한 인간은 오히려 드물다. 모두가 고상한 인간이 된다면 인류가 오래도록 번성하면서 문명을 일구는 것도 불가능하지 않을까?

문명이란 여러 계층과 신분의 사람이 참여해서 다양한 형태와 방식으로 발전시키는 것이다. 만약 고상한 사람만 있다면 그 사회는 역동적인 상호작용과 운동이 이루어지지 않아 한쪽으로만 쏠릴 위험성이 있다. 사보나롤라 치하의 피렌체나 탈레반 치하의 아프가니스탄같이 '근본주의자'들이 통치하는 경우가 그런 경우가 아닐까 한다. 자연에서 순수한 물질과 더럽고 역겨운 물질이 서로 어울려 조화를 이루듯이, 문명도 고상한 사람과 고상하지 않은 사람이 함께 만들어가는 것이다.

철학자가 나라를 통치한다는 발상도 실현되기 어려운 일이다. 철인정치와 유사한 예로 신정정치를 떠올려볼 수 있다. 신정정치란 '신의 대변인'이라고 일컬어지는 성직자가 종교적 원리에 따라 통치하는 것이다. 중세 이탈리아의 교황령을 비롯해 도미니쿠스회 수도사 출신의 사보나롤라 지배하의 피렌체, 칼뱅이 한때 다스리던 제네바에서 신정정치가 실시됐다. 그러나 그들의 실험은 대체로 실패로 끝났다.

20세기 들어 러시아와 중국에서 각각 사회주의 혁명을 이끌었던 레닌과 마오쩌둥을 '철인정치'를 실천하려고 한 인물로 꼽아볼 수도 있겠다. 철학적 소양이 깊었던 이들은 자신들의 이념에 따라 국민들을 교육시키고 개조하려 했으니까. 그러나 그들의 '실험'도 사실상 실패로 끝나가고 있다.

이념과 종교가 지배했던 국가들은 대개 인간의 타고난 희로애락을 인정하려 들지 않았다는 공통점을 지니고 있다. 인간의 희로애락을 인정하면서 합리적으로 이끌어보려는 노력에는 그다지 관심을 갖지 않는다. 대신 그들은 특정한 신념이나 경건주의적인 도덕심으로 국가를 끌어가려고 애쓴다. 사보나롤라 치하의 피렌체에서는 자유분방하거나 퇴폐적인 책을 불태웠다. 사보나롤라는 결국 실패하고 화형에 처해졌다. 희로애락의 감정과 함께 살아가는 인간을 수도사의 원리로 통치할 수는 없음을 말해주는 예라고 볼 수 있다.

결국 소크라테스가 이야기하는 이상국가란 지상에 없을 뿐만 아니라 거의 실현불가능하다고 봐야 할 것이다. 그래서 소크라테스는 "그것은 하늘에 있고, 원하는 사람의 눈에만 보인다"고 말한다. 그것은 '마음의 왕국'이다. 소크라테스가 제자들과의 긴 대화를 통해 이야기하고자 했던 진정한 의도는 결국 그 마음의 왕국을 일깨우고 싶어서가 아닐까.

마음의 왕국의 풍습에 따라 살려고 하는 사람은 질서와 조화를 잃는 법이 없다. 육체의 야수적인 쾌락을 억제하고 정신과의 조화를 유지하려고 노력한다. 돈을 벌거나 소비하는 데 있어서도 분수에서 벗어나지 않는다. 명예도 생활에 혼란을 일으킬 우려가 있을 경우 기꺼이 포기한다. 이런 조화로운 영혼은 이 세상에 얼마나 존재할까? 존재하기나 하는 걸까? 아마 찾아보기 힘들 것이다.

보다 냉정하게 현실을 말하자면, 이 세상에는 민주정에 맞는 부류의 인간이 더 많이 존재한다. 축재의 욕망은 갖고 있지만 돈에만 흐르는 생활에는 빠지지 않고, 여러 가지 쾌락도 적당히 향락하는 인간 말이다. 방종과 과욕에 빠지지만 않는다면 이들은 지상의 쾌락을 누리면서 문명을 발전시킬 토대를 만들 수도 있다. 살아 숨 쉬는 인간의 이런 본성과 욕망을 존중하지 않고는 그 어떤 이상주의적인 정치이론이나 운동도 성공하기 어려울 것이다. 이런 점에서 소크

화형에 처해지는 사보나롤라.
신정정치를 실시하려던 사보나롤라의 시도는 실패로 끝났다.

라테스가 말하는 '진실한 쾌락'이 인간사회를 건전하게 유지 및 발전시키는 데 유익하고 절실한 덕목이 아닌가 생각된다. 그것도 쉬운 일은 아니지만.

*이렇게 말할 수는 없을까? 이득을 추구하는 욕망이나 승리를 원하는 욕망이라 할지라도 지식이나 이성과 더불어 추구한다면 진실한 쾌락을 누릴 수 있다고.*

2007년은 6월항쟁 20주년을 맞는 해다. 국민들의 피와 땀과 눈물로 쟁취한 대한민국의 민주주의는 적지 않은 도전에 직면해 있다. 개인이나 집단을 불문하고 모두가 '나 혼자만의 행복'과 '나만을 위한 쾌락'을 찾으려 애쓰고 있다. 조화로운 영혼과 질서 있는 자유를 찾아보기 어렵다. 애당초 '철학의 여신'은 발붙일 곳이 없다. 이제는 '민주주의의 여신'마저 그 어느 곳에 마음을 두어야 할지 몰라 방황하고 있다. 지금쯤 남몰래 눈물을 흘리고 있을지도 모르겠다.

그러나 다른 한편으로 볼 때 이 나라의 민주주의는 조금씩 착실하게 발전하고 있다. 여러 사회집단의 이기주의가 분출돼서 혼란스러운 모습이 보일 때도 있고, 그런 틈을 이용해 쿠데타를 부추기는 세력과 과거의 참주정치 시절로 돌아가자는 향수도 남아 있다. 그렇지만 힘겨운 발걸음을 하면서도 한 발짝씩 전진을 거듭한다. 이제는 전직 대통령도 재벌 총수도 더 이상 국법의 존엄함을 무시할 수 없다. 어떤 현안이든지 국민의 공감대가 충분히 형성될 경우 상당한 추진력을 발휘하고 규범을 형성하기도 한다. 그것은 철학의 여신이나 철인정치가의 힘으로 된 것이 아니다. 주로 이 나라 국민들의 피와 땀과 눈물이 얽혀 이루어낸 것이다. 이렇게 보면 철학의 여신이나 민주주의의 여신이 대한민국을 보면서 한편으로는 눈물을 지으면서도 돌아서서는 은근히 미소를 지을지도 모르겠다.

《국가론》에는 정치, 예술, 군사, 교육, 직업 등에 관한 플라톤의 사상이 폭넓게 담겨 있다. 그의 다른 저작과 마찬가지로 대화체로 쓰여 있어서 독자로 하여금 어려운 사상에 쉽게 접근할 수 있게 해준다. 나처럼 범속한 둔재도 완전히 이해할 수는 없다 하더라도 읽으면서 함께 생각해 보겠다는 용기를 내볼 수 있다. 무엇보다도 '순수한 영혼은 결코 죽지 않는다'는 것을 다시 강조함으로써 제자들이나 후세의 독자들에게 자신의 삶과 공동체에 대한 성실한 태도를 지키도록 일깨워준다. 특히 이 책의 말미에 실린 소크라테스의 당부는 시대와 국경을 초월해 오늘날 우리에게도 긴 여운과 공감을 불러일으킨다.

> 영혼은 결코 죽지 않으며 악도 선도 감당해낼 수 있다고 믿는다면, 우리는 언제나 하늘의 뜻을 좇아 정의롭게 살면서 덕을 길러야 하네. 그것이 우리의 본분이며 신성을 느끼는 일이기도 하지. 그것만이 이 세상에서나 천상의 순례에서 우리가 행복할 수 있는 유일한 길이라네.

### 잊지 못할 구절들

《국가론》

† 아름다운 영혼이 아름다운 형태에 조화되어 있을 때 가장 아름다운 영향을 보여주지 않겠나?

† 참된 사랑이란 아름다움과 질서의 사랑, 즉 절도 있고 건전한 것이 아니겠나?

† 올바른 견해를 유지하는 힘을 나는 용기라고 부르고자 하네.

† 인간은 자기의 주인이다.

† 어린 시절의 학습은 일종의 오락이어야 하네.

† 개인의 창고에 황금이 쌓이면, 그 정치는 멸망하게 마련이다.

† 부와 덕은 저울의 양편이네.

† 사려 있는 자의 쾌락을 제외한 모든 쾌락은 진실하지도 순수하지도 않네.

† 참된 비극에는 현명한 교훈이 가득 차 있는 법이라네.

## 참고서적

《이상국가》 플라톤 지음, 최현 옮김, 집문당, 1997년

《플라톤의 국가론》 플라톤 지음, 최현 옮김, 집문당, 1996년

《국가론》 플라톤 지음, 이환 옮김, 돋을새김, 2006년

《정치가》 플라톤 지음, 김태경 옮김, 한길사, 2000년

《알키비아데스 I, II》 플라톤 지음, 김주일/정준영 옮김, 이제이북스, 2007년

# 탈리아

'성스러운' 전쟁범죄의 기록
《구약성서》

위대한 스승의 거룩한 최후와 영혼의 불멸
플라톤 《파이돈》
《신약성서》

# '성스러운' 전쟁범죄의 기록

《구약성서》

*숨 쉬는 것을 하나도 살려두지 말라.*

〈신명기〉 20장 17절에 나오는 구절이다. 유태인들이 이집트에서 탈출한 후 '젖과 꿀이 흐르는' 가나안 땅을 차지하기 위해 정복전쟁을 벌일 때 내려진 '지침'이었다. 하느님 야훼가 내린 이 지침에 따라 유태인들은 이민족의 성에 접근하여 치고자 할 때 먼저 화평을 요구한다. 이 제안을 받아들여 성문을 연 이민족들은 노예가 된다.

만약 이민족이 화평 요구를 수용하지 않고 성문을 걸어 잠근다면? 그래도 문제없다. 야훼께서 이미 그 성을 약속하셨기 때문이다. 다만 성을 에워싸기만 하면 된다. 함락시킨 성을 처리하는 방식은 두 가지다. 아주 먼 데 있는 성읍의 경우에는 성 안에 있는 남자를 모두 칼로 쳐 죽인다. 여자, 아이, 가축을 포함한 다른 것들은 전리품으로 걷어간다. 이는 그나마 '온건한' 처방이다.

때로는 그 어떤 자비도 베풀어지지 않는다. 숨 쉬는 것은 모조리 죽여 버려야 한다. 남자는 물론이고 여자, 아이, 가축들까지. 당시 가나안 지역에 살고 있던 아모리족, 가나안족, 헷족 등 7개 민족이 이 같은 '전멸조치'의 대상으로 지목됐다. 그들을 살려두면 우상숭배 버릇을 가르쳐 유태인들이 하느님 야훼에게 죄를 짓도록 만들 것이라는 이유에서다.

이들 7개 민족은 유태인들에 비해 인구가 많고 강대한 종족이었다. 하느님 야훼는 이들을 모조리 가나안 땅에서 쫓아내겠다며 "그들과 계약을 맺지 말고 그들을 불쌍히 여기지도 말라"고 유태인들에게 명령한다.

동시에 하느님 야훼는 유태인들에게 다짐한다. 살아남아서 유태인들을 괴롭히는 자들에게는 말벌을 보내 멸하겠다고. 아무도 유태인들에 맞설 수 없게 하고, 맞서는 자들은 모조리 쓸어버리겠다고. 요즘 말로 하면 '인종청소'다.

'인종청소'는 유태인들이 이집트에서 탈출해서 이동하는 과정의 초기부터 시작됐다. 네겝 땅에서는 가나안 사람 아랏 왕이 다스리는 성읍들을 하느님 야훼의 도움을 받아 전멸시켰다(〈민수기〉 21장). 모압 지방에 도달해서도 살육을 감행했다. 아모리 왕 시혼 및 바산 왕 옥의 성읍을 모조리 점령해 남자, 여자, 아이 구별하지 않고 모조리 죽인 후 그 민족의 씨를 말렸다(〈신명기〉 2~3장).

미디안 지방에서는 다소 '온건'해졌다. 다섯 명의 왕과 남자만 죽이고 아이와 여자, 가축은 가져갔다(〈민수기〉 31장). 야훼가 "어찌하여 여자들을 살려주었느냐"며 모세를 질책했다. 그러자 유태인들은 사내아이와 '남자를 안 일이 있는' 여자들을 추가로 죽였다. '남자를 안 일이 없는' 여자 3만 2천 명과 소, 양, 나귀 등 가축들은 전투에 출전했던 병사들과 일반 백성에게 나누어졌다. 전리품 가운데 일부는 야훼에게 헌납돼 사제에게 넘겨졌는데, 거기에는 여자도 32명 포함됐다. 또 다른 32명은 야훼의 성막을 보살피는 레위인들에게 주어졌다.

이 대목에서 궁금한 것은 야훼에게 헌납된 여자들의 운명이다. 아마 다른 가축들과 마찬가지로 여자들도 번제물로 희생됐을 것이다. 18세기 프랑스의 계몽사상가 볼테르도 《관용론》에서 그 여성들이 모두 번제물로 바쳐졌다고 썼다. 당시 유태인은 인신공양의 악습을 유지하고 있었던 것 같다. 판관 입다는 자신의 외동딸을 번제물로 바치기까지 했으니까(〈판관기〉 11장).

유태인들은 이런 승전 경험을 발판으로 가나안 땅을 차지하기 위한 정복전쟁에 본격 돌입했다. 앞서 제시된 7개 민족이 가나안 정복을 위해 타도대상이었다. 가나안 정복전쟁은 예리고 전투에서 절정을 이뤘다. 여호수아의 지휘 아래 승리한 유태인들은 남녀노소 가리지 않고 모든 사람과 모든 짐승들을 칼로 쳐 죽였다. 그리고 나서는 성에 불을 질러 모든 것을 태워 없앴다. 다만 염탐꾼을 숨겨줬던 창녀 라합과 그 가문 사람들만은 살려줬다(〈여호수아〉 6장).

여호수아는 예리고에 저주까지 퍼부었다. "이 성을 다시 짓겠다고 나서는 자는 야훼의 저주를 받으리라. 맏아들을 죽이지 않고는 기초를 놓지 못하고 막내아들을 죽이지 않고는 성문을 닫지 못하리라." 이어 아이로 쳐들어가 점령한 뒤 주민 1만 2천 명을 하나도 남김없이 도륙했다. 그들의 살육은 여기서 끝나지 않았다. 에루살렘 왕과 헤브론 왕 등 아모리족의 다섯 왕이 전군을 동원해 유태인들과 우호관계를 맺고 있던 기브온을 공격하자 반격을 가했다. 하느님 야훼도 우박을 쏟아 거들었다. 기고만장한 여호수아는 야훼에게 기원했다. "해야 기브온 위에 머물러라. 달아, 아말론 골짜기에 멈추어라." 기도 덕분에 해는 유태인들이 복수를 마칠 때까지 꼬박 하루를 하늘에 머물러 움직이지 않

아모리족의 다섯 왕과 싸워 이긴 여호수아

았다고 한다.

이어 여호수아는 막케다, 라부너, 라기스 등 팔레스티나 남부지방의 왕국들을 차례로 공격하고, 정복하는 즉시 숨 쉬는 것은 하나도 남김없이 모조리 죽였다. 이런 방식으로 가나안 인근의 모든 종족이 사실상 전멸됐다. 죽음을 당한 왕만도 31명에 이른다(《여호수아》 12장). 가나안 땅은 '젖과 꿀이 흐르는 땅'이 아니라 '피가 흐르는 땅'이 됐다. 여호수아는 이렇게 얻은 가나안 땅을 유태인 12지파에 나누어 주었다.

분배 받은 땅에 정착한 후 유태인들은 다소 온건해졌다. 주변 종족과 간헐적으로 충돌을 거듭했지만, 그들을 전멸시키지는 않고 부역을 시켰다. 유태인들이 강성해지자 주변 종족들이 적대행동을 취하기 어렵게 된 탓도 있을 것이다. 이렇게 해서 유태인들의 가나안 정복전쟁이 끝났다. 피비린내 나는 싸움을 통해 유태인들은 굶주리지 않고 먹을 수 있는 땅, 아쉬운 것 하나 없는 가나안 땅을 차지했다(《신명기》 8장).

그들의 정복과정은 얼마나 잔인한가! 상상만으로도 몸서리를 치게 된다. 그렇지만 성서는 이처럼 잔인무도하게 연전연승한 유태인의 용맹을 칭송한다(《민수기》 23장).

보아라, 사자처럼 일어나는 백성을!
사자처럼 한 번 몸을 일으키면
잡아먹지 않고는 눕지 않는구나.
잡은 짐승의 피를 다 핥지 않고는 눕지 않는구나.

구약성서에는 이렇듯 피가 흘러넘치고 피비린내가 진동한다. 여호수아가 죽은 뒤 판관의 시대에도 살육전쟁은 중단되지 않았다. 미디안족의 침입을 받자 판관 기드온이 나서서 격퇴했다. 유태인 12지파 가운데 하나인 단 지파 사람들은 라이스로 쳐들어가서 온 주민을 다 죽이고 성에 불을 질렀다. 판관 삼손은 블레셋족의 거대한 신전을 무너뜨려 수많은 인명을 살상했다. 사울 왕과 다윗 왕도 끊임없이 주변 종족과 전투를 벌이느라 여념이 없었다.

사울 왕이 실각한 것은 야훼의 미움을 받아서였다고 한다. 미움을 산 이유는 정복한 지역의 백성을 다 죽이라는 야훼의 뜻을 어겼기 때문이다. 예언자 사무엘을 통해 사울 왕에게 전달된 야훼의 명은 "아말렉을 치고 남자와 여자, 아이와 젖먹이, 소 떼와 양 떼, 낙타와 나귀 할 것 없이 모조리 죽이라"는 것이었다. 그렇지만 사울은 왕을 포로로 잡아오고, 쓸모 있는 소와 양을 전리품으로 끌고 왔다. 이것이 야훼의 심기를 건드린 것이다. 예언자 사무엘은 하나도 남기지 말고 모조리 전멸시키라는 야훼의 말씀을 듣지 않았다고 사울 왕을 호되게 질책했다. 사무엘은 포로로 잡아온 왕 아각을 직접 난도질해서 죽이고는 사울 왕을 두 번 다시 만나지 않았다. 사울은 야훼의 노여움을 풀지 못하고 결국은 쫓겨나고 말았다.

유태인 집단 내부에서도 잔인한 형벌이 많았다. 우상숭배 등 금지된 행위를 한 사람 수천 명을 한꺼번에 칼로 살육하는가 하면 죄인을 불살라 죽이거나 돌로 쳐 죽이곤 했다. 지파 간에 벌어진 전투에서 패배한 지파가 도륙의 대상이 되기도 했다. 그래서 12지파 가운데 베냐민 지파의 명맥이 완전히 끊기기 직전까지 몰리기도 했다. 가나안 땅에 정착한 뒤 그들은 이웃 민족과 어울려 사는 듯하면서도 배타적인 태도를 고수했다. 바알교 신도들과 섞여 살다가 어느 날

아각을 처형하는 사무엘

갑자기 그 신도들을 모두 모이라 해놓고는 몰살시켜 버리기도 했다.

이 모든 과정은 언제나 하느님 야훼의 약속과 명령에 따른 것이라고 되풀이 강조된다. "야훼가 넘겨준 민족을 전멸시키고, 가엾게 보지 말라"(〈신명기〉 7장)는 것이 지상명령이었던 것이다. 때문에 그들은 끔찍한 살육을 자행하면서도 죄의식을 별로 느끼지 않았던 것 같다. 오히려 하느님 야훼에게 선택된 '거룩한 백성'이라는 의식이 강했다.

이처럼 과격한 '인종청소'는 인류역사상 아마도 그 유례를 찾아보기 어려울 것이다. 전쟁을 걸어 승리한 모든 곳에서 '코에 숨이 붙어 있는 것'은 모조리 도륙하는 식의 전후처리에 대해 나는 지금껏 들어본 일이 없다.

로마인들은 카르타고와의 3차 포에니전쟁에서 승리한 후 성을 모두 헐어버리고 소금을 뿌렸다. 그리고 그 주민들은 노예로 팔았다. 그리스의 코린토스에 대해서도 비슷한 처분을 내렸다. 그렇지만 주민을 완전 도륙하는 짓은 하지 않았다. 그리스인들도 트로이를 정복한 후 대량 살상을 벌였지만 모든 생명을 전멸시키지는 않았다. 그리스 연합군은 10년 동안 트로이성 밖에서 풍찬노숙한 끝에 오디세우스의 목마를 이용해 간신히 승리를 거뒀다. 그사이 무수히 많은 장수와 병사들이 희생됐다. 살아남은 병사들은 악이 받쳤을 것이다. 그러니 성을 함락하자마자 무슨 짓을 했을지는 어렵지 않게 짐작할 수 있다. 그렇지만 트로이인들을 모두 죽이는 '인종청소'를 저지르지는 않았다.

유태인들은 다른 민족들에 대해 '박멸' 작전을 폈지만, 자신들은 다른 민족으로부터 그런 대우를 받지 않았다. 이집트는 유태인들을 노예로 부리긴 했지만 말살하지는 않았다. 바빌론에 정복됐을 때도 마찬가지다. 바빌론을 정복한 페르시아는 포로로 잡혀왔던 유태인들을 본국으로 돌려보내기까지 했다.

일반적으로 전쟁에서 인정되는 살육은 전투병에 국한된다. 적의 사절, 항복한 적장, 통치자 등을 살해하는 것은 상식 밖의 행위다. 전투에 참여하지도 않은 민간인을 무차별 살해하는 따위의 일은 더더욱 허용되기 어려운 일이다. 그런 행위는 다름 아닌 '전쟁범죄' 다. 2차대전을 일으키고 민간인에게 잔혹한 짓을 저지른 독일 수뇌부는 전쟁이 끝난 후 그 책임을 추궁당했다.

그런데 유태인들은 패전한 종족의 왕은 물론 어린이와 부녀자를 포함한 모든 민간인을 닥치는 대로 살육하는 행위를 서슴지 않았다. 이런 살육행위, 인종박멸 작전이야말로 전형적인 전쟁범죄가 아니겠는가. 하느님 야훼의 명을 빙자해서 저질러졌으니, 이것은 '성스러운 전쟁범죄' 가 되는 것인가.

유태인이 정착한 가나안 지역 일대는 무수히 많은 민족이 스쳐 지나가고 패권을 다투던 지역이었다. 때문에 종족들의 생존경쟁이 그 어느 곳보다 치열했고, 자연히 끊임없는 전란이 이어졌다. 그 과정에서 패자에 대한 승자의 잔혹행위도 당연히 꼬리를 물고 자행됐을 것으로 여겨진다. 그렇다 하더라도 유태인들이 저지른 살육보다 더 심한 잔혹행위는 별로 없었을 것으로 생각된다.

유태인은 2차대전이 끝난 후 팔레스티나 지방으로 돌아가서 이스라엘을 건국했다. 그 과정에서 미국 영국 등 연합국의 강력한 지원을 받았다. 팔레스티나 지방으로 귀환해서 그 지역에서 살고 있던 아랍인들을 내쫓고 자신들의 나라를 세우는 과정은 《구약성서》에 나오는 가나안 정복전을 연상시킨다. 주변 종족과 화합을 하지 못하고 끊임없이 다투는 모양새가 그때나 지금이나 다를 게 없다. 역사에서 되풀이되지 말아야 할 일들이 그곳에서는 되풀이되는 듯하다.

잔인하고 배타적인 일만이 《구약성서》에 기록돼 있는 것은 아니다. 오늘날에도 유의할 만한 소중한 교훈과 가르침도 적지 않다. 무엇보다 십계명이 있다. 십계명은 오늘날에도 인류가 보편적으로 지켜야 할 가치를 담고 있다. 십계명만이 아니다. 유태인들에게 내려진 하느님 야훼의 여러 가지 가르침과 훈계 가운데 상당수는 모든 인류로부터 존중받아 마땅한 것들이다. 이를테면 〈신명기〉에는 이런 훈계사항들이 있다.

*동족에게 무엇을 꾸어줄 때 담보물을 잡으려고 그의 집에 들어가지 말라.*
*도망한 종을 원래 주인에게 내주지 말라.*
*가난하기 때문에 품을 파는 사람을 억울하게 하지 말라.*
*떠돌이와 고아의 인권을 짓밟지 말라.*
*과부의 옷을 저당 잡지 말라.*
*크고 작은 다른 저울추를 가지고 있지 말라.*

또한 야훼는 재판을 공정하게 하라고 엄명을 내린다.

*법을 왜곡하지 말라. 체면을 차리거나 뇌물을 받지 말라. 뇌물은 지혜로운 사람의 눈을 멀게 하고 죄 없는 사람의 소송을 뒤엎어 버린다. 정의, 그렇다, 너희는 오직 정의만을 찾아라.*

이 밖에 신부를 맞이한 신랑은 1년 동안 징병하거나 징용하지 말 것, 채무자에게는 7년에 한 번씩 빚을 삭쳐줄 것, 외국인과 떠도는 사람들을 위해 나무에 달린 과일이나 곡식의 이삭을 모두 걷지 말라는 계명도 훌륭한 교훈이라고 생각된다. 이웃사람과의 공생을 위한 최소한의 금도를 일깨워주는 가르침이다.

그러나 이렇게 훌륭한 계명과 가르침도 그들이 저지른 대량살육과 전쟁범죄에 비해서는 사실 큰 의미를 갖기 어렵다고 생각한다. 그 계명으로 유태인들끼리는 행복하게 살았는지는 모르지만, 이민족들에게는 일방적으로 피를 흘리게 했기 때문이다.

솔직하게 말하자면 나는 이렇게 피로 얼룩진 구약을 성서라고 인정하고 싶지도 않다. 단지 유태인들의 설화요 흥망사로 여기고 싶다. 모든 게 야훼라는 유일신의 뜻이라고 묘사한 것은 자신들의 잔혹행위를 합리화시키기 위한 장치가 아닐까? 정말로 신이 존재한다면, 그런 야만적인 행위를 저지르라고 고무하지는 않았을 것이라고 나는 생각한다.

나는 《구약성서》를 읽기 전에는 그것이 하느님의 말씀을 기록한 그야말로 '거룩한 책'이라고만 믿어왔다. 유태인들이 가나안 땅으로 옮겨갈 때도 평화롭게 이동했을 것이라고 막연히 생각했다. 유태인 출신의 위대한 인물을 생각하면서 호의적인 생각을 가져왔었다. 아인슈타인, 스피노자, 마르크스 등의 사상가와 작곡가 말러 등 많은 위인들을 배출해냈으니 당연한 일이다. 그렇지만 구약성서를 읽은 후 환상은 무참하게 깨졌고, 나는 경악했다. 그리고 오늘날 이스라엘의 행동을 보며 나는 다시 한 번 이것을 느낀다. 충격과 배신감은 쉽사리 잠재우기 어려울 듯하다.

성서의 내용을 굳이 오늘날의 잣대로 되새길 필요는 없다. 단지 까마득한 옛날의 일 또는 이야기로 치부하고 넘겨버릴 수도 있다. 그러나 그것은 현재의 행위가 인류 보편의 가치를 거스르지 않는다는 전제하에서만 가능하다. 이 시점에서 인근 국가, 이웃 민족과 화목하고 공동번영을 추구하면 된다. 그렇지만 오늘날 이스라엘의 모습은 어떠한가? 그들은 여전히 이웃나라 주민들과 화평하지 못하고 있다. 구약성서에 묘사된 그들의 잔악행위를 자꾸 상기하지 않을 수 없다.

이스라엘은 현재 핵무기를 보유하고 있는 것으로 알려져 있다. 공식적으로 확인된 사실은 아니지만 공공연한 비밀로 간주되고 있다. 끔찍한 살육의 역사를 가진 그들이 핵무기를 가져도 되는지 의문이다. 그들의 조상이 저지른 전쟁범죄 행위를 상고해볼 때 그들이 또다시 그런 문제를 일으키지 않을 것이라고 누가 장담하겠는가? 그 핵무기를 가지고 주변의 아랍인들을 대량살육하려 할지도 모르는 일이다. 그러므로 이스라엘의 핵무기 보유 여부에 대해 국제사회가 좀 더 투명하게 밝혀내야 한다. 만약 핵보유 사실이 드러난다면 그 핵무기를 제거하기 위한 국제적인 노력이 전개돼야 할 것이다.

## 잊지 못할 구절들

《구약성서》

† 너는 먼지이니 먼지로 돌아가리라. 〈창세기〉

† 남의 피를 흘리는 사람은 제 피도 흘리게 되리라. 〈창세기〉

† 너 스스로 힘을 길러, 그가 씌워준 멍에를 목에서 떨쳐 버려야 하리라. 〈창세기〉

† 너희에게 몸 붙여 사는 사람을 구박하거나 학대하지 말라. 〈출애굽기〉

† 근거 없는 말을 해서는 안 된다. 권세 부리는 자들에게 유리한 증언을 하지 말라. 〈출애굽기〉

† 자기가 맹세한 일이면 그 무엇이든지 깨닫는 대로 책임을 져야 한다. 〈레위기〉

† 너희가 그 땅을 더럽히면 그 땅이 너희를 토해내리라. 〈레위기〉

† 이웃을 죽을 죄인으로 고발하지 말라. 〈레위기〉

† 재판할 때 한쪽을 편들면 안 된다. 세력이 있는 자이든 없는 자이든 똑같이 들어주어야 한다. 〈신명기〉

† 뇌물은 지혜로운 사람의 눈을 멀게 하고, 죄 없는 사람의 소송을 뒤엎어버린다. 〈신명기〉

† 한 사람의 증언만으로는 증언이 성립되지 않는다. 〈신명기〉

## 참고서적

《공동번역 성서》 12판, 대한성서공회, 1989년

# 위대한 스승의 거룩한 최후와 영혼의 불멸

플라톤 《파이돈》
《신약성서》

2006년은 모차르트 탄생 250주년이 되는 해였다. 한 해 마감을 앞둔 12월에는 모차르트 음악 연주회가 더욱 활발해졌다. 고전음악을 전문적으로 방송하는 KBS 제1FM(현재의 클래식 FM) 라디오에서도 모차르트 음악이 자주 연주됐다. 모차르트가 남긴 수많은 명곡 가운데서도 〈진혼곡(레퀴엠)〉이 유난히 자주 방송됐던 것으로 기억한다.

 나도 그 무렵 라디오나 테이프를 통해 모차르트의 〈진혼곡〉을 즐겨 들었다. 다른 고전명곡과 마찬가지로 이 곡은 아무리 들어도 싫증나지 않는다.

 내가 생각하기에 이 곡은 일생을 평범하게 살다간 사람보다는 위대한 발자취를 남긴 사람에게 더 어울리는 듯하다. 워낙 장중하고 거룩한 감동을 주는 작품이기 때문이다. 그래서인지 〈진혼곡〉을 들을 때마다 위대한 인물의 거룩한 죽음을 생각하게 된다. 가장 먼저 떠오르는 것은 소크라테스와 예수의 죽음이다.

 소크라테스와 예수는 평생을 진리와 이웃사랑의 정신을 전파하다가 죽음을 당한 성인들이다. 죽음을 피할 기회도 있었지만 그러지 않았다. 삶보다 진리를 더 소중하게 여겼기 때문이다. 죽음 자체만으로도 인류의 삶과 정신에 감화를 주기에 충분했던 것이다. 이들의 장례식을 오늘날 제대로 치른다면 분명 모차르트의 〈진혼곡〉이 연주될 것이다.

소크라테스는 기원전 4세기 아테네인들로부터 사형선고를 받고 생을 마감했다. 사형 집행 전 제자들이 탈출을 권고했으나 그는 받아들이지 않고 죽음을 택했다. 이승에서의 덧없는 생명을 억지로 연장하느니 진리에 대한 사랑을 간직하고 세상과 이별하는 길을 선택한 것이다. 죽기 전 그와 제자들이 나눈 대화를 보면 그가 단순히 사멸할 인간이 아니라 신의 각별한 사랑을 받은 인간이라는 것을 느낄 수 있다. 제자 플라톤은 그와 제자들이 나눈 대화를 글로 기록함으로써 그를 영원불멸의 철학자로 길이 남게 했다.

플라톤이 남긴 대화편 중 하나인 《파이돈》에서 소크라테스는 영혼의 불멸과 불사를 강조한다. 영혼은 신적인 것과 흡사하고, 결코 사라지지 않으며, 분해되지도 않는다. 반면 육체는 썩어 없어지는 것이요, 가변적인 것이다. 영혼은 인간의 육체 속에 갇혀 있지만, 죽음으로써 육체가 분해되고 소멸할 때 분해되지 않고 그저 육체를 떠날 뿐이다.

> 배움에 목말라하는 사람들은, 영혼이 육체 속에 갇혀 있으며 마치 감옥의 창살을 통해서만 사물을 볼 수 있고 자기 자신을 통해서 보지는 못함을 깨닫고 있는 거야. 그래서 영혼이 온갖 무지의 구렁텅이 속에서 허덕이고 있으며, 또 육욕 때문에 자기 자신이 그 속박의 공범자가 되고 있음도 알고 있어. 이런 상태가 영혼의 본래 상태지.

소크라테스에 따르면 육체로부터 벗어난 영혼은 두 가지로 나뉜다. 더럽혀진 영혼이 있는가 하면, 순수한 영혼이 있다. 더럽혀진 영혼은 육체의 노예 노릇이나 하고, 육체의 욕망과 쾌락에 정신 팔린 영혼을 말한다. 이런 영혼은 언제나 육신의 일만을 생각하고, 육신에 집착하기 때문에 죽은 뒤에도 육신을 그리워한다. 결국 이 가시적인 세계로 되돌아와 배회하다가 또다시 육신에 묶이게 된다. 다시 찾아가는 육신은 전생의 습관에 따라 결정된다. 예컨대 폭식이나 음주습관을 가졌던 사람의 영혼은 당나귀나 독수리, 매 같은 짐승의 몸으로 들어간다.

이에 비해 순수한 영혼은 현명하고 단정하다. 살아가는 동안 육체로부터 자유로워지려고 노력한 사람들의 영혼이다. 그들은 정욕을 멀리하며, 절제와 정의 등 공공의 덕을 실천한다. 그들은 지혜를 사랑하는 애지자(愛智者)요, 그들의 영혼은 철학적인 영혼이다. 더럽혀진 영혼에게는 안내자가 아무도 없는 반면, 단정한 영혼은 신들이 길안내를 해준다.

만일 죽음으로 모든 것이 끝난다면 악인은 죽음에 의해서도 이득을 보게 될 것이다. 육신의 소멸과 동시에 세상에서 저지른 모든 죄과마저 소멸되고 나면 악인이나 선인이나 다를 게 없어지기 때문이다. 결국 영혼이 구원받는 길은 선하고 지혜로워지는 것뿐이다.

선하고 지혜로운 영혼은 육신이 죽은 뒤 '진정한 하데스'로 간다. 하데스는 원래 저승을 관장하는 신의 이름인데, 그 신이 지배하는 저승을 지칭하는 말로 쓰이기도 한다. 소크라테스는 하데스 가운데서도 선한 영혼이 도달하는 곳을 '진정한 하데스'라고 표현했다. 소크라테스에 따르면 진정한 하데스는 순수하고 고상한 곳이며, 선하고 지혜로운 신이 계신 곳이다. 그곳에서 영혼은 신

소크라테스의 죽음

들과 함께 영원히 머문다. 불멸을 얻게 되는 것이다. 소크라테스는 자기도 그곳에 갈 것이라는 희망을 말한다. 그리고 제자들에게 영원한 삶을 위해 영혼을 돌보라고 당부한다. 육체의 쾌락과 장식물을 떼어내고 절제와 정의와 용기로 단장하라고.

> 거룩한 생활을 한 사람들은 감옥 같은 이 세상에서 해방되어, 자유로이 저 높은 곳으로 올라가 그곳에 있는 순수한 세상에서 살게 된다네. 그들 가운데 특히 철학으로서 자신을 아주 순결하게 한 사람들은 (…) 그 누구보다도 아름다운 거처에 이르게 될 걸세. (…) 우리는 이 인생에서 덕과 지혜를 얻기 위해 온갖 노력을 다해야 할 것일세.

제자들에게 이런 당부를 하고 난 뒤 소크라테스는 "운명의 소리가 부르고 있다"며 독미나리즙을 기꺼이 마셨다. 그리고 '진정한 하데스'로 들어갔다. 이렇게 소크라테스가 마지막으로 남긴 가르침은 너무나 경건하다. 이 세상의 그 어느 종교서적 못지않게 인생과 영혼에 대한 거룩한 교훈으로 가득 차 있다.

마지막 순간에 그가 한 행동도 거룩하다. 그는 온화한 말과 표정으로 사형집행인을 맞았다. 미움이나 원망 같은 것은 전혀 없었다. 여느 사람들처럼 잠시라도 생명을 연장하기 위해 독약 마시는 것을 늦추지도 않았다. "저 세상으로 가는 여행을 잘하기 위해" 신에게 기도하는 것도 잊지 않았다. 그는 "아스클레피오스에게 닭 한 마리 빚진 게 있으니 갚아 달라"는 마지막 한 마디를 남겼는데, 이 말은 아직까지 수수께끼로 남아 있다. 아스클레피오스는 원래 그리스 신화에서 의술을 관장하는 신이다. 그런데 소크라테스의 이 말이 그 아스클레피오스 신에게 제물을 바쳐달라는 것인지, 아니면 같은 이름을 가진 동네사람이나 친지에게 실제로 빚진 것을 갚아달라는 것인지는 확실하게 규명되지 않은 것으로 알고 있다. 평생 진리와 지혜를 찾고 가르치던 성자는 긴 여운을 남긴 채 감옥 같은 육신의 세상을 떠났다.

소크라테스의 메시지는 후세에 고귀한 영향을 끼쳤다. 현세의 뜬구름 같은 행운보다 자신이 믿는 고귀한 가치와 영혼을 더 소중히 여기고자 하는 사람들에게 하나의 이정표를 마련해준 것이다.

로마 공화정 말기에 율리우스 카이사르의 독재에 맞서 공화정을 지키려 했던 카토는 마지막으로 플라톤의 저서 가운데 영혼에 관한 글을 읽었다고 한다. 파르살로스 전투에서 아군인 폼페이우스가 패배하자 그는 남은 군대의 일부를 이끌고 아프리카로 건너가 끝까지 항전했다. 그러나 끝내 패배하자 카이사르의 자비에 삶을 맡기지 않고 자결을 선택했다. 그가 읽은 '영혼에 관한 책'이 바로 《파이돈》이 아니었을까 생각한다.

카토는 키케로와 함께 로마 공화정의 마지막 정신적 보루였다. 카토는 원로원 의원으로서 회의가 열리는 날엔 언제나 가장 먼저 출석하고 가장 늦게까지 남았다. 회의가 열리는 기간에는 로마를 떠나지도 않았다. 폼페이우스가 로마를 전횡하게 할 가능성이 있는 법안이 제출됐을 때는 신변의 위험을 감수하고 끝까지 막아냈다. 그렇지만 카이사르에 의해 로마 공화정이 위협받자 폼페이우스와 함께 카이사르에 맞섰다. 카이사르가 내전을 일으키자 그는 로마를 떠나 폼페이우스 진영에 합류했고, 그 뒤로 수염도 깎지 않았다고 한다. 그야말로 일생을 강직하게 산 인물이었다. 다만, 카토는 "철학자는 죽을 준비를 하되 자살은 하지 말아야 한다"는 소크라테스의 가르침을 어기고, 자살을 선택했다. 그는 과연 '진정한 하데스'에 들어가 소크라테스를 만났을까?

소크라테스의 마지막 나날은 예수 그리스도의 최후 행적을 생각나게 한다. 소크라테스는 한낱 인간에 불과하고, 예수는 영생불멸의 신 하느님의 외아들이라는 점에서 근본적으로 다르다. 그렇지만 세상사람 대부분이 육신의 쾌락과 이익만 추구할 때 영원한 진리에 귀를 기울이도록 이끌고자 했던 점에서는 다를 바 없다. 소크라테스는 육신의 쾌락과 고통에 얽매이지 말고 오직 정신의 밝은 빛만으로 진리를 탐구함으로써 지혜를 얻으라고 설파했다. 예수는 흥청대며 먹고 마시는 일과 세상 걱정에 마음을 빼앗기지 않도록 조심하라고 제자들에게 일렀다.

주어진 죽음 앞에서 의연했다는 점에서도 둘은 같다. 소크라테스는 "인간은 죄인이요, 감옥 문을 열고 도망갈 권리가 없다"라면서, 도망가라는 제자들의 권유를 뿌리쳤다. 마찬가지로 예수도 "이 고난의 잔을 내가 마셔야 하지 않겠느냐"며 바리새파 병사들에게 몸을 맡겼다. 소크라테스는 자신의 사후에 방황할지도 모를 제자들에게 "자신을 돌보라"고 당부했다. 예수 역시 제자들의 발을 직접 씻어주면서 "서로 발을 씻어주라"는 훈계를 남겼다. 독약을 마시기 직전에 소크라테스가 남긴 "내 기도대로 이뤄지나이다"라는 말도 숨을 거두기 직전 "제 영혼을 아버지 손에 맡깁니다"라고 한 예수의 말을 생각나게 한다.

이렇듯 소크라테스의 최후나 예수의 마지막 날들은 경건함과 성스러움의 극치를 보여준다는 점에서 여러 모로 닮았다. 이런 비교가 천주교나 개신교의 독실한 신도들에게 불경스럽게 여겨질지도 모르겠다. 사멸할 운명의 인간을 하느님의 외아들과 비교하다니! 하지만 인간으로 하여금 참된 삶과 죽음의 의미 등을 숙고하게 한다는 점에서는 큰 차이가 없다는 것은 분명해 보인다. 육

십자가에 못 박힌 예수

신이 죽은 뒤에도 소멸하지 않는 영혼이 인간에게 정말로 있는지 없는지는 아무도 모른다. 많은 종교가 인간에게 불멸의 영혼이 있다고 가르친다. 그러나 사후 세계나 영혼의 존재에 대해 증명된 바는 아직 없다. 직접 살아볼 수 없으니 증명할 수 없는 것은 당연하다. 다만 그것은 종교적 믿음이나 예술적 상상력을 통해 오랜 옛날부터 지금껏 전승되어 왔을 따름이다.

《오디세이아》와 《아이네이스》에서 주인공 오디세우스와 아이네이아스는 유랑 도중 먼저 죽은 사람들의 영혼을 만났다. 《오디세이아》를 보면 영혼이 모여있는 저승세계의 들판에는 수선화가 피어있다고 한다. 《신곡》에서 단테는 지옥과 천국을 여행하며 시인 베르길리우스와 일찍 세상을 떠난 연인 베아트리체를 비롯해 보고 싶어 했던 사람들을 만났다. 프랑스의 풍자작가 프랑수아 라블레도 《팡타그뤼엘》에서 저승에 가 있는 영혼들이 현세와는 어떻게 달라져 있는지를 묘사했다. 이를테면 마케도니아의 알렉산드로스 대왕은 낡은 신발을 수선하며 어렵게 살아가고 있었고, 페르시아의 크세르크세스 대왕은 겨자장수, 로마를 세운 로물루스는 소금장수로 살고 있었다. 이승에서 대귀족이었던 사람들은 초라하게 생활하는 반면 철학자를 비롯해 궁핍하게 살았던 사람들은 반대로 대귀족이 되었다고 한다. 영화 〈사랑과 영혼〉도 영혼의 존재를 소재로 한 작품이다. 조선시대에 김시습이 쓴 《금오신화》도 이런 범주에 들어가는 작품이라고 할 수 있다.

다만 아리스토텔레스는 《영혼에 관하여》라는 저서를 통해 인간의 영혼에 대한 과학적 분석을 시도한 바 있다. 이 책은 '생명을 잠재적으로 가지는 자연적 신체의 제1 현실태'라고 영혼을 정의하고는, 영혼의 능력을 분석한다. 영혼을 가진 생물들은 영양섭취, 감각, 욕구, 장소운동, 사고운동 등의 능력을 가지며, 이 능력에 따라 생물도 분류된다고 한다. 그리고 영혼과 신체의 관계를 형상과 질료의 관계에 입각해서 설명했다. 기본적으로 자연에 대한 탐구의 연장선상에서 영혼을 고찰한 것이다. 아리스토텔레스가 제시한 이런 이론은 나름대로 의의를 갖는 것이기는 하지만, 너무나 건조하다. 영혼의 존재, 더욱이 그 불멸을 믿게 하기에는 지나치게 학술적이고 이론적이다.

플라톤의 《국가론》에도 인간의 사후와 관련된 묘사가 나온다. 살아 있을 때 남에게 해악을 저지른 영혼은 그 10배에 달하는 벌을 받고, 선행을 한 영혼은 10배의 보상을 받는다고 한다. 특히 자신을 낳아준 부모에 대한 존경이나 불경의 행동에 대해서는 그 어느 것과도 비교할 수 없는 상벌이 주어진다고 한다.

인간의 영혼과 사후 세계를 다룬 저작과 예술작품이 이렇게 많이 있지만, 그 이야기들은 대체로 맘에 와 닿지 않는다. 그저 작품 속의 허구라고만 여겨질 뿐이다. 그러나 《파이돈》만은 달랐다. 《파이돈》을 읽을 때마다, 인간의 영혼이 실제로 존재하고 육신의 사후에도 오래 살아남는다고 믿게 된다. 영혼의 존재와 불멸에 대해 반신반의하다가도 《파이돈》을 읽고 나면 확고한 믿음을 갖게 된다. 소크라테스가 죽음을 앞두고 제자들에게 행한 마지막 가르침과 죽음에 임하는 그의 자세는 영혼의 불멸을 가장 훌륭하게 논증한 것이다. 그 어떤 예술작품이나 경전도 해내지 못한 일이었다. 성서조차도 영혼의 존재와 불멸을 그토록 분명하게 설명하지 못했다는 것이 나의 솔직한 느낌이다.

오늘날의 인간세계를 돌아보면 영혼불멸을 믿을 이유를 찾아보기가 힘들다. 모두가 현세에서 최대한 이익을 챙겨서 잘 먹고 잘 살면 된다는 사고에 젖어있는 듯하다. 영혼에 대한 믿음의 흔적조차 찾아보기 어렵다. 그런 믿음이 현세에서 필요 없고 무의미하다고 모두들 생각하는 것 같다. 종교를 믿는 사람이나 믿지 않는 사람이나 마찬가지다. 일부 종교기관은 영혼을 천국으로 이끌어준다며 신도들을 늘리는 데 열을 올린다. 교세확장을 위한 수단에 불과하다는 인상을 지울 수 없다. 그런 종교기관이 정작 건전한 시민 또는 국민으로서 행해야 할 책무와 도리는 도리어 소홀히 한다. 말하자면 '영혼장사' 만 하는 셈이다.

인간이 굳이 영혼의 존재와 불멸을 믿어야 할 필요는 없다. 그러나 인간의 영혼이 사후에도 없어지지 않고 존재할 수 있다고 생각하는 것은 결코 무의미한 일은 아닐 것이다. 소크라테스의 말대로 이 세상에서 행한 일에 따라 영혼이 짐승의 몸으로 다시 태어나거나, 아니면 신들의 안내를 받아 영원한 행복의 경지로 들어갈 것이라고 생각한다면 삶의 자세가 달라질 수 있다. 적어도 인간의 무분별한 탐욕과 쾌락은 사라질 수 있으리라.

인류역사상 사형을 당하면서도 의연한 자세를 잃지 않았던 위대한 사람들은 적지 않다. 《유토피아》의 저자인 영국의 토마스 모어, 서로마제국 멸망 직후의 철학자 보에티우스가 우선 떠오른다. 인간영혼의 존재 가능성을 믿게 하는 데는 오히려 이런 인물들의 기록과 작품이 더 도움이 된다. 이를테면 보에티우스가 쓴 철학시를 보자.

*진리를 바라보기를 원한다면,*
*그리하여 갈팡질팡하지 않고 확고한 길을 따르고자 한다면,*
*네 자신에게서 기쁨과 두려움을 없애고*
*희망을 몰아내 버리고*
*슬픔을 쫓아 버려라.*

*그러한 것들이 지배하는 곳에서는*
*정신은 흐려지고 사슬에 묶이게 된다.*

진정한 하데스가 있다면, 이런 인물들의 영혼 역시 그곳으로 들어가 지금쯤 소크라테스와 한솥밥을 먹고 있을 것이다. 우리 역사에서도 신라시대의 이차돈 스님과 조선시대의 김대건 신부, 그리고 안중근 의사 등이 그 아름다운 이름을 남겨놓았다.

중국 여순감옥에서 순국한 안중근 의사의 유해는 오늘날까지도 찾지 못하고 있다. 〈진혼곡〉을 비롯해 주옥같은 명곡을 인류에게 선사한 모차르트의 유해도 어디 있는지 아무도 모른다. 참으로 안타까운 일이다. 다른 사람들은 몰라도 이들 두 사람의 유해를 찾았다는 소식을 하루빨리 듣고 싶다. 안중근 의사의 유해를 찾아내서 제대로 된 장례를 치를 때 모차르트의 〈진혼곡〉을 연주하면 제격일 것이다.

그렇지만 나에게는 모차르트의 〈진혼곡〉 이상으로 좋아하는 진혼곡이 있다. 가브리엘 포레의 〈진혼곡〉이 그것이다. 한세상 열심히 살다 이름 없이 진 영혼을 위무하는 데는 포레의 〈진혼곡〉이 더 없이 좋은 곡이라고 생각한다. 가끔씩 어머니를 모신 납골당에 갔다 올 때마다 이 곡을 듣는다. 나를 길러주시느라 한평생 고생만 하시고 떠난 어머니의 영혼을 위로해주는 듯하다. 어머니의 영혼이 음악과 함께 살며시 다가와 "이제 그만 슬퍼하라"며 나를 어루만져주는 것 같다. 플라톤의 《파이돈》이 그렇듯이, 포레의 〈진혼곡〉 역시 내게 영혼의 존재를 믿으라고, 진리에 충실한 맑고 곧은 삶을 살라고 속삭인다.

예수의 수난을 소재로 한 음악으로 바흐의 〈마태 수난곡〉과 〈요한 수난곡〉

이 있다. 〈마태 수난곡〉이 길지만 여러 가지로 감동을 많이 주기에 나는 이 곡을 가끔 듣곤 한다. 그런데 아쉬운 것은 소크라테스의 수난과 최후를 다룬 음악작품이 없다는 것이다. 누가 플라톤의《파이돈》을 바탕으로 이 위대한 스승의 수난을 소재로 한 작품을 작곡해주었으면 좋겠다.

## 잊지 못할 구절들

《파이돈》

† 쾌락과 고통은 동시에 한 사람에게 일어나지 않는다. 그러나 대체로 그중 하나를 추구해 얻으면 다른 하나도 따라오게 마련이다.

† 우리는 이승의 짧은 시간을 위해서만 아니라 영원한 시간을 위해서 우리의 영혼을 보살펴야 하네.

† 현명하고 단정한 영혼은 자기의 형편을 알고 순리를 따른다.

† 그릇된 말을 쓰는 것은 그 자체로 좋지 못한 일일 뿐더러 영혼을 해치는 일이다.

《신약성서》

† 예루살렘의 여인들아, 나를 위하여 울지 말고 너와 네 자녀들을 위하여 울어라. 〈루가복음〉

† 아버지 저 사람들을 용서하여 주십시오! 그들은 자기가 하는 일을 모르고 있습니다. 〈루가복음〉

† 서로 사랑하여라. 내가 너희를 사랑한 것처럼 너희도 서로 사랑하여라. 〈요한복음〉

† 너희는 세상에 나가 언제까지나 썩지 않을 열매를 맺어라. 〈요한복음〉

† 너희는 근심에 잠길지라도 그 근심은 기쁨으로 바뀔 것이다. 〈요한복음〉

## 참고서적

《향연/파이돈/니코마코스 윤리학》 플라톤/아리스토텔레스 지음, 최명관 옮김, 을유문화사, 1994년

《공동번역 성서》 12판, 대한성서공회, 1989년

《플루타르크 영웅전》 플루타르코스 지음, 김병철 옮김, 범우사, 1994년

《영혼에 관하여》 아리스토텔레스 지음, 유원기 옮김, 궁리, 2001년

《철학의 위안》 보에티우스 지음, 박병덕 옮김, 육문사, 1990년

《신곡》 단테 지음, 한형곤 옮김, 삼성판 세계문학전집, 1988년

《가르강튀아/팡타그뤼엘》 프랑수아 라블레 지음, 유석호 옮김, 문학과지성사, 2004년

# 멜포메네

중용, 행복과 정의의 원리
아리스토텔레스 《니코마코스 윤리학》
플라톤 《필레보스》

오케스트라 같은 공화국을 위한 마지막 충언
키케로 《의무론》

# 중용, 행복과 정의의 원리

### 아리스토텔레스 《니코마코스 윤리학》
### 플라톤 《필레보스》

    그리스 신화에서 파에톤은 말로만 들어오던 아버지인 태양신 헬리오스를 찾으러 하늘나라로 올라갔다. 봄, 여름, 가을, 겨울의 찬란함으로 장식된 태양궁에서 아버지를 만났을 때까지만 해도 좋았다. 그는 아버지에게 당신의 불마차를 몰아보게 해달라고 청했다. 비극의 시작이었다. 불마차는 인간이 몰 수 있는 것이 아니었다. 아버지의 설득과 만류에도 불구하고 파에톤은 끝내 고집을 꺾지 않았다. 불마차를 몰고 하늘을 돌던 파에톤은 일순간 고삐를 놓쳤다. 궤도를 벗어난 불마차가 지구를 향해 돌진했다. 불마차의 뜨거운 열기로 말미암아 지구에 불이 붙기 시작했다. 일촉즉발의 위기상황이었다. 헬리오스가 서둘러 마차를 본궤도로 이끌었기에 충돌 사고는 피했다. 그리고 파에톤은 분노한 제우스가 던진 벼락에 맞아 죽었다.

    이 일로 지구에는 엄청난 변화가 일었다. 연못과 샘이 사라져 요정들이 머무를 곳이 없어졌고, 나일강의 수원지가 말라버렸다. 리비아는 사막으로 바뀌었고, 아프리카인들의 피부는 검게 변했다. 심지어 지하세계까지 빛이 들어가

파에톤의 죽음

그곳의 왕과 왕비도 공포에 떨어야 했다.

파에톤은 과욕을 부리다가 자신뿐 아니라 지구 전체를 파멸로 몰아넣을 위험한 짓을 한 셈이다. 그가 어려움을 각오하고 아버지를 만나기 위해 미지의 우주로 향한 것은 훌륭한 용기다. 그러나 거기서 만족하지 않고 불마차를 몰겠다고 고집을 부린 것은 용기가 아니라 만용이었다. 또한 인간의 본분을 망각한 행동이었다. 아버지 태양신은 "너의 청은 인간의 운명을 뛰어넘는 것"이라며 간곡히 만류했다. 그러나 파에톤은 아버지의 걱정도 아랑곳하지 않고 무모한 짓을 감행했다. 과욕, 불경, 불효의 3가지의 악덕을 한꺼번에 저지른 것이다.

진정한 용기는 과도하지 않고 중용을 지킨다. 파에톤의 참극은 바로 중용의 소중함과 과도의 위험함을 여실히 보여준다. 아리스토텔레스의 《니코마코스 윤리학》에 따르면 과도와 부족은 악덕의 특징이요, 중용은 덕의 특징이다. 중용은 행동과 정념에 있어서 과도나 부족을 피하고 중간을 선택한다. 과도와 부족은 실패하지만, 중간은 대개 성공을 거두고 칭찬도 받는다.

중용은 마땅한 때, 마땅한 일에 대하여, 마땅한 사람들에게, 마땅한 동기로, 마땅한 태도로 느끼거나 행동하는 것이다. 마땅히 기쁨을 느낄 만한 일에 기쁨을 느끼고, 마땅히 괴로워해야 할 일에 괴로움을 느끼는 것이다. 아울러 그 무엇을 추구하거나 회피할 때도 때를 잘 잡고, 그릇되지 않은 방법으로 해야 한다. 그렇지만 중간을 찾아내기란 쉽지 않다. 한 원의 중심을 찾는 것이 쉽지 않고, 화살로 과녁을 맞히기가 용이하지 않음과 마찬가지다.

아리스토텔레스는 인간의 구체적 행동과 정념에 이 같은 원리를 적용한다. 용기는 공포와 태연함의 감정에 나타나는 중용이다. 과도한 것은 무모한 것이고, 부족한 것은 겁쟁이다. 마찬가지로 절제는 방종과 무감각의 중용이고, 관후는 방탕과 인색의 중용이다. 노여움의 감정에서는 온화가 중용이며, 성급과 둔감은 과도와 부족이다.

이렇듯 명예, 진리, 정념, 유쾌함 등 인간사의 모든 감정과 행동에는 중용의 태도가 있고 과도와 부족이 있다. 과도와 부족 가운데는 특히 인간의 본성이나 인간사회의 건전한 상식이 용인하기가 극히 어려운 경우도 있다. 중요한 것은 어떤 경우에도 중용의 덕은 우리 힘의 범위 안에 있고, '올바른 이치'가 명하는 것을 따른다는 사실이다.

이를테면 절제는 쾌락에 관한 중용의 덕을 이르는 것으로서 마땅히 갈구할 것을, 마땅히 갈구해야 할 정도로, 마땅히 갈구해야 할 때에 갈구하는 것이다. 절제하는 사람들은 기쁨을 맛보아서는 안 되는 것들에서 기쁨을 느끼는 일이 없고, 해서는 안 되는 것들을 좋아하지도 않는다. 좋아해도 무방한 것이라 해도 그것을 지나치게 좋아하지는 않는다. 좋아하는 것들이 자기에게 없다고 해서 고통을 느끼지 않으며, 설사 고통을 느낀다 해도 적당한 도를 넘지 않는다. 즐겁고 유쾌한 것들을 순리대로 즐기고 행하는 데 만족할 뿐이다.

아리스토텔레스는 "인생에는 방종의 대상이 되는 것이 많고 그런 것에 습관화되기도 쉽다"고 지적한다. 쾌락에 대한 욕구는 아무리 채우려 해도 다 채울 수가 없다. 따라서 마치 어린이가 교사의 지도를 받듯이 인간의 욕망은 어디까지나 이치가 명하는 대로 따라야 한다. 그리고 서로 조화를 이뤄야 한다고 아리스토텔레스는 강조한다.

다른 경우에도 이런 '이치'의 원리를 적용해 보면 인간이 취해야 할 태도가 좀더 명확해진다. 용기는 두려워할 만한 것을 당연한 동기에서 당연한 모양으로 당연한 때에 두려워하고, 태연한 마음을 잃지 않는다. 관후는 그 무엇을 받아서 마땅한 사람에게, 줄 만한 양을, 줄 만한 때에, 합당한 조건으로 준다. 호탕한 사람은 공공의 일로 돈을 쓰되 그 지출에 보람이 있는지를 가장 깊이 고려한다. 아마도 극장이나 목욕탕 등의 시설을 일반 대중을 위해 지어서 헌납하곤 했던 고대 로마 영웅들이 바로 호탕한 사람이라 할 수 있을 것이다. 이들은 가장 아름답고 훌륭한 결과를 얻을 수 있는지, 공공의 명예심을 향상시키는지, 영속성이 있는지를 심사숙고했다.

긍지 있는 사람은 명예를 가장 중요시한다. 때문에 권세와 부(富)라는 행운을 얻었을 때 지나치게 좋아하지 않고, 악운을 만나도 크게 괴로워하지 않는다. 온화한 사람은 노여워할 일과 사람에 대해 노여워하되, 적당한 때에 적당한 시간 동안만 노여워하는 사람이다. 그렇지만 원수를 갚는 것보다는 너그럽게 용서를 잘 하는 사람이기도 하다.

정의도 일종의 중용이다. 아리스토텔레스는 정의에 대해 "옳은 일을 하게 하며, 옳은 태도로 행동하게 하며, 옳은 것을 원하게 하는 성품"이라고 설명한다. '옳다'는 단어가 지닌 다양한 의미 중 하나는 '법을 준수하고 공정하다'는 것이다. 국가공동체의 행복을 산출하고 보전하는 행위도 '옳은 행위'다. 법은 용감한 사람, 절제할 줄 아는 사람, 온화한 사람으로서 행동할 것을 명하고, 부도덕한 행위는 금한다. 그러므로 속담이 이르는 대로 "정의 속에는 모든 덕이 다 들어있는" 셈이다. 정의가 실현되려면 사람이 지배하기보다는 '옳은 이치'가 지배해야 한다. 대체로 사람은 자신의 이익을 위해서 움직이며, 때로는 폭군이 되기도 하기 때문이다. 그리고 "옳은 이치란 실천적 지혜를 따른 이치"라고 아리스토텔레스는 강조한다.

아리스토텔레스는 인간의 쾌락에 대해 본성적 상태의 활동이고, 하나의 선이라고 말한다. 또한 아리스토텔레스의 설명에 따르면 인간은 누구나 쾌락을 추구하고 있고, 쾌락이 있는 생활을 행복한 생활이라 여긴다. 그렇지만 쾌락의 종류는 많고 서로 다르다. 고상한 쾌락이 있는가 하면 육체적 쾌락도 있다. 필수적인 쾌락도 있고 필수적이지 않은 쾌락도 있다. 필수적인 쾌락도 지나치게 추구하다 보면 방종에 빠지곤 한다.

정의를 빛내주는 덕으로 '친애'라는 것이 있다. 친애는 가족과 이웃, 동족 상호간에 느끼는 것으로서 인간이 살아가는 데 가장 필수적인 덕이다. 그렇지만 친애는 아무나 사랑하는 것이 아니고, '사랑할 만한 것'만 사랑한다. 여기서 '사랑할 만한 것'이란 곧 좋은 것, 즐거운 것, 유용한 것이다. 친애는 기본적으로 서로 닮은 사람들 사이에 주고받는 것이므로 많은 경우 수평적인 관계를 형성한다. 친구들이나 국가 상호간 관계가 바로 이런 관계다. 그러나 수평적이지 않은 친애관계도 있다. 부모와 자식, 신과 인간, 군주와 신하 사이의 관계가 이에 해당한다. 이런 관계에서는 각자 해야 할 의무를 다하는 것이 무엇보다 중요하다. 은혜를 입은 사람이 할 수 있는 한도에서 힘껏 그 은혜를 갚아나가고 합당한 존경을 표하면 된다.

아리스토텔레스는 현세에서 행복하게 사는 것을 중요시했다. 신들이 인간에게 준 선물이 있다면 행복이야말로 그것이라고 아리스토텔레스는 자신 있게 주장한다. 행복은 유덕한 정신활동의 결과이며, 그것도 온 생애 전체를 통해 성취되는 것이다. 그렇게 행복을 성취하는 사람은 인생의 여러 가지 변화를 가장 고상하게, 그리고 아주 품위 있게 겪어낸다. 이를 위해 그가 추구한 것은 인간적인 선이요, 인간적인 덕이다. 그리고 그 덕의 핵심이 바로 중용이다.

사실 중용의 덕은 아리스토텔레스만 강조한 게 아니다. 플라톤도 그의 저작에서 중용의 덕을 직간접적으로 강조했다. 특히 《필레보스》는 중용을 논하는 내용의 작품이다. 플라톤의 다른 저서와 마찬가지로 이 책에도 소크라테스가 등장해 대화를 진행한다.

소크라테스는 모든 아름다움과 훌륭함은 적도(適度)의 상태와 균형이 있어야만 가능한 것이라고 강조한다. 그 어떤 혼합이라도 적도와 균형성에 적중하지 못한 것이면 파괴된다. 절제하는 사람들은 즐거움을 강렬함에서 찾는 것이 아니라 지나치지 않는 데서 찾는다. "무엇이나 지나치지 않게"라는 경구가 이들을 제어한다. 반면 어리석고 무절제한 사람들은 강렬한 즐거움을 찾고, 때로는 광기상태(Mania)에 빠지기도 한다. 결국 "큰 것보다는 작고 많은 것보다는 적되 괴로움이 섞이지 않은 일체의 즐거움이 역시 더 즐겁고 참되며 훌륭한 것"이라고 할 수 있다. 이것은 신의 섭리에 의해 부여받은 질서이기도 하다.

> 아마도 그 여신이 모두의 히브리스와 온갖 사악을 내려다보고서, 즐거움이나 욕구 충족에 있어 그들이 아무런 한도를 두지 않는 것을 알고서는, 한도를 지닌 법과 질서를 정해주었을 게야. 자네는 그 여신이 [사람들을] 찌들게 한다고 말하지만, 나는 거꾸로 구제해준다고 말하겠네.

《필레보스》를 번역한 박종현에 따르면 이 인용문에 나오는 '그 여신'은 '천상의 아프로디테'를 지칭하며, '히브리스'는 '난폭함'이나 '지나침'을 뜻하는 그리스어라고 한다.

동양에서도 중용은 중요한 덕목이었다. 가장 고전적인 언급은 《논어》 선진편에 나오는 "지나친 것은 모자람과 마찬가지(過猶不及)"라는 공자의 말이다. 자사(子思)가 썼다고 전해지는 《중용》을 보면 좀더 자세한 설명을 볼 수 있다. 즉 "희로애락이 아직 발(發)해지지 않은 것을 중(中)이라 하고, 발(發)해져서 모두 절도(節度)에 맞는 것을 일러 화(和)라 한다"든가, "중과 화에 이르면 천지가 제자리를 찾고 만물이 육성된다"는 설명이 나온다. 또 군자는 중용을 지키는데, 군자의 중용이란 '알맞게 하는 것(時中)'을 말한다.

동서양 성인들의 설명에 비해 아리스토텔레스는 좀더 현실적이고 구체적이다. 그는 인간이 현실적 삶에서 겪는 여러 가지 상황에 비추어 중용의 원리를 설명하고 점검했다. 인간과 친구, 가족, 국가 등 거의 모든 부문에 걸쳐 중용의 의미와 그 적용의 가능성 및 방법을 제시했다. 따라서 아리스토텔레스의 《니코마코스 윤리학》은 고답적인 이론서 수준을 뛰어넘은 훌륭한 윤리교과서라고 해도 될 듯하다.

중용은 개인의 윤리덕목에 머무르지 않는다. 사회와 국가, 나아가서 자연과 우주 전체의 원리라고 여겨진다. 프랑스의 18세기 계몽사상가 가운데 한 사람인 몽테스키외는 중용의 원리를 법의 이론에 적용했다.

몽테스키외는 역저 《법의 정신》에서 "중용의 정신이 입법자의 정신이어야 한다"고 강조했다. 정치적 선은 도덕적 선과 같이 언제나 두 극단 사이에 있기 때문이다. 법은 너무 정묘해서는 안 되고 그 문체는 평이해야 한다. 특히 법은 자연의 이치에 어긋나지 말아야 한다. 어떤 최고선을 실현한다는 명분으로 나쁘지도 않은 일을 금할 필요는 없다.

어떤 경우든 중용을 지키면 생존과 발전이 가능하지만, 그것을 어기면 대체로 파멸을 초래한다는 것은 불문가지(不問可知)의 이치다. 이는 지난 세월의 역사가 증명해준다.

나폴레옹이 유럽을 석권한 뒤 러시아까지 침공한 것은 과도한 욕심이었다. 히틀러도 비슷한 전철을 밟았다. 과욕의 결과는 비참한 패망이었다. 만약 나폴레옹이 러시아 정복을 무모하게 꿈꾸지 않았다면 그의 시대는 좀더 오랜 기간 공고하게 유지됐을 것이다. 그랬다면 유럽대륙에 프랑스혁명의 정신이 좀더 일찍 뿌리 내리지 않았을까 생각해 본다.

만주족이 명나라를 멸망시키고 중국대륙을 정복한 것 역시 길게 보아서 잘못된 것이 아니었을까? 명나라를 정복한 지 300여 년 만에 만주족의 나라는 아예 없어졌다. 오늘날에는 만주어도 거의 사라져가고 있다고 한다. 이제는 중국 동북3성 지역에 만주족의 과거를 말해주는 흔적만이 일부 남아 있을 뿐이다. 만약 17세기 당시 만주족이 대륙 지배의 욕심을 버리고 만주지역에 하나의 독립국을 세우는 데 그쳤다면, 만주족의 나라는 지금도 존재할 수 있었을 것이다. 그리고 동북아지역의 역사도 달라졌을 것이다.

카를 폰 클라우제비츠가 《전쟁론》에서 말한 '공격의 한계정점'은 이런 문제점과 실책을 짚어보고 전쟁전략의 중용을 강조한 것이 아닌가 한다. '한계정점'이란 공격자가 공격력의 우위를 유지하면서 유리하게 평화협상을 벌여야 하는 상황을 말한다. 이런 상황을 넘어서면 방어자의 반격이 개시된다. 이때의 반격력은 대체로 공격자의 타격력보다 훨씬 더 강하기 때문에 공격자가 애초 보유했던 우위는 점차 상실된다. 따라서 이런 한계정점을 넘지 않고 최대한 유리한 상황에서 전쟁을 끝내는 것이 중요하다. 그렇지 않으면 전황은 점차 불리한 상황으로 몰리게 된다. 말하자면 전쟁에서 지켜야 할 '전략적 중용'의 선이라고 해도 될 것이다. 이는 최고지휘관이 결단을 내릴 문제다. 이런 관점에서 본다면 나폴레옹과 히틀러는 중용의 덕을 발휘하지 못하고 한계정점을

아일라우 전투의 나폴레옹

넘어선 것이다.

  나아가야 할 때 나아가고, 물러나야 할 때 물러나는 것 역시 중용의 덕목 가운데 하나다. 나아가야 할 때 물러나고, 물러나야 할 때 억지로 나아가려고 하다가는 실패하기 쉽다. 일신의 안위를 위태롭게 할 뿐만 아니라 자신이 속해 있는 공동체에도 치명적인 결과를 야기하기 일쑤다.

  그리스를 침공했다가 살라미스 해전에서 치명적인 패배를 당한 페르시아의 크세르크세스 왕은 더 이상 전쟁을 끌어봐야 실익이 없음을 알고 철수하기로 했다. 그럼으로써 그리스 정복에는 실패했지만, 자신의 왕권을 지킴은 물론 소아시아 지방에서 페르시아의 패권을 계속 유지할 수 있었다. 나폴레옹도 결국 러시아에서 철수하기는 했지만, 때가 너무 늦었다.

  우리 역사를 되돌아봐도 박정희 전 대통령이 3선까지만 하고 물러났어도 비극적인 최후를 맞지는 않았을 것으로 생각된다. 오히려 대한민국의 경제발전을 위한 초석을 놓은 대통령으로서 기억되고 있을 것이다. 그러나 무리하게 유신을 단행하고 장기독재를 꾀하다가 결국 비명횡사하고 말았다. 그리고 이 때문에 대한민국 경제성장사에 끼친 그의 공적 또한 폄하되고 있다.

  우리나라가 중용의 원리를 거역해서 당한 가장 큰 재난은 1997년의 외환위기라고 할 수 있다. 외환위기에 대한 설명은 여러 가지로 가능하지만, 정부와 기업 등 주요 경제주체들의 무분별한 탐욕이 빚어낸 응보라고 나는 생각한다. 대한민국 정부는 1993년부터 '신경제'라는 이름 아래 경기부양을 통한 고도성장에 욕심을 냈다. 기업과 금융기관에 대한 갖가지 규제를 풀어주고 투자를 촉진했다. 기업과 금융기관 모두 장단기 차입금을 마구 늘려가면서 확장을 도모했다. 그 결과 대한민국은 연간 성장률 9% 안팎에 이르는 고도성장을 몇 년 동안 이룩했지만, 그것은 중용의 원리가 허용하는 수준을 넘어서는 것이었다. 결국 무리한 고도성장으로 부풀어 오른 거품은 잇단 대기업 부도를 통해 꺼지게 됐고, 끝내 국가부도 위기까지 몰리게 됐다.

대한민국은 그 후에도 이 같은 무모한 고도성장과 경기부양의 단맛을 버리지 못했다. 김대중 정부 시절 내수부양을 위해 신용카드 사용을 마구 촉진한 것도 그 한 사례다. 이 역시 과도한 욕심이 빚어낸 허영이었고, 그 결과 한국은 2003년에 심각한 카드위기를 맞이했다.

요즘 들어서는 그러한 과도성장이 결국은 부작용만 초래한다는 사실에 대한 공감대가 어느 정도 형성된 듯하다. 과거처럼 무조건 고도성장해야 한다는 주장은 별로 보이지 않는다. 대신 '안정성장' 론이 점차 확산되고 있는 것 같다. 안정성장이란 경제발전을 위해 성장의 필요성과 요구에 부응하면서도 국제수지와 물가에 불안을 초래하지 않는 수준의 성장이라고 생각하면 될 것이다. 말하자면 중용의 원리에 부합하는 수준의 성장인 셈이다. 과거 무분별한 탐욕이 초래했던 상처를 더 이상 되풀이해서는 안 된다는 자각이 이제야 생겼다고나 할까?

인간사에서 중용을 잘 지키면 실패하는 법이 거의 없다. 중용은 모든 사람을 편하고 안전하고 유쾌하게 만든다. 모든 시대, 모든 지역, 나이와 성별을 떠나서 누구에게나 유익한 덕이라고 할 수 있다. 그래서 중용의 덕은 예로부터 '황금률' 로 간주돼 왔다.

그렇지만 중용을 어기기는 쉬워도 지키기는 어렵다. 공자는 "중용은 실로 지극한 것이어서 백성들 가운데 능히 오래 지키는 자가 적다"고 말했다고 한다. 진실로 이 세상에는 중용을 어기도록 만드는 유혹이 너무 많다. 중용을 어기는 것이 더 화려해 보이고, 더 많은 업적을 이루는 것 같다. 더 강렬한 인상을 주기도 한다. 중용을 지키는 것은 어려울 뿐만 아니라 보람도 없는 것처럼 보인다. 공연히 애만 쓴다는 느낌을 갖게 될 수도 있다. 때문에 중용의 덕을 지킨다는 것은 다소 우직한 자세를 필요로 한다. 지구의 안전을 위해 자신의 두 어깨로 언제까지나 하늘을 떠받치는 아틀라스 신의 한결같은 자세가 요구되는 것이다.

중용의 원리는 인간세계에만 관철되는 것이 아니다. 자연계의 모든 현상과 우주의 운동에도 중용의 원리가 관철된다. 식물의 재배를 떠올려보자. 식물이 잘 성장하려면 적당한 물과 공기, 양분 등이 공급돼야 한다. 너무 부족하게 공급되거나 너무 과하게 공급되면 안 된다. 예컨대 물이 지나치게 많으면 식물은 썩어버릴 것이고, 너무 적으면 말라죽고 만다.

동물의 감각에도 중용이 필요하다. 아리스토텔레스는 《영혼에 관하여》에서 "감각은 비율이며, 과도함은 고통을 초래하고 파괴한다"고 지적했다. 소리의 과도함은 청각을 파괴하고, 지나치게 밝은 색깔은 시각을 해친다. 때문에 순수하고 혼합되지 않은 것이 적절한 비율로 이끌어질 때 동물들은 즐거워한다고 아리스토텔레스는 말한다.

우주도 여러 가지 힘이 적절한 균형을 유지하고 있기 때문에 조화로운 운동을 계속한다고 볼 수 있다. 아이작 뉴턴은 《프린시피아》에서 이 같은 원리를 정확하게 설명했다. 물체를 잡아당기는 구심력 혹은 중력이 적절하게 작용해야만 우주의 물체가 궤도상의 운동을 계속할 수 있다는 것이다. 그렇지 않으면 어떤 우주의 물체는 무한히 우주공간을 뚫고 나가거나 어딘가에 끌려들어가게 된다. 예를 들어 달과 지구의 관계를 보면, 달에 가해지는 중력이 너무 약하면 달은 지구 주변을 돌지 않고 고유의 힘에 의한 직선운동을 계속한다. 반면 그 중력이 너무 크면 달은 궤도에서 벗어나 지구 쪽을 향해 돌진하게 된다. 그래서 뉴턴은 "이 힘이 아주 적합한 크기를 가져야 한다"고 강조한다.

이런 원리는 비단 지구와 달에만 적용되는 것이 아니다. 태양계의 모든 행성과 그 위성도 같은 원리로 운동한다. 태양계뿐 아니라 우주 전체의 모든 별 사이에 이런 관계가 성립된다고 할 수 있을 것이다. 그런 관계 때문에 우주는 오늘도 변함없이 신비스러운 운동을 계속하고 있는 것이다. 얼마나 경이롭고 아름다운 중용인가!

나는 이 세상에서 인간과 사회가 갖춰야 할 온갖 덕목 가운데 '중용'이 가장 중요한 덕이라고 생각한다. 그렇기에 동서양 모든 성인들이 예로부터 그토록 강조해 왔을 것이다. 나도 이런 이치를 뒤늦게 깨닫고 '중용'을 우리 집의 좌우명으로 삼기로 했다. 그래서 언젠가 중용이라는 두 글자를 써서 집안에 붙여 놓기도 했다. 지금은 그것이 어디론가 없어졌지만, 그런 생각만은 변함이 없다. 다만 그것을 실천하기가 쉽지 않을 뿐이다. 어지럽고 혼란한 세상에서 진정한 행복과 정의는 바로 이 중용으로부터 온다.

### 잊지 못할 구절들

《니코마코스 윤리학》

† 벗과 진리가 다 같이 소중하지만, 우리의 벗들보다 진리를 더욱 귀히 여기는 것이 경건한 태도이다.

† 행복은 온전한 덕과 생애 전체를 통하여 비로소 성취되는 것이다.

† 쾌락은 선이 아닌 때에도 선인 것처럼 보인다.

† 배고픈 당나귀는 매를 맞아도 목초에서 떠나지 않는다.

† 행운이 지나치면 장해가 되는 수도 있다.

† 적당한 수는 꼭 하나 있는 게 아니고, 일정한 두 한계점 사이에 널려 있다.

## 참고서적

《향연/파이돈/니코마코스 윤리학》 플라톤/아리스토텔레스 지음, 최명관 옮김, 을유문화사, 1994년

《니코마코스 윤리학》 아리스토텔레스 지음, 최명관 역주, 서광사, 1984년

《필레보스》 플라톤 지음, 박종현 역주, 서광사, 2004년

《전쟁론》 카를 폰 클라우제비츠 지음, 류제승 옮김, 책세상, 1998년

《프린시피아》 아이작 뉴턴 지음, 조경철 옮김, 서해문집, 1999년

신역《論語》 이기석 한백우 역해, 홍신문화사, 1993년

신역《大學/中庸》 이기석 한용우 역해, 홍신문화사, 1993년

# 오케스트라 같은 공화국을 위한 마지막 충언

### 키케로 《의무론》

"우리는 정말 공화국을 상실한 것이다."

기원전 40년대. '공화국' 로마에는 낙조가 드리우고 있었다. 야심 많은 율리우스 카이사르가 기원전 49년에 루비콘 강을 넘어 내란을 일으키고 권력을 장악하고는 스스로 '독재관'에 올랐다. 카이사르가 로마 공화정에 반기를 들었을 때 그 반대편에는 대장군 폼페이우스가 있었다. 브루투스와 카토, 키케로도 폼페이우스와 같은 노선을 걸었다. 이들은 공화국 로마를 지키는 최후의 보루였다. 그러나 카이사르의 반란을 막아야 할 폼페이우스가 로마를 떠나 그리스로 건너가자 이들 3인도 뒤따라갔다. 공화정의 네 기둥이 모두 로마를 버린 셈이다. 파르살루스 대회전에서 폼페이우스는 카이사르에게 패배했다. 그는 이집트로 도주했으나 그곳에서 비운의 죽음을 당했다. 폼페이우스와 함께 있던 카토는 다시 아프리카로 건너가 저항을 계속하다가 자결했다.

카이사르는 반대파에 비교적 관용하는 태도를 보였다. 그런 가운데서도 그의 권력은 점점 더 공고해졌다. 원로원으로부터 '신격 율리우스(Divus Julius)'

라는 칭호를 받고, 종신 독재관에 지명됐다. 사실상 황제 같은 존재가 되어갔다. 그러던 중 기원전 44년 원로원에서 마르쿠스 브루투스와 가이우스 카시우스에게 암살당했다. 이로써 공화정 회복의 가능성이 열렸다. 그러나 브루투스와 카시우스는 우왕좌왕하다가 로마를 떠나 도피했고, 필리페 전투에서 옥타비아누스와 안토니우스가 지휘하는 카이사르파 군대에게 패배하고 자결했다. 공화정 회복의 꿈은 완전히 무산되고 말았다.

키케로는 파르살루스 전투에서 폼페이우스가 패배하자 저항을 포기하고 로마로 돌아와 카이사르로부터 사면을 받았다. 카이사르가 암살된 후 키케로는 옥타비아누스(카이사르의 조카로 후에 아우구스투스 황제가 된다)와 협력해서 공화정의 불씨를 살려보려고 최후의 노력을 기울였다. 그러나 이마저도 실패했다. 옥타비아누스가 안토니우스 레피두스와 더불어 '3두정치' 수립에 합의하고, 정적들을 제거하기로 한 것이다. 키케로는 안토니우스의 요구에 따라 살생부 명단에 포함됐고, 결국 피살되어 로마에 효수됐다.

키케로는 공화국 로마의 마지막 정신적인 지주 가운데 한 사람이었다. 그의 죽음은 공화국 로마의 정신적 기둥이 무너졌음을 의미한다. 로마가 참주정 또는 제정으로 넘어가는 데 더 이상 장애물은 없었다. 옥타비아누스는 기원전 31년 악티움 해전에서 안토니우스를 최종적으로 격파하고 로마제국의 패권을 단독 장악했다.

공화국 시절의 로마에서 변호사, 집정관, 속주 총독 등을 맡으며 활발하게 움직였던 키케로는 사실상의 '군사독재' 치하에서 무력감을 느꼈다. 그는 자기의 모든 노력을 바쳐 헌신했던 공화국이 끝장났음을 가슴 아파했다. 설상가상으로 딸 툴리아도 출산 후유증으로 세상을 떠났다. 그는 자신을 실패자라고 느꼈다. 원로원과 법정에서 웅변으로 청중을 휘어잡았던 시절은 이제 영영 돌아오지 않을 것 같았다. 그는 《의무론》에서 그때의 참담한 심경을 이렇게 토로했다.

> 이제 원로원은 유명무실하게 되고 법정의 문은 모두 폐쇄되어 버렸으니, 나의 자존심에 비추어 볼 때 원로원 의사당과 포룸(로마 시민들이 모여 중요한 의사결정을 하던 광장)에서 내가 할 수 있는 일이 과연 무엇이겠느냐?

키케로는 오랜 공직생활 경험을 바탕으로 공화국 로마가 몰락하는 모습을 보면서 마지막 저작들을 썼다. 《의무론》도 그중 하나다. 아테네에서 유학중인 아들 마르쿠스에게 보내는 편지 형식으로 돼 있는 이 책은 공화국 지도자와 시민이 가져야 할 의무와 덕목에 대한 성찰을 담고 있다. 공화국을 위한 최후의 변명이자 충언인 셈이다. 언젠가 공화국이 부활하리라는 꿈과 기대도 담고 싶었을 것이다.

《의무론》은 '도덕적 선'과 '유익함'의 관점에서 인간의 본성에 접근한다. 도덕적 선과 유익함이 별개의 것이 아니고, 서로 어긋나는 관계도 아님을 증명한다. 특히 공화국을 조화롭고 질서 있게 발전시키기 위해서는 전체 시민과 국가에 대한 선행과 정의가 핵심 요건임을 강조한다.

이 책은 모두 3권으로 구성됐다. 제1권에서는 도덕적 선을 탐구한다. 키케로가 보기에 도덕적으로 선하고 명예로운 것은 곧 의무를 이행하는 것을 의미한다. "공적이든 사적이든, 포룸에서의 정치든 가내사이든, 혼자서 하든 타인과 더불어 행동하든 생활의 어떤 부분도 의무에서 벗어날 수가 없기 때문"이다. 의무 가운데 가장 중요한 것은 공동생활에 관한 것이라고 키케로는 인식했다. 철학탐구도 물론 했지만 평생 정치활동에 참여하면서 갖가지 현실적인 문제를 처리하는 데 통달한 정치가다운 판단이다.

  도덕적으로 선하고 명예로운 것은 진리에 대한 통찰과 이해(지혜), 각자의 것은 각자에게 나누어 주고 계약에 대한 신의를 지키는 것(정의), 고귀하고 굽히지 않는 정신의 위대함과 강직함(용기), 절도와 인내가 내재돼 있는 질서와 온건함(인내)에서 비롯된다. 인간은 인식과 학문의 욕구에 유도되기 때문에 진리에 대한 통찰은 인간의 이런 본질과 가장 깊은 관계를 지닌다. 이에 비해 나머지 세 가지는 인간사회와 생활공동체를 유지하게 하는 덕이다. 이는 정의와 자선으로 귀결된다. 키케로가 중요하게 여긴 것은 바로 이런 공동체를 위한 덕이다.

  *인간은 서로 도움을 주기 위해, 즉 인간을 위해 태어났다. 그래서 우리는 자연상태인 인간본성을 우리의 안내자로 삼아 따라야 하며, 공동의 이익을 위해 항상 그것을 중심문제로 생각하고 서로간의 의무를 교환해야 하며, 때에 따라 기술, 노동, 재능을 주고받음으로써 인간사회를, 인간과 인간의 결속을 공고히 해야 한다.*

  정의의 첫 번째 기능은 남을 해치지 않고 공사를 구분하는 것이다. 즉 공공물은 공익을 위해 사용하고, 사유물은 개인을 위해 사용하게 하는 것을 말한다. 정의의 기초는 신의다. 말한 것과 계약한 것이 변하지 않고 진실해야 한다는 것이다.

  반대로 의무이행을 소홀히 하면 '불의'가 발생한다. 불의는 그것을 자행하

원로원에서 카틸리아를 탄핵하는 키케로

는 자들에 의해 일어날 뿐만 아니라 그것을 물리치지 못해도 일어난다. 다시 말해 "타인을 침해하는 것은 동료와 조국에 무기를 던지는 짓이요, 불의를 방어하지 않는 것은 부모나 친구, 조국을 저버리는 것"이다.

철학자들도 '불의'를 저지른다고 키케로는 지적한다. 철학자들은 진리탐구에만 몰두한 나머지 돌봐주어야 할 사람들을 방치하기 일쑤다. 진리탐구가 오히려 장애요인으로 작용하는 경우다. 결과적으로 '의를 행하지 않는다는 잘못'을 저지르게 된다. 철학자들이 강요받지 않는 한 공직에 나아가지 않으려는 것도 문제다. 마찬가지로 자기 일만 하는 사람도 어떤 불의에서 벗어나기는 했지만, 또 다른 불의에 빠져 있다. "사회생활을 하는 데 아무런 열의도 보이지 않고, 수고도 전혀 하지 않으며, 동전 한 푼도 내놓지 않아 인간사회를 유기 또는 방치하고 있기 때문"이다. 희곡작가 테렌티우스가 "인간사 가운데 나와 무관한 것은 없도다"라고 말한 것은 이런 사람들을 겨냥한 언급일 것이다.

불의는 또한 약속과 계약의 위반이나 교활함, 악랄한 법해석에 의해서도 일어난다. 그래서 '최고의 법은 최고의 불의'라는 경구까지 나왔다. 30일간의 휴전 협정을 맺고서 야밤에 기습한 스파르타의 클레오메네스 왕이 이런 경우에 해당한다. 클레오메네스 왕은 휴전은 주간에만 해당할 뿐이라고 주장했다.

불의에 대한 처벌과 국가 간 전쟁에는 지켜야 할 한계와 법도가 있다. 처벌의 한계는 불의가 재발되지 않도록 하는 데 그쳐야 한다. 전쟁의 법도는 우선 협상을 하고 무력은 최종단계에 사용해야 한다는 것이다. 전쟁의 원인이 무엇이든 지나치게 가혹하지 말아야 하고, 승리한 다음에는 책임자들 외에는 모두 보호해주어야 한다. 너무도 지당한 지적이다. 하지만 당시 공화국 로마는 이를 어긴 경우도 있었음을 키케로는 꼬집었다. 카르타고와 누만티아, 코린토스를 완전히 파괴해버린 것이다.

자선을 행하고 호의를 베푸는 것은 인간본성에 지극히 어울린다. 단, 베푸는 사람의 재산능력을 넘어서면 안 되고, 각자 받을 만한 가치에 따라야 베풀어야 한다. 남에게 도움을 주기 위해서 다른 사람을 해치는 것은 불의다.

인간사회 또는 공동체는 그 구성원들이 서로 친밀하게 결합되어 서로 최대의 호의를 베풀 때 잘 유지된다. 사회는 인간 모두에게 서로 이용할 수 있도록 활짝 열려 있다. 키케로는 퀸투스 엔니우스의 멋진 시를 인용한다.

*길 잃고 방황하는 자에게*
*친절하게 길을 가르쳐 주는 사람은*
*마치 자신의 등불로 다른 사람의 등에*
*불을 붙여주는 것과 같도다.*
*그런데 남에게 불을 붙여주었다고 해서*
*자신의 불빛이 덜 빛나는 것이 아니니라.*

이 같은 '보편적인 사회결합'이 제대로 이뤄지지 않을 때에는 씨족, 민족, 언어 등을 매개로 한 결합관계가 생기게 마련이다. 그것은 분열에 이르는 길이다. 때문에 "공화국의 결합보다 더 중요하며 소중한 것은 없다"고 키케로는 강조한다. 의무의 대상도 최우선은 국가와 부모다. 인간이 이들로부터 최대의 은혜를 입었기 때문이다.

그러므로 공화국을 위하는 일에 매진하는 사람들이 마음의 평정만을 추구하는 사람들보다 인간생활에 더 유익하다. 능력 있는 사람이라면 되도록 정무

관직을 수락하고 국정을 보살펴야 한다고 키케로는 강조한다. 사실은 국정을 맡아 공무를 수행하는 사람들도 철학자 못지않게, 아니 철학자들보다 더 근심 걱정에서 해방돼야 하고, 꿋꿋한 정신을 지녀야 한다.

공무를 수행하는 사람들이 맡아서 해야 할 일 가운데 '평화'가 '전쟁'보다 중요하다. 내정을 담당하는 시민의 용기는 전쟁터에서의 용기보다 더 중요하고, 더 많은 정력과 열의를 필요로 한다. 전쟁을 무조건 피해서는 안 되지만, 우정 어린 대화를 통한 이성적인 분쟁해결이 더 바람직하다. 이에 대해 키케로가 남긴 시가 있다.

토가(로마 시민이 입던 겉옷)를 입은 시민 앞에 무기를 내려놓고
개선장군의 월계관보다는 시민의 찬사를 더 기릴지어다.

공화국의 정무를 맡아보는 사람들은 두 가지 교훈을 잊지 말아야 한다. 첫째, 언제든지 사리사욕보다는 시민의 복리를 증진시키는 데 힘써야 한다. 둘째, 일부 계층만 돌보지 말고 공화국 시민 전체를 보살펴야 한다.

공화국 최대의 불상사는 야망을 달성하고 명예를 추구하기 위해 벌이는 정쟁이다. 정적에 대해서도 격한 분노보다는 정중함과 관용을 보이는 것이 더 가치 있다. 예기치 않은 질문으로 화가 치밀어오를 때도 마음의 평온을 유지하도록 수양을 쌓아야 한다. 다만 공화국의 안전을 위협받았을 때는 엄격함이 필요하다. 그렇지만 이런 경우에도 처벌과 징계가 지은 죄보다 크지 않아야 하고, 분노가 개입돼서는 안 된다. 어디까지나 형평의 원리에 입각해서 처리해야 한다.

키케로가 제시한 도덕적 선의 마지막 중요한 원칙은 매사에 '데코룸(decorum)' 해야 한다는 것이다. 데코룸은 라틴어로 적절한 것, 합당한 것을 의미한다. 영어의 프라퍼(proper)와 비슷한 뜻을 갖는다. 키케로는 "데코룸한 것은 도덕적으로 선하며, 도덕적으로 선한 것은 데코룸하다"고 말한다.

'데코룸하다' 는 것은 자연이 인간에게 부여한 대로 중용과 절제를 지키고 수치심을 아는 것이다. 가장 중요한 것은 자연법을 준수하고, 우리의 행동과 정신을 자연과 일치시키는 것이다. 그것은 이성이 주도하고, 욕망이 복종하는 것을 말한다. 키케로는 입증할 만한 이유를 제시할 수 없는 행동은 절대로 하지 말아야 한다고 선을 긋는다. 따라서 쾌락을 즐기는 데 한도를 지켜야 하고, 농담을 하는 데도 음담패설 같은 것은 피해야 한다.

또한 자신의 본성을 유지해야 한다. "각자에게 가장 고유한 것이 가장 데코룸하기 때문이다." 오디세우스와 아약스(아이아스)가 다르고, 헤라클레스와 소크라테스와 크세노폰이 모두 서로 다르다. 인생의 진로를 선택함에 있어서 어떤 유형의 사람이 되고자 하는지 스스로 심사숙고해서 결정해야 한다. 대대로 물려받은 본성은 어떤 세습재산보다도 더 귀중한 조상의 덕과 명예이므로 이에 반하지 말아야 한다.

인간의 의무는 나이와 신분 등에 따라 다르고 때와 장소 등에 따라 상이하지만, 언제나 수치심을 가져야 한다. 그러려면 "눈과 귀에 거슬리는 것은 모두 보지도 말고 듣지도 말아야 한다"고 키케로는 강조한다. 정신활동은 자연법에서 이탈하지 않아야 하고, 행동을 할 때는 자유인다운 외관과 위엄을 갖춰야 한다. 무슨 일을 할 때도 때와 순서가 맞아야 한다. 즉 순서에 따라 질서정연하게 해야 하고, 적절한 시기에 적합한 행동을 해야 한다는 것이다. 그리고 모든 생활은 균형과 조화를 이뤄야 한다.

키케로의 '데코룸'은 아리스토텔레스나 공자가 강조한 중용과 같은 것이라고 할 수 있다. 그렇지만 키케로의 중용은 공화국을 구성하는 시민과 위정자가 지켜야 할 덕목에 초점이 맞춰져 있다. 그는 공동체 유지에 필요한 의무가 지식획득과 관련된 의무보다 인간본성에 더 적합하다고 강조한다. 지혜도 용기도 공동체의 유대관계와 인간사회에 관련된 것이어야만 하고, 그렇지 않으면 야수적인 것이다. 따라서 인간의 결속과 공동체를 유지하는 일이 사변적 지식의 추구보다 우선돼야 한다. "신중하게 생각하고 행동하는 것이 현명하게 생각하는 것보다 더 가치 있다"고 키케로는 말한다.

그렇다면 인간에게 유익한 것이란 무엇인가? 키케로는 이렇게 묻는다.

인간의 수고가 없었다면? 인간이 서로 돕지 않았다면? 진심에서 우러나오는 협동이 이루어지지 않았다면?

만일 그랬다면 인간은 아직까지 추위와 더위를 막아주는 집도, 상수도나 방파제 같은 시설도, 여러 가지 기술과 의술도 가지지 못했을 것이다. 문명을 발전시키지 못하고 야수와도 같은 상태에 머물러 있을 것이다. 인간의 결합과 결집이 있었기에 도시도, 문화도, 법과 관습도 생겨났고, 동물과는 다르게 안락한 생활을 꾸려나갈 수 있게 됐다. 이것은 인간의 결합과 합의가 인간에게 주는 이익이다.

그런데 인간이 동료시민의 재산증식과 명예를 추구하는 데 도움을 주는 동기에는 몇 가지가 있다. 그를 좋아하거나 존경하는 마음, 신의, 권력, 선물, 뇌물과 물질적 보상 등이 그것이다. 군대나 정부에서 권력을 가진 자에게 복종하는 동기도 이와 비슷하다. 이 가운데 뇌물과 물질적 보상은 가장 추잡한 동기다. "덕으로 이뤄져야 하는 것이 돈을 해결된다면 사도(邪道)에 빠지기 때문"이다.

권력을 쥔 자는 공포를 추방하고 어진 사랑을 유지하는 정책을 채택하지 않으면 안 된다. 키케로는 경고한다. "자신이 남들이 두려워하는 공포의 대상이 되기를 원하는 자들은 언젠가는 반드시 자신이 공포로 몰아넣은 자들을 두려워하여 벌벌 떨게 될 것"이라고. 마케도니아인들이 데메트리우스를 버리고 피루스에게 돌아선 이유도 이 때문이었다. 《아이네이스》에서도 폭군은 국가에 해를 끼치는 원인으로 지적된다. 에트루리아인이 오랫동안 이웃에 살아온 라티니움인들을 멀리하고 아이네아스 편을 든 것도 폭군 메젠티우스 때문이었다.

공포정치를 실시한 결과 파멸한 권력자의 예로 키케로는 술라와 카이사르를 든다. 술라는 내란으로 권력을 장악한 뒤 시민들의 재산을 빼앗아 경매에 붙였다. 그는 시민들의 재산을 자신의 전리품이라 떠벌였다. 또 카이사르는 이민족 동맹국에 많은 불법행위를 저지르고 멸망시켰다. 불법행위를 제대로 응징하지 못한 결과 로마의 권력은 카이사르에게 집중됐고, 권력에 대한 탐욕은 그 후 많은 사악한 자들에게로 이어졌다고 키케로는 말한다. "로마는 이제 두려움에 벌벌 떨면서 공화국을 완전히 상실했다. 이는 응당 받아야 할 벌이다"라고.

공화국을 질서 있고 조화롭게 이끌고 발전시키기 위해 필요한 것은 정직, 신의, 경애다. "선의의 힘은 크고, 공포가 갖는 힘은 매우 약하다"고 키케로는 강조한다. 정무를 맡기 위해 관직에 오른 사람의 영예도 경애와 신의의 덕에서 비롯된다. 그리고 경애와 신의는 정의에 의해서만 획득되는 것이다.

아울러 능력과 근면을 바탕으로 다른 시민들에게 호의와 관대함을 실천해야 한다. 기억할 것은, 호의를 베풀 때는 중용의 법칙을 적용해야 한다는 것이다. 적절한 시기에 능력에 맞게 베풀어야 한다. 기왕이면 공화국의 공익을 위해 베푸는 것이 좋다. 이를테면 성벽, 상수도, 부두, 극장 등의 건설에 경비를 지출하면 후손에게 감사의 말을 듣는다.

이렇게 제1권과 제2권에서 도덕적 선과 유익함을 각기 고찰한 결과 도덕적으로 선한 것은 유익한 것이라는 결론이 자연스럽게 나온다. 제3권에서는 이를 다시 한번 입증하는 데 집중한다. 그리고 "도덕적 선은 유익함을 추구한다"는 명제를 제시한다.

도덕적 선과 유익함은 원래 자연에 의해 하나로 결합돼있다. 그런데 인간이 감히 이것을 분리하려는 데서 오류가 발생한다. 그래서 도덕적으로 옳지 못한 것을 유익하다고 생각하게 된다. 그렇지만 도덕적으로 추하고 옳지 않은 것은 유익하지 않다. 유익함의 기준과 도덕적 선의 기준은 동일하다고 키케로는 강조한다. 선한 사람이란 도울 수 있는 한 모든 것을 도와 이익을 주고, 남이 불의로 도발하지 않는 한 결코 아무에게도 해를 끼치지 않는 사람이다.

키케로가 추구한 공화정은 이렇듯 인격적인 수양이 길 되고 공동체에 헌신하겠다는 정신을 가진 인물들에 의한 '명예로운 공화정'이었다. 이 같은 공화정은 수준 높은 오케스트라와 같다. 오케스트라는 악기마다 높은 수준의 기량에 오른 단원들로 구성된다. 각각의 단원들은 지휘자의 지휘에 따라 자신의 역량을 최대한 발휘하면서 다른 단원들과 조화를 이룬다. 그 단원이 되려면 일단 어느 정도의 기량에 도달해야 하거니와 도달한 다음에도 꾸준한 연습을 통해 자기의 음악성을 향상시켜야 한다. 또 어느 단원도 혼자서 잘 해보겠다는 과욕을 부려서는 안 된다. 그럴 경우 오케스트라는 불협화음을 내고 연주의 수준은 도리어 저하된다.

오케스트라를 이끌어가는 지휘자 역시 연주하려는 음악과 연주자의 실력을 완벽하게 파악하고 독창적인 예술적 성취를 달성해야 한다. 이를 위해 지휘자도 부단히 숙련해야 한다. 이들이 함께 자신과 전체를 위한 의무를 다할 때 비로소 수준 높은 오케스트라가 육성되고 멋진 작품이 완성된다. 오케스트라 단원과 지휘자의 의무는 곧 공화국 시민과 위정자의 덕목인 것이다.

키케로는 '원로원을 중심으로 한 공화정'이 오케스트라 같은 공화국을 실현해 주는 것으로 믿었다. 따라서 그는 로마의 내전 시기에 공화정을 지키려 힘썼다. 사실 그는 귀족주의자(옵티마테스)로서 민중주의자(포풀라레스)와는 대척점에 서 있었다. 《의무론》에서도 그는 "공화국의 주춧돌을 흔들고 화합과 형평을 위태롭게 한다"고 민중주의자를 비판했다. 민중주의자가 줄기차게 요구하고 내걸었던 부채청산 운동에 정면으로 반대한 것을 자랑으로 내세웠으며, 토지개혁을 추진하던 그라쿠스 형제를 살해한 것을 찬양하기도 했다. 그렇지만 원로원 중심의 공화정 체제를 재확립하려 한 술라의 살육과 시민 약탈행위에는 결코 동의하지 않았다. 오늘날의 어법으로 이야기하자면 점잖은 보수주의자였던 것이다.

키케로는 귀족주의적인 시각을 완강하게 고수함으로써 당대의 과제들로부터 스스로를 소외시킨 듯하다. 그래서 문제를 현명하게 해결하는 데 실패한 것 같다. 그는 권력을 장악하려는 민중주의자들의 시도를 초기에는 막을 수 있었다. 그러나 그것으로 끝이었다. 시대의 흐름은 더 이상 그의 역할을 필요로 하지 않았다. 공화국을 지키기 위해 분투한 그의 모든 노고는 끝내 그 보람과 결실을 맺지 못했다.

  그리스와 로마에서 꽃피었던 고대 민주주의는 키케로의 피살, 공화국 로마의 몰락과 함께 종언을 고했다. 키케로의 이 저작은 고대 민주주의의 몰락에 대한 최후의 충언이자 유훈이 됐다. 그의 충언은 오랜 세월 동안 암흑 속에 묻혔다. 로마 공화정의 몰락 이후 세계는 봉건적, 종교적 위계질서와 절대왕정에 의해 지배됐으니, 공화국을 위한 키케로의 고언은 무의미했기 때문이다.

  키케로의 공화국 정신이 되살아 난 것은 근대에 들어서다. 그 정신은 근대에 태동한 새로운 공화국이나 입헌군주정의 철학적, 윤리적 기초가 된다. 키케로의 사상 중 자연법을 강조한 부분도 오랜 세월 동안 묻혀 있다가 계몽사상가 등을 통해 새로운 생명을 얻게 됐다.

  오늘날 인류의 상당수가 민주주의와 공화국을 국체로 채택하고 있다. 대한민국도 1948년 독립정부를 수립할 때 헌법에 민주공화국임을 선언했다. 그런데 오늘날 전 세계의 공화국과 대한민국에서 전개되는 일들을 보면 키케로가 비판한 행태와 비슷한 점이 참으로 많다. 기본적인 인격수양도 안 되고 수치심도 없으며 공동체에 대한 헌신의지도 없는 인물들이 권력을 잡거나 잡으려 한다. 그들은 불필요하고 볼지각한 언행으로 국민의 눈살을 씨푸리게 하는가 하면, 무모한 정책으로 국민을 피곤하게 한다. 또한 도덕적 해이에 빠져 국민을 힘든 '의무의 길' 로 내모는 반면 스스로는 권리의 향수와 이익만 탐한다.

  민주공화국을 발전시키는 데는 제도만으로는 불충분하다. 정치에 직접 참여하는 사람들과 시민들의 책임 있는 참여의식, 합리적 사고가 뒷받침되지 않으면 안 된다. 그렇지 않으면 중우정치나 과두정치로 변질될 수 있음을 과거의 역사는 말해준다.

오늘날 민주국가에는 국민 모두가 지켜야 할 기본적인 의무가 있다. 납세, 교육, 국방의 의무 같은 것을 말한다. 그렇지만 그런 소극적 의무만으로는 국가가 번영하기도 힘들고 평화롭고 쾌적한 공동체로 발전하는 데 충분하지 않다. 국민과 위정자들의 적극적인 의무이행이 필요하다. 그러므로 키케로가 강조한 공화국 시민들의 의무와 덕목은 현대의 민주공화국을 위한 소중한 금언이다.

## 잊지 못할 구절들

《의무론》

† 생활의 어떤 부분도 의무에서 벗어날 수 없다.

† 쾌락에 대한 어떤 기억도 만족과 더불어 사라지고 만다.

† 학습이 쾌락이라기보다는 수고라면 최대한으로 수고하라.

† 인간에게 일어나는 일은 모두 다 참을 수 있는 것이다.

† 악들 중 최소의 악을 택하라.

† 어떤 권력도 다수의 증오를 견뎌낼 수는 없다.

† 탐욕보다 더 추잡한 도덕적 결함은 없다.

† 현명한 자에게는 어디에나 넓은 길이 있다.

## 참고서적

《키케로의 의무론》 키케로 지음, 허승일 옮김, 서광사, 1989년

《공화국의 몰락》 톰 홀랜드 지음, 김병화 옮김, 웅진닷컴, 2004년

《로마의 전설 키케로》 안토니 에버릿 지음, 김복미 옮김, 서해문집, 2003년

《카이사르 내전기》 카이사르 지음, 김한영 옮김, 사이, 2005년

# 테르프시코레

도덕미의 극치
아이스킬로스, 소포클레스, 에우리피데스의 그리스 비극

고결한 맏딸의 희생과 부활
괴테 《타우리스의 이피게니에》
에우리피데스 《타우리스의 이피게네이아》

# 도덕미의 극치

### 아이스퀼로스, 소포클레스, 에우리피데스의 그리스 비극

 아버지를 죽인 어머니를 보복 살해하는 것이 과연 정당한가? 국가의 법과 신의 법 가운데 어느 것이 우월한가?

 고대 그리스의 비극이 던져주는 질문이다. 이 질문은 그리스 비극에 가장 자주 등장하는 신화적 사건에서 비롯된다. 사건 내용은 대략 이렇다.

 트로이전쟁에서 그리스군 총사령관이었던 아가멤논은 귀국 후 아내 클리타임네스트라와 그녀의 정부 아이기스토스에게 살해된다. 이때 딸 엘렉트라는 동생 오레스테스를 외국으로 몰래 피신시켰다. 후일 장성한 오레스테스와 엘렉트라는 아버지의 복수를 위해 어머니와 그녀의 정부를 죽였다. 이 패륜행위로 남매는 아레스 언덕에서 재판을 받는다. 결과는 유죄와 무죄 4 대 4. 가부동수일 경우 무죄라는 원칙에 따라 남매는 방면된다.

 클리타임네스트라가 아가멤논을 죽인 이유로 든 것은 맏딸 이피게네이아를 제물로 희생시킨 일이다. 그리스군의 출항을 막는 아르테미스 여신의 노여움을 풀고자 총사령관이자 아버지인 아가멤논이 저지른 일이다. 아가멤논은 예언자 칼카스의 요구에 따라 그런 일을 저질렀지만, 어머니로서는 용서할 수 없었던 것이다.

그러나 사실 이 비극의 뿌리는 훨씬 더 오래됐다. 그 시작은 피로 얼룩진 가문의 역사, 즉 펠롭스의 아들 티에스테스와 아트레우스 형제 사이에 벌어진 골육상쟁으로 거슬러 올라간다.

아트레우스와 티에스테스는 형제였지만 서로 원수지간이었다. 왕위를 두고 동생 티에스테스와 오랜 권력 다툼 끝에 왕위에 오른 아트레우스는 동생이 자기 아내와 밀통한 사실까지 알게 되자 노여움을 참을 수 없었다. 그는 동생을 추방했다가 화해를 빙자해 다시 불러들인 후 성찬을 대접한다. 그런데 그때 아트레우스가 티에스테스에게 먹인 음식은 티에스테스의 아들 3형제를 죽이고 토막 내 요리한 것이었다. 이런 끔찍한 일을 당하고 다시 추방된 티에스테스는 아이기스토스를 낳는다. 아이기스토스는 아트레우스를 죽이고 티에스테스에게 왕위를 되찾아준다. 아트레우스의 두 아들은 아가멤논과 메넬라오스이고, 이들은 스파르타 왕의 딸 클리타임네스트라와 헬레네를 각각 아내로 맞이한다. 아가멤논은 티에스테스를 다시 축출하고 미케나이의 왕이 된다. 메넬라오스는 후사가 없었던 스파르타에서 왕좌에 오른다. 아가멤논과 클리타임네스트라 사이에 아들 오레스테스와 세 딸 이피게네이아, 엘렉트라, 크리소테미스가 태어난다. 아가멤논이 이피게네이아를 제물로 바치고 트로이 원정을 떠난 사이 클리타임네스트라는 아이기스토스와 바람을 피운다. 둘은 트로이전쟁 후 귀국한 아가멤논을 살해했다가 결국 오레스테스와 엘렉트라에 의해 복수를 당한다. '피에는 피'로 대응하는 보복극이 3대에 걸쳐 벌어진 것이다. 결국 오레스테스와 엘렉트라 남매의 비극은 피비린내 나는 증오의 역사의 귀결이다.

이처럼 꼬리에 꼬리를 물고 일어나는 피의 보복은 그리스 비극 작가들에게는 당연히 흥미를 끄는 소재가 됐다. 3대 비극작가가 모두 이를 작품의 소재로 삼았다. 최초의 비극작가로 꼽히는 아이스킬로스는 '오레스테이아 3부작', 즉《아가멤논》《제주를 바치는 여인들》《자비로운 여신들》을 썼다. 그리스 비극의 완성자라고 불리는 소포클레스는《엘렉트라》로 이 사건을 다뤘고, 에우리피데스도《엘렉트라》《아우리스의 이피게네이아》《타우리스 이피게네이아》등의 작품을 남겼다.

이들 작품은 공통적으로 오레스테스의 어머니 살해를 소재로 삼고 있지만, 관점은 조금씩 다르다. 아이스킬로스와 소포클레스의 작품은 패륜의 정당성을 사실상 인정한다. 이에 비해 에우리피데스는 다소 복잡하다. 비록 어머니의 죄가 크기는 하지만, 그렇다고 어머니를 또다시 보복살인하는 것은 용인될 수 없다는 시각이다.

먼저, 소포클레스의《엘렉트라》를 보자. 무대는 아가멤논의 궁정이다. 먼 곳으로 피해 있던 오레스테스가 장성해서 돌아온다. 그는 누이 엘렉트라와 재회한 뒤 함께 '정의' 의 이름으로 어머니를 심판하리라 선언한다. 그리고 궁정으로 들어가면서 어머니를 살해하고, 외출했다가 돌아오는 정부 아이기스토스마저 죽인다.

이 작품에서 선과 악은 분명히 구분된다. 아버지의 죽음을 복수하려는 엘렉트라와 오레스테스는 옳고, 클리타임네스트라는 마땅히 응징의 대상이다. 오레스테스와 엘렉트라는 아르고스의 젊은 여인들로 이뤄진 코러스(합창대)로부터 찬사를 듣는다. 이를테면 오레스테스가 어머니를 살해한 뒤 정당성을 옹호하는 합창이 울려 퍼진다.

*땅 속의 사람은 살아 있다.*

*오래전에 죽은 사람들도 죽인 자의 피를 말려 없애 원한을 풀고 있다.*

*아아, 그분이 나오시는군. 아레스의 제물에 손은 피투성이.*

*그래도 나는 그걸 나무랄 수가 없어.*

아이스킬로스가 쓴 오레스테이아 3부작도 아가멤논을 살해한 클리타임네스트라는 명백한 악이므로 그녀를 보복살인으로 문죄하는 것은 정당하다는 기본인식을 바탕에 깔고 있다.

3부작 가운데 《아가멤논》은 트로이전쟁에서 승리하고 개선한 총사령관 아가멤논이 살해되는 사건이 핵심소재다. 아르고스의 원로들로 구성된 코러스는 아가멤논을 죽인 클리타임네스트라를 '흙에서 난 독초'라고 힐난한다. 이어 "당신은 편들어줄 사람도 없고 저지른 일의 대가를 받아야 할 것"이라고 준엄하게 경고한다. 함께 일을 도모했으나 직접 살해하는 것을 클리타임네스트라에게 떠맡겼던 아이기스토스에게는 '비겁한 자'라고 꾸짖는다.

《제주를 바치는 여신들》에서도 코러스는 오레스테스에게 아낌없는 찬사를 보낸다. 오레스테스 역시 아이기스토스에 대한 복수에 성공한 다음 "이제 자랑스러운 마음으로 여기에 서서 나의 행위에 만족을 느낀다"고 쾌재를 부른다.

그러나 클리타임네스트라를 굳이 죽인 일에 대해서는 오레스테스도 약간의 가책을 느낀다. 바로 자신의 어머니이기 때문이다. 그는 혈친을 죽인 죄를 씻기 위해 스스로 추방된 몸이 되어 아폴로 신전으로 가겠다고 한다. 그렇지만 코러스는 또다시 그의 모친살해 행위가 훌륭했다고 칭송한다. 한 술 더 떠 "입에서 불운하고 나약한 말이 나오지 않도록 하라"고 오레스테스에게 이른다.

《자비로운 여신들》에서는 모친살해를 자행한 오레스테스에 대한 재판이 열린다. 재판에 앞서 아폴로 신전에서는 오레스테스의 행위에 대한 치열한 논쟁이 벌어진다. 복수의 여신들로 구성된 코러스는 오레스테스의 모친살해 죄를 추상같이 추궁한다. 반면 아폴로 신은 오레스테스를 옹호한다. 남편을 죽인 아내의 죄도 물어야 한다는 입장이다. 아폴로 신은 "결혼이란 남녀에게 있어 맹세를 넘어 두 사람의 운명도 정해지는 신성한 일"이라고 주장한다.

재판이 시작되자 코러스는 "살인자의 이유가 통한다면 법은 있으나마나"라며 단죄를 요구한다. 또 "법을 범하고 어긴 자, 혈친의 피로 더러워진 자를 끝까지 쫓아 자유를 박탈해야 한다"고 강조한다. 반면 아폴로 신은 "여자가 자기 뱃속에 어린애를 뺐다고 해서 곧 혈친이 되는 것은 아니다"라고 다소 억지 섞인 주장으로 오레스테스를 옹호한다. 논리적으로는 사실상 코러스가 일관성과 타당성을 갖는 듯하다.

문제해결을 위해 지혜의 여신 아테나가 나선다. 여신은 아테네에 있는 아레오파고스에서 재판을 소집하고, 재판관 투표가 동수로 나오면 오레스테스는 무죄로 간주된다고 미리 못박아둔다. 그리고 "집안의 보호자인 남편을 죽인 여자의 죽음이 그리 중요하다고 보지 않는다"며 오레스테스 편을 든다. 투표 결과는 가부동수였고, 오레스테스는 무죄로 풀려난다.

그러자 코러스가 강력히 반발하고 '복수의 독소'를 뿌리겠다고 선언한다. 당황한 아테나 여신이 중재한다. 그녀는 시민들로부터 존경을 받게 해주겠으며, 인간세계의 일도 지배하게 해주겠다고 복수의 여신을 달랜다. 그러고는 시민들을 향해서 복수의 여신에게 경의를 표하라고 명한다. 복수의 여신은 이제

복수의 여신들에게 추궁당하는 오레스테스

안을 수용하여 '자비의 여신'으로 변신하고, 오레스테스는 사면된다. 비극 아닌 비극이다.

이 작품에서 주목할 것은, 패륜아 오레스테스에게 베풀어진 관용이 아니라 복수의 여신이 인간으로부터 존경을 받게 된 것이 아닐까 한다. 이는 인간사회에서 보복범죄가 허용되어서는 안 된다는 자각이요, 규범을 제시해준다. 고대 사회에는 일반적으로 어떤 범죄가 저질러질 경우 '이에는 이, 눈에는 눈' 식의 처벌과 보복이 통용되었지만, 문명이 점차 발전하면서 법에 의한 합리적 처벌이 정착된다. 오늘날에는 어떠한 경우든 보복범죄는 용인되지 않는다. 축구경기에서도 폭력행위를 당한 선수가 상대방에게 보복폭력을 가하면 더 엄한 징계를 받는다. 최근에는 재벌 총수가 자신의 아들을 폭행한 자에게 보복폭행을 가한 죄로 법의 심판을 받았다. 아이스킬로스의 이 작품은 바로 이런 경우를 위한 지침을 남겨놓은 셈이다.

에우리피데스가 쓴 《엘렉트라》의 줄거리도 다른 작가의 작품과 기본적으로 비슷하다. 하지만 이 작품에서 오레스테스와 엘렉트라는 극심한 마음의 갈등을 겪는다. 오레스테스는 복수를 결행하기 전에 "나를 낳고 길러주신 어머니를 어떻게 죽인단 말인가"라며 괴로워한다. 그러자 엘렉트라가 "지금 와서 비겁자가 되어 사내대장부 노릇을 못하겠다니 용서할 수 없다"며 재촉한다. 오레스테스는 "지금 내가 걷고 있는 곳은 죄악의 낭떠러지"라고 한탄하지만, 할 수 없이 따른다. 완강하던 엘렉트라도 사건을 끝낸 후 "죄는 내게 있다"며 회한에 잠긴다. 그리고 오레스테스와 함께 어머니의 시신을 옷으로 감싸준다. 이때 나타난 디오스쿠로이 형제 신이 "너희들의 소행 또한 정의의 행동이라고 볼 수 없다"며 오레스테스에게 떠나라고 요구한다. 엘렉트라와 오레스테스는 다시 헤어진다. 이들 남매가 헤어지기 전 나눈 대화가 우리를 애끓게 한다.

*엘렉트라: 자아, 사랑하는 동생, 이리 와서 가슴에다 가슴을 대고 꽉 껴안아 줘. 나는 너를 사랑해. 하지만 어머니의 피를 보게 한 저주로 인해 우리 둘은 헤어지고 고향에서 쫓겨나게 되었구나.*

*오레스테스: 자, 이리 오세요. 이 몸을 꽉 껴안아 주세요. 그리고 방금 죽어간 인간의 새 무덤에서처럼 실컷 울어주세요.*

이렇게 가슴 아픈 광경을 보게 된 디오스크로이 형제 신도 "그 애끓는 슬픔의 소리는 신들이 듣기에도 가슴 아프다"고 동정을 표한다. 그리스 비극 가운데 가장 슬픈 장면인 것 같다.

여기서 한번쯤 다시 생각해보게 된다. 정의란 과연 무엇이란 말인가? 복수는 언제나 정당한가? 아니면 불의인가? 정의이기도 하고 불의이기도 한 것인가? 복수에 한계가 있는가, 없는가? 에우리피데스 작품은 복수가 정의일 수는 없음을 선언하는 듯하다. 아이스킬로스와 소포클레스 작품은 엘렉트라와 오레스테스의 행위를 사실상 정의로 간주했지만, 에우리피데스 작품은 그것이 또 다른 불의임을 인정한 것이다.

이런 일이 현실에서 벌어졌을 경우 오레스테스에게는 관용이 베풀어질 여지가 별로 없다. 그는 자신의 어머니를 살해한 데 이어 나중에는 아킬레우스의 아들 네오프톨레마이오스까지 죽인다. 어머니를 살해할 때의 명분은 아버지 살해에 대한 응징이라서 약간의 참작사유라도 있다. 하지만 네오프톨레마이오스를 죽인 이유는 자신과 결혼하기로 했던 스파르타 메넬라오스 왕의 딸 헤르미오네를 가로챘다는 것이었다.

베르길리우스는《아이네이스》에서 네오프톨레마이오스를 죽인 오레스테스의 행위를 '광기' 때문이었다고 옹호하지만, 그것만으로는 변명이 불충분하다. 오늘날의 법규에 따르면 오레스테스는 정신감정을 받아 치료감호를 받거나, 아니면 최소한 중형을 받아야 한다. 그런 그가 어머니를 살해한 행위에 대해 신들의 법정에서 무죄판결을 받은 것은 법상식에 비춰볼 때 납득하기 어려운 일이다. 그것은 아마도 비극작품의 예술적 가치를 높이고 도덕적 반성의 소재를 던져주려는 작가들의 의도에서 비롯된 게 아닐까 한다.

모든 인간사를 예외 없이 칼로 두부 자르듯 선과 악으로 나눌 수 없다. 선악을 구별해 '선' 만을 지나치게 추구하다가는 인간에게 피눈물만 남기기도 한다. 에우리피데스의 작품 속에는 그런 인간사의 복잡한 진실이 잘 드러나 있다. 더욱이 사건 관련자가 아버지와 어머니일진대, 그 누구도 일도양단으로 판정할 수는 없는 것이다.

엘렉트라와 오레스테스의 복수처럼 복잡한 생각에 젖어들게 하는 장면은 그리스 신화의 여러 곳에 등장한다. 소포클레스가 쓴《콜로누스의 오이디푸스》와《안티고네》노 그런 경우나.

《콜로누스의 오이디푸스》에서는 왕위 다툼을 벌이던 쌍둥이 아들들 중 동생 폴리네이케스가 청원을 하러 오이디푸스를 찾아간다. 그는 형 에테오클레스가 1년씩 번갈아 가며 테바이를 다스리기로 한 약속을 어기자 장인인 아르고스 왕의 도움을 받아 형을 치기로 하고 아버지를 찾아간다. 어디선가 아버지의 지원을 받으면 이길 것이라는 예언을 듣고는 쫓겨난 오이디푸스를 찾아간 것이다. 그러나 오이디푸스는 만남을 거부한다. 자신을 모욕하고 내친 두 아들을 모두 증오했기 때문이다.

그를 보호하고 있던 아테네 왕 테세우스와 딸 안티고네는 탄원을 들어주는 것조차 거부하지는 말라고 그를 설득한다. 특히 안티고네는 자식이 아무리 고약한 행동을 했다 해도 아버지가 그 원수를 갚으려 해서는 안 된다며, 노여움의 포로가 되지 말라고 호소한다.

> 지금이 아니라 옛일을, 아버지께서 부모로부터 받은 그 모든 괴로움을 생각해보세요. 그러면 나쁜 노여움이 얼마나 비극적인 결과를 초래하는지를 아시게 될 거예요.

참으로 논리정연하면서 호소력 있는 설득이다. 오이디푸스가 어른인지, 안티고네가 어른인지 분간이 안 된다. 결국 안티고네의 간곡한 설득에 따라 오이디푸스는 아들 폴리네이케스를 만나 그의 탄원을 듣는다. 하지만 돌처럼 굳어버린 가슴의 응어리를 풀어내지 못하고 아들에게 저주를 퍼붓는다. 이번 공격에서 아무것도 성취하지 못하고 두 형제가 모두 쓰러지게 될 것이라고 악담한다. 나아가서는 아들을 저승으로 데려가라고 신들에게 기원하고 호소한다. 아들의 도움 요청을 완곡한 말로 점잖게 거절할 수도 있으련만, 여기서 오이디푸스는 아버지임을 포기한 것이다. 아버지가 아니라 원수나 다름없다. 자식이 아무리 밉다고 한들 아버지로서 어찌 그렇게 심하게 이야기할 수 있을까 하고 고개를 갸우뚱하게 된다.

《안티고네》에서는 새 국왕 크레온이 '반역자' 폴리네이케스의 시체를 수습하는 것을 금지했음에도 안티고네가 오빠의 시체를 예에 맞게 처리하려고 나선다. 죽음을 무릅쓰고 남매의 도리를 다하기로 결심한 것이다. 국왕은 국왕

폴리네이케스의 시신을 수습하는 안티고네

대로 '국가보위'의 책무를 다하기 위해 나름대로 조치를 취했다. 그렇지만 안티고네로서는, 비록 폴리네이케스가 반역행위를 했지만 오빠는 오빠인 것이다. 오빠의 시체를 짐승의 먹이로 내버려둘 수는 없는 일이다. 그래서 폴리네이케스의 시체를 수습하러 나섰다가 왕으로부터 가혹한 처벌을 당하고 만다. 한쪽은 왕권을 가장 중요하다고 여기고, 다른 쪽은 '신의 법'을 따르려 한 것이다. 왕권과 신의 법이 정면으로 충돌하는 것이다. 크레온의 아들 하이몬도 안티고네의 편을 든다. 크레온과 그의 아들 하이몬의 대화를 보자.

*크레온: 내가 이 나라를 내 판단이 아니라, 남의 판단대로 다스려야 하느냐?*
*하이몬: 한 사람의 소유물이라면, 그건 이미 국가가 아닙니다.*
*크레온: 국가가 통치자의 것이 아니란 말이냐?*
*하이몬: 사람 없는 땅에서는 훌륭한 통치자가 되실 것입니다.*
*크레온: 괘씸한 놈, 이제 대놓고 아비를 적대하는구나!*
*하이몬: 아버지께서 정의를 어기고 계신 것을 알고 있기 때문입니다.*
*크레온: 나의 왕권을 존중하는 것도 잘못이냐?*
*하이몬 : 신들의 명예를 짓밟으시면 왕권을 존중하시는 것이 아닙니다.*

결국 크레온의 명령은 왕권을 중요시한 나머지 신의 법을 거역한 것이라고 할 수 있다. 그럼에도 국왕 크레온은 무리하게 자신의 명령을 강행했고, 그 결과 아들과 아내의 죽음을 초래했다. 왕권도 신의 법을 어겨서는 안 된다는 것을 반증해 준 셈이다.

신의 법은 자연의 섭리를 통해 인간에게 주어진 무위의 법이라고 나는 이해한다. 오늘날 용어로 말하자면 자연법이라고 할 수 있을 것이다. 이를테면 부모와 형제는 자연에 의해 결합된 관계다. 그 관계는 존경과 자애로 이어진다. 아무리 지엄한 국법이나 왕권이라 해도 이 관계를 무시할 수는 없다. 그것은 신의 법을 거스르는 일이다. 오히려 신의 법이 허용하는 범위와 방식에 따라 행사돼야 하는 것이다.

이런 원리를 친부의 원수를 갚기 위해 친모를 죽인 오레스테스와, 친아들을 저주한 오이디푸스의 경우에 적용해보자. 어떤 경우라도 자식이 어머니를 살해하는 것은 용인될 수 없다. 어머니는 아버지와 마찬가지로 존경과 효도의 대상이다. 미움 때문에 존경과 효도를 하지 않을 수는 있지만, 아버지의 원수를 갚는다는 이유로 어머니를 살해하는 것은 신의 법이 허용하지 않을 것이다. 로마의 네로 황제 같은 인물이나 할 수 있는 일이다. 그런데 네로 황제는 폭군으로 낙인찍혀 끝내 시민들에 의해 쫓겨나지 않았던가.

오이디푸스도 신의 법을 지키지 않았다고 여겨진다. 자식이 비록 밉긴 하지만, 저승에나 가라고 저주하는 것을 신의 법이 용인할 수 있을까? 도와주지 않거나 그렇게 하지 말라고 타이르는 것이 아버지로서의 도리일 것이다. 그렇게 하지는 못할지라도 저주까지 하는 것은 부자 사이에는 차마 있을 수 없는 일이다.

아리스토텔레스는 《시학》에서 비극에 대해 "연민과 두려움을 일으켜서 감정의 카타르시스를 행하는 것"이라고 설명했다. 그 가장 강력한 수단은 '뒤바뀜'과 '깨달음'이다. 예를 들어 에우리피데스의 《엘렉트라》나 소포클레스의 《안티고네》 같은 작품에서 이런 뒤바뀜과 깨달음을 강렬하게 경험하게 된다. 그런 경험을 거치면서 독자와 관객은 강렬한 감정의 소용돌이와 정화를 느끼지 않을 수 없다.

그리스 비극은 그 소재가 주로 신화나 영웅전설에서 나온 것이기 때문에 감정의 소용돌이와 정화의 효과가 더욱 크다. 천병희 교수가 저서《그리스 비극의 이해》에서 제시한 설명에 따르면 비극시인들은 영웅전설을 끊임없이 재해석해 종교적, 윤리적 문제의 근간으로 삼았다. 그런 소재가 민중의 마음속에 그들 역사의 일부로서 생생하게 살아있게 됐다는 것이다.

이런 작품을 통해 독자나 관객들은 필멸의 인간이 감수해야 할 운명과 도덕 등을 성찰하게 된다. 필멸의 인간이 해도 좋은 것과 꿈꿔서는 안 될 것, 인간의 지혜와 용기의 한계 등을 온 마음으로 느낀다. 극적인 긴장감과 강렬한 카타르시스를 겪기 때문에 독자는 그것을 마음속에 선명하게 각인하게 된다. 이야말로 독일의 문호 괴테가 말하는 '도덕미의 극치'가 아닐까.

3대 그리스 비극작가는 각기 무수히 많은 작품을 내놓았다. 아이스킬로스는《결박당한 프로메테우스》등 모두 90여 편을 썼다고 한다. 소포클레스도《오이디푸스》《콜로누스의 오이디푸스》등 120편 이상의 작품을 발표했고, 에우리피데스 역시《트로이의 여인들》《안드로마케》등의 주옥 같은 작품 90편가량을 세상에 내놓았다. 그렇지만 오늘날까지 남아 있는 것은 20~30편에 불과하다. 너무나 아쉽다.

이렇게 남아있는 것은 많지 않지만, 그것만으로도 그리스 비극의 아름다움을 느끼는 데는 부족하지 않다. 내가 과문하고 예술에 둔감한 탓이기는 하지만, 인간의 예술적 상상력과 도덕적 상상력이 이렇게 아름답게 결합된 예도 아마 드물 것이다. 까닭에 나는 그리스 비극을 인간의 상상력이 만들어낸 최고의 예술작품이요, 인류 문화유산의 정수라고 주저 없이 말하고 싶다.

그리스 비극은 인격수양에 더없이 좋은 교과서다. 작품을 읽고 감상하는 과정에서 자연스럽게 고상한 경지로 이끌린다. 특히 코러스나 극중 인물들의 대화에는 준엄함과 아름다움이 곁들여진 구절이 많다. 《성서》의 시편이나 잠언과 비교해도 뒤질 것이 없다. 오히려 극적인 효과를 겸비하기 때문에 훨씬 더 큰 울림을 준다. 읽고 난 다음에 남는 여운도 길다. 코러스의 대사만 따로 모아 놓아도 훌륭한 시집이 될 것 같다. 그것은 우리의 삶과 영혼을 위한 또 하나의 '북극성'이 될 것으로 믿어진다. 이를테면 소포클레스의 《오이디푸스》에 나오는 다음과 같은 코러스는 훌륭한 도덕시라고 할 수 있다.

정의를 두려워하지 않고
신의 궁전을 어려워하지 않고
말이나 행동에서 오만한 자는
그 불행한 오만 때문에 재앙을 받는다.
만약 옳게 얻지 않고
더럽고 욕된 행동을 피하지 않고
어리석게도 성스런 것을 더럽힌다면,
그런 일을 저지를 때, 그 누가
신들의 화살을 피하길 바랄 수 있으랴?

## 잊지 못할 구절들

### 아이스킬로스의 작품들

† 거짓으로 엉킨 말은 고약한 질병과도 같은 것이니까요.

† 현명한 양치기는 양의 심정을 잘 아는 법.

† 맹세만으로 정의가 이길 수는 없다.

### 소포클레스의 작품들

† 마음을 어둡게 가지시면 싸움을 낳고, 당하지 않아도 될 불행을 당하십니다.

† 옳다는 것도 해로운 수가 있거든요.

† 지혜가 아무 쓸모없을 때, 안다는 것은 얼마나 괴로운 일인가!

† 추악하게 얻은 이득은 악운이 된다.

### 에우리피데스의 작품들

† 하늘의 제신, 인간의 생각을 넘어 이룩하시노라.

† 아무리 성대히 장례식을 치른다 한들 그것이 죽은 자에게 무슨 소용이 있으랴. 결국은 살아님은 자들의 헛된 허영이 아닌가.

† 정당하다고 해서 모든 게 다 깨끗한 것은 아닙니다.

† 다른 자들을 파멸시키면 거기서 나의 파멸도 오는 거야.

## 참고서적

《그리스 비극 – 아이스킬로스 편》 이근삼 외 옮김, 현암사, 2006년

《그리스 비극 – 소포클레스 편》 조우현 옮김, 현암사, 2006년

《그리스 비극 – 에우리피데스 편》 여석기 외 옮김, 현암사, 2006년

《그리스 비극의 이해》 천병희 지음, 문예출판사, 2002년

《아리스토텔레스의 '시학' 연구》 이상섭 지음, 문학과지성사, 2002년

《희랍비극》 김영종 옮김, 글벗사, 1995년

《원전으로 읽는 그리스 신화》 아폴로도로스 지음, 천병희 옮김, 숲, 2004년

# 고결한 맏딸의 희생과 부활

괴테 《타우리스의 이피게니에》
에우리피데스 《타우리스의 이피게네이아》

① 〈창세기〉에서 아브라함은 이삭을 번제물로 바쳤다. 하느님의 요구에 따른 것이었다. 번제를 올리기 위해 산에 장작을 쌓아올리고 이삭을 올려놓았다. 그러나 아브라함이 칼을 들고 이삭을 찌르려는 순간 하느님은 다른 제물을 쓰라고 양을 보내줬다.

② 그리스의 트로이 원정군 총사령관 아가멤논은 아우리스에서 전군을 이끌고 출항하기에 앞서 딸 이피게네이아를 제물로 헌납했다. 그녀를 제물로 바쳐 아르테미스 여신의 분노를 풀어주지 않으면 함대가 출항할 수 없다는 예언 때문이었다. 그 결과 여신의 노여움이 풀려 그리스군은 출항할 수 있었다.

③ 로마 공화정 초대 집정관 루키우스 유니우스 브루투스는 두 아들을 처형했다. 왕정을 타도하고 새로 수립된 공화정을 뒤엎으려는 반역음모에 두 아들이 가담했기 때문이다.

④ 조선의 22대 영조대왕은 사도세자를 뒤주에 가둬 죽였다.

모두 아버지가 자식을 제물로 바치거나 생명을 박탈한 사건들이다. 아버지와 자식은 자연이 설정한 최고의 인연이다. 자연의 섭리상 부부관계는 끊어질 수 있어도 부모와 자식 사이의 관계는 단절될 수 없다. 인간사회에서 이를 부인하거나 뒤집는 법은 성립되지도 않고 정당화되지도 않는다. 자식을 희생시키는 부모의 행위는 일단 자연의 이치에 위배된다.

그럼에도 불구하고 설화나 역사 속에서 이런 사건들이 일어났다고 전해진다. 이 가운데 ③과 ④는 인간세상의 무수한 사건 가운데 일부로서 더 이상의 상상력이 개입되기 어렵다. 그것은 역사적 사실로서 기록돼 있다.

그런가 하면 ①과 ②는 신의 요구에 따른 것이다. 경위야 어떻든 신의 피조물인 인간이 신의 요구를 거절할 수는 없다. 결국 두 아버지, 즉 아브라함과 아가멤논은 신의 요구를 수용했다. 그렇지만 결과는 다르게 나타났다.

①은 해피엔드로 끝났다. 도리어 이를 계기로 하느님은 아브라함의 충성을 높이 평가하게 됐다. 하나밖에 없는 아들마저 군소리 없이 바치려고 했으니, 왜 아니 그렇겠는가? 그리고 하느님은 아브라함에게 후손들의 번창을 약속했다. ②는 불행으로 끝났다. 거기에는 두 가지 전설이 전해진다. 하나는 실제로 희생제물이 됐다는 이야기이고, 다른 하나는 희생 직전 아르테미스 여신이 살려주고 가로채 갔다는 설이다.

실제로 제물로 바쳐져 죽었다면 그 불행은 새삼 더 말할 필요도 없는 일이다. 꽃다운 나이의 처녀가 부모의 손으로 희생제물이 되어 죽어갔다면 그 얼마나 억울한 일이겠는가? 그리스의 비극작가 아이스킬로스는 바로 이 설을 채택한다. 그가 쓴 비극 《아가멤논》에는 이렇게 쓰여 있다.

잔인한 호전가들 귀를 막고 양심을 외면하여 처녀의 애원을 듣지 않았네.

아들 이삭을 제물로 바치는 아브라함

그녀의 기도도 순결한 정조도 보람 없이 기도와 찬송이 끝나자
그녀의 아비는 젊은 신관들에게 마치 양인 듯 딸을 제단에 올리라고 명하였네.
자기 겉옷을 걸친 채 그녀는 졸도하고
말에게 재갈을 물려 길들이듯 아름다운 그녀의 입술들을 열지 못하게 하였네.

이 작품에서는 아가멤논의 부인 클리타임네스트라가 트로이전쟁 후 개선한 아가멤논을 살해한 뒤 "딸을 위한 복수"라며 정당성을 주장한다.

이에 비해 그리스로마 시대의 많은 작품들은 아르테미스 여신이 희생 직전의 이피게네이아를 구출해 데려갔다는 설을 바탕으로 만들어졌다. 아폴로도로스가 쓴 《그리스 신화》나 오비디우스가 지은 《변신》에는 아르테미스 여신이 제단 위의 이피게네이아를 구름으로 감싸 안아 데려갔다고 묘사됐다. 에우리피데스의 비극 《아울리스의 이피게네이아》에서도 그녀는 여신의 손에 의해 기사회생하고, 대신 크고 아름다운 암사슴이 희생제물이 됐다고 적혀있다. 성서에 나와 있는 아브라함의 아들 이삭의 경우와 유사하다.

그렇지만 제물로 희생되기 직전 신에 의해 구출됐어도 불행하기는 마찬가지였나. 여신이 이피게네이아를 데려간 곳은 타우리안 족이 사는 타우리스였다. 그곳은 오늘날의 크리미아 반도로서, 당시에는 스키티아로 불렸다. 스키티아는 춥고 낯선데다가 그리스인들이 보기에는 야만족이 사는 땅이었다. 그런 황량한 땅에서 이피게네이아는 아르테미스 신전을 지키는 여사제로 봉직했다. 사고무친(四顧無親)의 추운 땅에서 고국과 가족에 대한 걱정과 그리움은 얼마나 컸겠으며, 이민족 사이에서 고독하게 살면서 느끼는 불안감은 또 얼마나 그녀를 힘들게 했을까? 눈으로 직접 보지 않아도 충분히 상상이 된다.

이피게네이아의 희생

타우리스에서 고독하게 살아가던 이피게네이아가 동생 오레스테스와 사촌 필라데스를 만나고 함께 탈출한다는 것이 괴테가 쓴 《타우리스의 이피게니에》의 핵심 줄거리다.

오레스테스는 어머니를 죽인 저주를 씻으려면 아르테미스 여신상을 훔쳐와야 한다는 신탁을 듣고 사촌 필라데스와 함께 타우리스로 숨어든다. 그러나 토아스 왕의 군대에 붙잡혀 아르테미스 신전의 사제로 있던 누이의 손에 제물로 바쳐질 위기에 놓인다. 처음에는 서로 몰라보던 남매는 나중에 서로를 알아보고는 어떻게 탈출할 것인지를 모의한다. 이때 필라데스는 경계를 받지 않는 이피게네이아가 여신상을 훔칠 것을 제안한다. 그러나 이피게네이아는 반대한다. 그것은 그동안 자신에게 호의를 베풀어준 토아스 왕을 배신하는 행위였기 때문이다.

논란 끝에 이피게네이아가 여신상을 훔치는 일을 맡기로 하지만, 그녀는 실행에 옮기지 못한다. 대신 그녀는 직접 토아스 왕에게 사정을 설명하고 오레스테스와 필라데스를 희생시키지 말아달라고 청한다. 그러나 토아스 왕은 법률을 근거로 그들을 제물로 바치는 의식을 거행하라고 명한다. 이피게네이아는 설득과 애원과 호소를 모두 동원해서 마침내 토아스 왕의 마음을 돌려놓는다.

토아스: 불길이 물에 대항해 싸우고 끓어오르며 적을 없애버리려 하듯이, 내 분노가 가슴속에서 그대 말에 맞서 싸우고 있소.
이피게네이아: 오, 당신의 자비로, 제 몸을 태우는 고요한 불꽃의 성스러운 빛처럼 저를 찬미의 노래와 감사의 기쁨으로 둘러싸여 타오르게 해주십시오!
토아스: 그 목소리가 나를 얼마나 자주 위안해 주었는가!

*이피게네이아: 평화의 표시로 제게 손을 내밀어주세요.*

　결국 이피게네이아는 동생 오레스테스와 필라데스를 데리고 무사히 귀환길에 오른다. 이피게네이아가 그리스로 귀환하는 것은 '재생'과 '부활'에 다름 아니다. 신에게 제물로 바쳐졌던 그녀가 살아남아 오랜 세월 궁벽한 곳에서 고독하게 살다가 고국으로 돌아가는 가는 것이다. 정신적으로나 육체적으로 이미 끝장난 것이나 다름없는 그녀가 새 삶을 시작할 수 있게 됐다. '부활' 이외에 달리 표현할 말이 없는 듯하다. 그녀의 귀환길이 얼마나 설레고 가슴 뛰는 일이었을까?

　인간은 사멸할 운명의 동물이다. 자연의 섭리상 부활할 수 없는 생명체다. 육신의 부활은 인간의 간절한 소망이기는 하지만 불가능하다. 성서나 그리스 신화를 보면 죽은 자를 살렸다는 대목이 간혹 나온다. 그러나 잠시 살아났다고 해도 어차피 필멸의 존재이기에 언젠가는 다시 세상을 떠난다.

　이렇게 인간 육신의 부활은 불가능하지만, 정신과 영혼의 부활까지 불가능한 것은 아니다. 삶의 활력과 희망을 자의 또는 타의에 의해 상실한 사람이 활력을 되찾으면 부활과 다를 바 없다. 정신적으로 타락하고 피폐해진 사람이 새로운 인간으로 되살아나는 것도 가능한 일이다. 그런 소망조차 자연이 허용하지 않는 것은 아니다. 인류역사상 무수히 많은 사람이 그런 영혼의 부활을 경험했다. 그렇게 함으로써 '유한한 인간'에게 '무한한 삶'의 길을 제시해주었다.

　그렇지만 영혼의 부활은 고결한 영혼이 없으면 이뤄질 수 없다. 톨스토이의 작품《부활》의 청년 공작 네플류도프나 빅토르 위고의《레미제라블》의 주인공

장발장 등은 모두 고결한 영혼의 소유자들이었다. 괴테의 작품에 나오는 이피게네이아 역시 고결한 영혼의 소유자였다. 때문에 계략을 쓸 필요도 없었다. 대신 이피게네이아는 칼과 무기보다 더 강력한 나뭇가지를 가지고 있었다. 이피게네이아가 완고한 토아스 왕을 설득하는 데 성공한 것은 결국 이런 고결한 영혼 때문이었다. 오레스테스와 필라데스의 주장을 물리친 것도 마찬가지다.

그녀는 토아스 왕에게 "순결한 마음과 순결한 손으로 고향에 돌아가 가문의 죄를 씻게 해달라"고 간청한다. 무엇보다도 그녀는 자신을 제물로 내던진 아버지 아가멤논조차 용서했다.

*여신은 저에게 피난처를 찾아주었고 겉보기로는 충분한 벌을 받은 제 아버지에게 아마도 그의 노후에 가장 큰 기쁨이 되도록 저를 여기 지켜주고 계십니다. 아마도 제 행복한 귀향이 가까웠을 것입니다.*

이피게네이아의 아버지 아가멤논은 사실 인격적으로 존경받기 어려운 인물이다. 호메로스의 《일리아스》에서는 아킬레우스가 생포한 여자포로를 가로채 그를 격분하게 했나. 이 때문에 아킬레우스가 장기간 출진을 기부하는 바람에 파트로클로스 등 다른 장병들만 애꿎게 희생되기도 했다. 전쟁이 끝나 귀환할 때에도 트로이 무녀 카산드라를 전리품으로 데리고 간다. 집에서 돌아오기를 기다리며 음모를 꾸미던 아내 클리타임네스트라를 자극하기에 족한 짓이었다.

이런 아가멤논을 딸 이피게네이아는 더 이상 미워하지 않기로 한 것이다. 이 이상 고결한 영혼이 어디 있을까? 그 어떤 폭군이 있어 그녀의 간절한 소망을 물리칠 수 있을까? 자신을 희생시킨 아버지까지 용서하는 마음이 있었기에 이피게네이아는 오레스테스와 토아스 왕을 모두 감복시킬 수 있었던 것이다.

만일 그녀의 영혼이 그렇게 고결하지 않고 저열했더라면 그것은 불가능했을 것이다. 아마도 오레스테스도 토아스 왕도 움직이지 못했을 것이다. 그녀 자신도 오레스테스도 모두가 간계를 쓰다가 패망했을 것이다. 지극히 고결한 그녀의 영혼이 모두를 살리고 모든 악업을 씻어낸 것이다.

토아스 왕의 태도변화 역시 특기할 만하다. 그토록 완고하던 왕이 이피게네이아의 설득에 넘어가다니, 그럴 수가 있을까 하는 의문이 든다. 그러나 이 역시 반드시 불가능한 일은 아니다. 악에 물들거나 지탄받던 생활에서 벗어나 새롭게 변신하는 예가 이 세상에 얼마든지 있다. 세리를 하다가 예수의 제자가 된 사도 바울이나 구두쇠 스크루지가 그랬다. 이런 경우를 두고 우리말에서는 '거듭난다' 고 이야기한다. 사람의 일생에 적어도 한 차례 정도는 그런 '거듭남' 의 기회가 생긴다고 나는 믿는다.

결국 증오나 지나친 엄격함 또는 보복보다는 고결한 영혼과 덕스러운 정신이 더 큰 힘을 발휘하는 것이다. 토아스 왕이 이피게네이아 일행을 환송하는 장면을 상상하기만 해도 우리의 영혼은 더 선해지고 따뜻해지는 것 같다. 괴테가 이 작품을 통해 전달하려 한 메시지도 바로 여기에 있었다고 생각된다.

괴테의 작품은 그리스 비극작가 에우리피데스가 쓴 《타우리스의 이피게네이아》와 같은 소재를 다룬다. 그런데 작품의 설정이나 전개는 오히려 괴테의 작품이 더 자연스러운 듯하다. 에우리피데스의 작품에서는 이피게네이아와 오레스테스가 그야말로 꾀를 써서 탈출을 시도한다. 남매는 토아스 왕을 속이고 귀환하는 배에 올라타는 데까지는 성공한다. 그러나 배는 좌초하고 토아스 왕은 남매를 추격한다. 절체절명의 위기 순간에 아테나 여신이 홀연히 등장해 토아스 왕에게 추격을 멈추라고 명한다. 이에 토아스는 여신의 엄명이므로 저항하지 않고 따르는 것으로 작품은 끝난다.

아테나 여신이 이피게네이아와 오레스테스를 구출하게 된 것은 이들의 '정의감' 때문이라고 한다. 그렇지만 아무래도 괴테의 작품에 비해 다분히 작위적인 느낌을 준다. 굳이 아테나 여신을 등장시켜야만 했으니까. 괴테의 작품은 이런 '작위'를 없애고 고결한 영혼에 의한 감화의 힘으로 안전하고 명예로운 귀환이 실현되는 것으로 짜여졌다. 에우리피데스의 작품을 더 매끄럽게 재창조한 것이라고 해도 좋을 듯하다.

역사상 수많은 예술작품에서 인간 영혼의 부활은 감동적으로 그려졌다. 《부활》에 나오는 네플류도프와 《레미제라블》에 나오는 장발장은 영혼의 부활을 상징하는 인물들이다. 예수의 부활을 소재로 한 미술작품도 많이 창작됐다. 음악에서는 구스타프 말러의 교향곡 제2번 〈부활〉이 떠오른다. 그렇지만 말러의 이 교향곡은 인간의 부활이 불가능함을 다시 일깨워주는 듯하다. 때문에 부활의 환희보다는 부활하지 못하는 인간의 비감을 더 진하게 느끼게 된다.

이에 비해 《타우리스의 이피게니에》에서는 영혼의 재생과 부활이 주는 순수한 기쁨을 제시한다. 인간의 삶의 과정에서 고결한 영혼의 부활이라는 것이 가능하다는 희망을 던져준다. 이피게네이아의 대사 한 마디는 이 같은 희망을 느끼고 마음에 새겨 보라고 일러준다.

*천상의 신들은 지상의 인간들에게 수많은 혼돈을 주시고,*
*기쁨에서 고통으로 또 고통에서 기쁨으로*

*깊이 감동적인 변화를 마련해 주시는구나.*

에커만이 쓴 《괴테와의 대화》에서 괴테는 "고대 그리스의 작품에는 항상 아름다운 인간이 그려져 있다"고 말했다. 괴테가 말하는 '아름다운 인간'에는 여럿이 있겠지만, 이피게네이아가 으뜸이 아닐까 한다. 사심 없이 아버지를 위해 희생하고, 동생을 위기에서 구해내고, 증오로 얼룩진 가문의 역사를 끝내도록 해준 이피게네이아가 아름다운 인간이 아니라면 그 누구를 아름답다고 할 수 있을까?

그 아름다운 이피게네이아는 아가멤논의 맏딸이었다. 맏딸의 희생과 부활은 사실 우리에게 낯설지 않다. 대한민국의 무수한 맏딸이 이피게네이아처럼 희생을 겪었다. 과거 우리나라가 몹시 가난하던 시절 맏딸들은 한 집안의 '작은 기둥' 노릇을 해야 했다. 자신의 꿈을 가질 수가 없었다. 특히 가난한 집안의 맏딸들은 학업을 포기하고 일찌감치 직업전선에 나가 살림에 보태야 했다. 아니면 생업에 종사하는 부모 대신 동생들을 돌봤다. 더욱이 그렇게 해서 성장한 동생들이 노부모를 외면할 때에도 맏딸은 대체로 잊지 않았다. 부모로부터 특별히 혜택을 받은 것도 없지만, 자식으로서의 도리를 가장 모범적으로 다했다. 맏딸의 그런 노고가 있었기에 동생들은 학업을 계속하고 출세도 했다. 맏딸의 희생이 있었기에 우리나라의 경제도 성장의 터전을 다질 수 있었다고 해도 과언이 아닐 것이다. 대한민국의 맏딸들은 '20세기 대한민국의 이피게네이아'들이다. 아울러 1960년대 이역만리 독일로 파견됐던 간호사들도 '현대의 이피게네이아'라고 할 수 있을 것이다.

나에게도 이피게네이아 같은 누나가 있다. 아버지가 신문사를 그만두신 뒤

생활이 어려워지고 형은 지병으로 고생할 때 누나는 고등학교를 졸업하자마자 직장에 다녀야 했다. 때문에 대학 같은 것은 꿈도 꾸지 못했고, 결혼도 늦어질 수밖에 없었다. 만약 그런 누나의 희생이 없었다면 내가 대학에 진학하는 것은 불가능했을 것이다. 그랬다면 나는 기자의 가업을 3대째 이어가지 못했을 것이다. 고전을 읽고 이런 글을 쓰는 나도 물론 존재하지 않았을 것이다. 이 기회에 나는 지난날 노고와 희생을 감내해준 누나에게 진심으로 고맙다는 말을 전하고 싶다. 누나가 앞으로 오래도록 건강하고 행복하게 살기를 마음 깊이 기원한다.

### 잊지 못할 구절들

《타우리스의 이피게니에》 (괴테)
† 피는 축복과 평안을 가져오지 못합니다.
† 기쁨과 사랑은 위대한 업적의 두 날개와 같은 것일세.
† 인생은 우리에게 우리 자신과 다른 이에게 덜 엄격하라고 가르칩니다.
† 순결한 영혼은 계략을 쓸 필요가 없지요.
† 생각하지 마십시오. 느끼는 대로 행하십시오.
† 고결한 자에게 바쳐진 순수하고 어린아이 같은 믿음은 보답받을 것입니다.

《타우리스의 이피게네이아》 (에우리피데스)
† 악한 신은 없다.

† 많은 장애가 있으면 통하는 길도 많네.

† 여신이시여, 당신은 당신의 동생을 사랑하고 계십니다. 저도 제 형제자매에게 똑같은 사랑이 있다는 것을 믿어 주십시오.

## 참고서적

《이피게니에 – 스텔라》 요한 볼프강 폰 괴테 지음, 박찬기 옮김, 민음사, 1999년

《그리스 비극 – 에우리피데스 편》 곽복록 옮김, 현암사, 2006년

《괴테와의 대화》 요한 페터 에커만 지음, 박영구 옮김, 푸른숲, 2000년

# 에라토

난세 돌파를 위한 냉정한 통치전략
**니콜로 마키아벨리 《군주론》《로마사 논고》**

위선자들에게 보내는 통렬한 풍자의 화살
**에라스무스 《우신예찬》**

# 난세 돌파를 위한 냉정한 통치전략

### 니콜로 마키아벨리 《군주론》《로마사 논고》

*신의를 지키는 것이 자기에게 손해가 되거나, 약속하지 않을 수 없었던 이유가 소멸되었을 때에는 신의를 지킬 수도 없으려니와 지켜서도 안 된다.*

대한민국의 정치에서 일어나는 일을 묘사한 말이 아니다. 1987년 6월항쟁에 이은 직선제 개헌 쟁취 후 김대중 씨가 김영삼 씨와 헤어지기로 결심했을 때나 2003년 노무현 대통령이 자신을 당선되게 해준 민주당을 깨고 새로 당을 만들었을 때의 일들이 떠오른다. 하지만 그것이 아니다.

16세기에 피렌체가 낳은 정치사상가 니콜로 마키아벨리가 남긴 말이다. 당시 피렌체 공화국의 한 관리였다가 물러난 마키아벨리가 《군주론》에 냉정한 마음을 담아 쓴 솔직한 고언이다.

군주는 신의를 지키고 정직해야 하는 것이 원칙이지만, 현실 속 군주들은 대개 그렇지 못하다. 오히려 큰일을 이룩한 군주일수록 약속에는 무관심하다. 그리고 그런 군주가 착실하게 신의를 지킨 군주를 능가하는 경우가 더 많다.

따라서 군주는 여우와 사자를 닮아야 한다. 사자는 강하지만 덫에 약하고, 여우는 꾀가 많지만 이리로부터 자기를 보호하지 못한다. 사자를 닮으면 이리를 쫓아낼 수가 있고, 여우처럼 행동하면 함정에 빠지지 않는다. 사려 깊은 군주라면 이렇게 신의에 구애받지 않고 여우처럼 처신해야 한다는 것이다. 또 노련한 위선자가 될 줄도 알아야 한다. 여우처럼 행동할 줄 아는 군주만이 시대의 제1인자가 되었다고 마키아벨리는 강조한다.

군주는 때때로 악행도 저지를 줄 알아야 한다. 악을 행하는 방법을 알아야 할 뿐만 아니라 악행이 언제 필요하고 언제 필요하지 않은가도 인식해야 한다. 군주는 백성들로부터 사랑과 두려움을 다 받아야 하지만 쉬운 일이 아니다. 그렇다면 사랑받는 것보다는 두려움을 받는 것이 군주에게는 더 편리하다. 그러기 위해서는 가끔씩 잔인함을 보여야 한다. 군대를 다스릴 때는 가혹하다는 세평에 개의치 말아야 한다. 헤프게 자비심을 보임으로써 분란을 일으키기보다는 잔인함을 적절하게 활용함으로 진정으로 자비로운 군주가 될 수 있다.

특히 사악한 방법으로 통치권을 장악한 군주와 새로 등극한 군주에게는 잔인함이 불가피한 경우가 많다. 주변에는 위험요인이 많고 측근들의 충성심도 확실하지 않기 때문이다. 이런 경우 잔인함을 '선용' 해야 한다. 악행도 한꺼번에 몰아서 해야 한다는 것이다. 자신의 안전을 위해서 초기에 단 한 차례 악행을 저지른 다음에 선행을 하면 된다. 그렇게 해야 백성에게 안정감을 줄 수 있고, 백성을 자기편으로 끌어들일 수 있다. 반대로 처음에는 잔인하지 않다가 시간이 흐름에 따라 잔인함을 더 빈번하게 사용하는 것은 잘못하는 것이다. 이런 경우 손에서 피 묻은 칼이 떠날 날이 없다. 백성이 군주를 의지할 수 없고 군주는 백성을 믿을 수가 없게 된다.

마키아벨리는 새로 통치권을 확보한 군주들에게 다음과 같이 처신할 것을
주문했다.

하나, 적으로부터 자신을 보호할 것
둘, 동지를 규합할 것
셋, 폭력을 쓰든 기만을 쓰든 여하튼 승리할 것
넷, 백성들이 자기를 사랑하면서도 두려워하도록 만들 것
다섯, 군대가 자기를 따르고 존경하도록 만들 것
여섯, 자기를 해칠 수 있는 힘을 가졌거나 그럴 만한 이유를 가진 사람을 숙청할 것
일곱, 구법과 구습을 새로운 것으로 바꿀 것
여덟, 가혹하면서도 인자할 것
아홉, 관대하고 개방적일 것
열, 불충한 군대를 제거하고 새로운 군대를 조직할 것
열하나, 다른 나라의 군주들이 자기에게 기꺼이 호의를 보이고 감히 해칠 수 없는
사람이라고 생각하도록 우호를 맺을 것

한마디로 한 나라의 군주가 국가를 부강하게 하기 위해서라면 수단과 방법을 가리지 말라는 얘기다. 이러한 행동원칙은 우리나라에서는 조선시대 태종이나 세조의 예를 보면 되지 않을까 싶다. 그들도 집권 초기에는 피비린내 나는 숙청을 실행했다. 그러나 왕권을 강화한 뒤에는 나름대로 선정을 폈다. 반대로 잔인함을 악용하고 시간이 갈수록 빈번하게 써먹은 임금으로는 연산군을 꼽을 수 있을 것 같다. 마키아벨리의 지적대로 연산군 치하에서는 손에서

피 묻은 칼이 떠날 날이 사실상 없었으니까.

군주가 언제나 잔인해서는 물론 안 된다. 신중함과 인간미로 중용을 잃지 말아야 한다. 지나친 확신이나 의심을 가져서도 안 된다. 군주는 5가지 덕을 갖춰야 한다. 즉 인자하고, 신실하고, 인간적이고, 정직하고, 종교적이어야 한다. 설사 이런 덕을 갖추지 못했더라도 그런 티를 내지 말아야 한다. 악행은 어쩔 수 없을 경우에만 저질러야 하는 것이다.

특히 미움과 멸시를 받지 말아야 한다. 이랬다저랬다 하거나, 비겁하여 결단성이 없다면 멸시의 대상이 된다. 따라서 매사에 결단성이 있고 꿋꿋하다는 인상을 주도록 노력해야 한다. 미움을 살 만한 일은 대리인에게, 백성에게 즐거움을 줄 만한 일은 군주 스스로 하는 것이 바람직하다. 소수 귀족의 야심은 억제하되 백성들로부터는 좋은 평판을 받아야 한다. 아울러 백성들의 마음을 긴장과 놀라움 속에 묶어두는 것이 안전하다. 그 누구도 감히 군주를 속이거나 우롱하려는 생각을 하지 못하게 해야 한다.

군주는 무엇보다도 자신의 군대를 거느려야 한다. 원군이나 용병보다는 자신의 신하나 신민, 또는 예속민으로 구성된 군대를 보유해야 그의 지위와 나라를 보전할 수 있다. 군주는 전쟁과 전술, 그리고 전쟁수행 이외에는 어떤 다른 목적이나 생각을 가져서도 안 된다고 마키아벨리는 강조한다. 모름지기 군사훈련 이외의 것을 생각해서는 안 되며, 평화시에는 전시보다도 더 군비에 주력해야만 한다. 아울러 옛사람들이 전쟁에 임해 어떻게 대처했는가를 알고, 승리의 원인과 패배의 원인을 숙지해야 한다. 그래야만 운명의 여신이 그를 괴롭히더라도 항거할 수 있다. 운명의 여신은 지혜롭게 대비하지 않는 곳에서 위세를 떨치는 법이다.

또한 군주는 여러 가지 현안에 대해 스스로 결정해야 한다. 특정한 사안에 대해 지혜로운 사람으로부터 의견을 듣되 나머지는 혼자서 생각하고 결정해야 한다. 그리고 결정한 것은 반드시 실행해야 한다. 특히 현실을 냉철하게 통찰할 줄 알아야 하며 당위와 혼동해서는 안 된다. 당위를 위해 현실을 포기하는 사람은 파멸을 면하기 어렵다. 인간이 살고 있는 현실과 어떻게 살 것인가 하는 당위 사이에는 차이가 있기 때문이다. 어떠한 상황에서든지 선인이 되기로 결심한 사람은 선하지 못한 숱한 사람들 사이에서 자신을 부지하기 어렵다.

참으로 바늘로 찔러도, 아니 면도칼로 찔러도 피 한 방울 나오지 않을 만큼 냉정하기 그지없는 이론이다. 얼음장처럼 차갑다. 어떻게 이토록 냉정한 주장을 내놓을 수 있을까? 신의를 배반하고 악행을 저질러도 된다는 논리를 어찌 이렇게 서슴지 않고 펼 수 있을까?

그것을 이해하는 것은 사실 그다지 어렵지 않다. 당시 이탈리아의 상황이 그만큼 절박하고 어지러웠던 것이다. 이탈리아는 사분오열돼 있었다. 피렌체 공화국과 베네치아공화국, 밀라노공국, 나폴리왕국, 그리고 교황령이 이탈리아 반도를 나누어 차지하고 있었다. 이때의 교황청은 '영적 세계의 왕국'이라기보다는 오히려 속세의 패권을 추구했다고 해도 과언이 아니다. 그리고 이들 5대 강국 사이사이에는 소국들이 독립해 있었다.

중국의 춘추전국시대와 비슷하다. 5개의 패자가 할거한 것은 '춘추5패'와 또한 닮았다. 이탈리아판 춘추전국시대라고나 할까. 이들에게는 철저하게 게임의 법칙 또는 정글의 법칙이 관철되고 있었다. 서로가 죽기 아니면 살기였고, 동맹을 맺었다가는 배신하는 일이 식은 죽 먹듯이 벌어졌다.

중국의 춘추전국시대에는 이렇다 할 외부세력이 없었으나 이탈리아판 춘추전국시대에는 프랑스, 에스파냐, 신성로마제국 등의 군사강국들이 주변에 포진한 채 반도를 노려보고 있었다. 조금 더 먼 곳에는 콘스탄티노플 함락 이후 기세가 오른 오스만투르크제국이 은근히 이탈리아까지 넘봤다. 5패 사이에 싸움이 벌어지거나 틈이 생기면 이들 군사강국이 뛰어들어 이탈리아 반도를 침탈하곤 했다. 이들 외국 군대가 밀고 들어오면 속수무책이었다. 이탈리아에는 "홍수에 대비하기 위한 도랑이나 성벽이 없다"고 마키아벨리는 개탄했다.

마키아벨리는 오랫동안 피렌체공화국의 서기관으로 일하면서 이런 암담한 현실을 생생하게 목격하고 체험했다. 주변정세의 흐름을 누구보다 정확하게 파악했다. 피렌체공화국의 나약함, 분열된 이탈리아 반도의 무력함을 뼈저리게 느꼈다. 메디치가가 3대에 걸쳐 피렌체공화국의 참주 노릇을 하고 있을 때는 5패 사이에 세력균형이 유지되었다. 하지만 메디치가의 3대째 참주 로렌초 메디치가 세상을 뜨고 난 뒤 피렌체는 또다시 격랑에 휘말렸다. 프랑스의 침략과 후퇴, 밀라노공국의 변고 등으로 주변정세가 소용돌이쳤다. 피렌체공화국 안에서도 수도사 사보나롤라의 지배권 장악과 실각, 메디치가의 재등장 등 일련의 사태로 들끓었다. 이런 과정에서 마키아벨리는 자연스럽게 "인간은 사악하다"는 생각을 하게 됐다. 공화국 안팎이 온통 음모와 견제, 배신 등으로 편할 날이 없었으니 당연한 일이다.

마키아벨리의 현실주의적인 사고는 또 다른 저서 《로마사 논고》에서도 잘 나타나 있다. 《로마사 논고》는 로마시대 역사가 티투스 리비우스의 《로마사》에 논평을 가하는 형식을 취하면서 당대의 현안을 진단하고 처방을 제시하는 방식으로 서술됐다. 마키아벨리는 이 책에서 로마와 그리스 등의 예를 들어가며 새로 정복한 백성들에게는 은혜를 베풀거나 아예 멸망시켜야 한다고 주장한다. 반란을 일으킨 도시도 엄격하게 다루어야 한다는 의견을 내놓는다. 또 왕국을 찬탈한 자가 찬탈당한 자를 살려두는 것은 위험하고, 사람들은 사랑받는 지도자보다는 두려움을 주는 지도자를 더 따른다고 강조한다.

다른 점이 있다면 《군주론》은 군주정 또는 참주정에 중심을 두었지만, 《로마사 논고》는 군주정보다는 공화정에 무게를 실었다는 점이다. 마키아벨리는 《로마사 논고》에서 '인민에 의한 정부'가 '군주에 의한 정부' 보다 낫다는 의견을 피력하면서 고대 로마와 아테네의 예를 든다. 왕을 축출한 로마와 페이시스트라토스의 참주정치로부터 해방된 아테네의 국력이 훨씬 더 커졌다는 것이다.

그렇지만 마키아벨리에게 군주정이나 공화정이 그렇게 큰 중요성을 갖는 것은 아니었다. 문제의 핵심은 군주정이든 공화정이든 국가를 방위하고 힘을 강화하는 것이다. 《로마사 논고》를 보면 2명의 유능한 군주가 연이어 즉위하는 군주국이거나 잘 조직된 공화국이어야 국력이 신장될 수 있다. 마케도니아 왕국은 필리포스에 이어 알렉산드로스가 연이어 즉위함으로써 팽창했고, 로마는 왕정을 폐지하고 공화정을 수립한 다음 전성기를 맞이했다. 로마 공화정에서는 해마다 자유로운 투표를 통해 유능한 인물이 집정관에 취임했고 그들에게 권위의 무게가 실렸기 때문이다. 가장 나쁜 것은 군주국에서 2명의 유약한 군주가 연이어 등장하는 경우다.

공화국도 허약해서는 안 된다. 허약한 공화국은 우유부단해서 결단을 잘 내리지 못한다. 무슨 일이든지 강요에 의해서 나선다. 당시 이탈리아의 5패 가운데 공화정을 유지한 나라는 마키아벨리의 조국 피렌체와 베네치아였다. 베네치아는 과두정 체제를 오랫동안 유지하면서 번영했다. 나름대로 군사력도 갖추고 동지중해에서 무역권을 장악했다. 이에 비해 피렌체는 자체 상비군도 없이 용병에 의존하는 허약한 체제였다. 다른 나라와 분쟁이 벌어졌을 때 주로 용병에 의존해 전쟁을 벌였다. 그렇기에 프랑스나 교황 같은 외부의 강력한 힘에 맞서는 것은 불가능했다. 도리어 군사강국에 의존하는 일이 더 많았고 그 과정에서 수모도 겪어야 했다. 마키아벨리가 앞장서서 상비군을 설치하기도 했으나, 그것도 오래 유지되지 못했다.

당시 이탈리아의 현실은 괴롭고 비참했지만 희망이 아주 없는 것은 아니었다. 도리어 그런 힘든 현실이 역으로 군주가 영광스러운 업적을 이룩하기에는 좋은 기회가 될 수도 있다고 마키아벨리는 생각했다. '역설적 희망'이라고나 할까? 군주론도 바로 이런 '역설적 희망'의 산물이다.

> 모세의 능력이 세상에 드러나기 위해서는 이스라엘 백성들이 이집트에서 예종의 길을 걸을 필요가 있었고, 키로스의 위대함이 드러나기 위해서는 페르시아인들이 메디아인들에게 억압당할 필요가 있었고, 테세우스의 탁월함을 보여주기 위해서는 아테네인들이 흩어질 필요가 있었다. 그렇다면 오늘날 '이탈리아 정신의 위대함'을 입증하기 위해서는 이탈리아인들이 헤브루인들보다도 더 비참한 예종의 몸이 되고, 아테네인들보다 더 지리멸렬하지 않을 수 없으며, 시도자도 없고 성부도 없고 패배하고 약탈당하고 찢기고 짓눌리고 온갖 재난을 겪지 않을 수 없는 것이다.

이렇게 '야만족'으로부터 이탈리아를 해방시키고 통일시킬 군주나 지도자를 마키아벨리는 간절하게 희구했다. 이탈리아판 춘추전국시대를 종식시키고 이탈리아 정신의 위대함을 드러내줄 이탈리아판 모세를 고대한 것이다.

시오노 나나미는 《나의 친구 마키아벨리》에서 마키아벨리가 이탈리아판 모세로서 염두에 둔 인물은 체사레 보르자 공작이라고 썼다. 체사레 보르자는 당시 교황 알렉산데르 6세의 아들로서 로마와 피렌체 사이의 로마냐 지방을 평정하면서 세력을 확장했다. 그 과정에서 간계를 동원하여 각지의 작은 도시국가 맹주들을 제거하는 등 잔혹한 짓을 많이 저질렀다. 그러나 마키아벨리는 체사레 보르자의 능력이나 배경 등을 지켜보면서 그를 장차 이탈리아 통일을 주도할 인물로 생각하게 됐다. 마키아벨리는 《군주론》에서 체사레 보르자를 "위대한 정신력과 고결한 이상을 가지고 있다"고 극찬했다. 그러나 보르자는 운명의 여신으로부터 사랑을 받지 못해서 한창 나이에 병에 걸려 세상을 뜨고 말았다. 마키아벨리가 희망을 걸었던 유일한 인물이 사라진 것이다.

《군주론》은 마키아벨리가 이탈리아의 현실을 타개하려는 간절한 염원에서 저술한 작품이지만, 당시에는 별다른 호응을 얻지 못했다. 마키아벨리로부터 《군주론》을 헌정받은 피렌체의 실세 로렌초 데 메디치는 읽어보지도 않았다고 한다. 아마 받아들여졌어도 이탈리아의 상황이 크게 달라지지는 않았을 것이다. 이탈리아의 분열이 자체의 힘만으로 해결될 수가 없었고, 언제나 주변의 군사강국들이 개입할 태세를 갖추고 있었기 때문이다.

마키아벨리는 조국 피렌체의 국력 강화와 이탈리아 반도의 통일을 위해 평생을 다 바쳤다. 그러나 그가 성취한 것이라곤 아무것도 없었다. 모든 것이 좌절되고 말았다. 특히 말년에는 패권을 장악한 에스파냐와 독일의 루터파 군대가 연합해 피렌체의 영토 일부를 포함한 이탈리아 북부를 유린했다. 그리고 오랫동안 그리스도교 문명의 중심지요 '여왕도시'로 일컬어졌던 로마 시까지 약탈했다. 마키아벨리는 그때 피렌체와 교황의 연합군을 따라다니며 최악의

체사레 보르자

사태를 막으려 애썼으나, 결국 실패하고 말았다. 다만 피렌체가 유린되지 않은 것에 위안을 삼아야 했다. 그렇지만 뒤이어 피렌체에는 정변이 일어나 공화정이 무너지고 토스카나대공국으로 바뀌었다 그리고 메디치가에 의한 전제정치가 수립됐다. 마키아벨리는 이런 험한 꼴을 모두 다 겪은 뒤 상심한 채 생을 마감했다.

오늘날 마키아벨리의 사상은 마키아벨리즘이라는 이론, 즉 목적 달성을 위해서는 수단과 방법을 가리지 않는 사악한 이론을 가리키는 대명사처럼 거론된다. 그런 측면이 강한 것은 분명한 사실이다. 그렇지만 당시 피렌체공화국과 이탈리아 반도가 처해 있던 처지를 고려한다면 일방적으로 비난만 하기는 어려울 것이다.

더욱이 마키아벨리가 말한 악행의 객체는 일반 백성이 아니라 주로 귀족이다. 그 당시 귀족들은 특정지역을 장악해 할거하면서 폭정을 일삼고, 이해관계에 따라 이합집산을 거듭했다. 때로는 외세를 등에 업고 동족인 다른 도시국가를 피폐하게 만들기도 했다. 우선 이들을 제거한 뒤에 선정을 베풀어야 한다고 마키아벨리는 강조했다.

마키아벨리는 그런 현실을 너무나 생생하게 보고 겪었기 때문에 냉혹한 논리를 내놓았을 뿐이라고 생각한다. 냉정한 현실주의자였다고 보면 될 것으로 여겨진다.

그런데 이상하게도 마키아벨리의 군주론을 읽을 때마다 대한민국의 역사와 인물들이 떠오르곤 한다. 대한민국은 오늘날 민주공화국을 표방하는 나라인데도 말이다. 아마도 대한민국의 대통령들이 여러 면에서 '군주'와 비슷한 모습을 보여주었기 때문인 듯하다. 권좌에 오르는 과정과 권한은 상당히 다르지만, 그들의 현실적인 언행은 군주와 유사한 경우가 적지 않았다. 정해진 임기 동안 대통령이 행사하는 영향력은 군주를 연상시키기에 부족함이 없을 정도로 막강했다. 이런 까닭에 제왕적 대통령이라는 말까지 나왔다. 박정희 대통령 시대의 개발독재와 전두환 대통령 시대의 군사독재가 모두 지나가고 민주화되었다고 하는 시점에서도 여전하다.

노무현 대통령 집권 이후 이런 제왕적 성격이 크게 희석되기는 했다. 노 대통령이 의식적으로 권위의식을 불식시키려고 애쓰기도 했지만, 때때로 지나치게 가벼운 언사를 사용한 것도 한몫했다. 그 결과 그는 역설적으로 제왕적 대통령의 이미지를 약화시키는 데 기여한 것이다.

지난날 독재정권 시대 대통령들의 행적도 《군주론》의 군주를 떠올리게 한다. 박정희, 전두환 두 전 대통령은 군사쿠데타로 집권하면서 초기에 악행을 한꺼번에 저질렀다. 또한 군부의 절대적인 충성을 확보했으니 '자신의 군대'를 보유한 셈이다. 로마제국의 황제 가운데도 군부를 확실하게 장악하지 못한 인물이 많았다. 이에 비해 이들 두 전직 대통령은 군부에 대한 지배력만큼은 굳건하게 유지했으니, 마키아벨리의 '군주' 요건에 확실하게 부합했다고 봐도 될 것이다.

한반도 상황에도 새삼 눈길을 돌리게 된다. 한반도가 마키아벨리 당시의 이탈리아처럼 사분오열된 것은 아니다. 남한과 북한 2개의 나라로 분단돼 있을 뿐이다. 그렇지만 분단된 채 서로 적대의식이 여전히 두텁다. 또 한반도는 군사강국에 둘러싸여 있다. 이들 사이에도 견제와 적대적 경쟁의식이 잠재돼 있다. 남북한 사이에 군사적 충돌이 빚어지면 즉각 이들 군사강국의 개입이 초래될 개연성이 크다. 이런 주변정세는 마키아벨리의 생존 당시 이탈리아의 주변

상황과 유사하다고 봐도 될 것 같다.

사실 마키아벨리 시대 이탈리아인들이 겪어야 했던 불운이나 구한말부터 한반도가 겪어온 수난은 기본적으로 동일한 원리에서 비롯된다. 스스로의 힘이 없었기 때문에 운명의 여신으로부터 시달림을 받은 것이다. 외국 군대의 말발굽 소리와 대포 소리가 진동하는 가운데 그것을 막을 자체 힘이 없었던 것이다. 당시 이탈리아 반도의 여러 국가들도 여차하면 에스파냐나 프랑스 등의 외국 군대를 불러들이곤 했다.

마키아벨리가 진정으로 바란 것은 이렇게 내부분열이 장기화되고 외국의 힘에 의해 조장되고 이용당하는 비극을 종식시키는 것이었다. 이런 점에서 그의 문제의식은 전적으로 옳았다고 나는 생각한다.

그렇지만 군주 한 사람의 힘으로 나라를 통일시키고 국운을 비약적으로 키우기는 쉽지 않다. 설사 그렇게 된다 해도 그 군주가 사라지고 나면 나라는 또다시 허약해지기 쉽다. 중국의 진시황은 법가 이론을 채택해서 통일을 이루었지만, 그가 사망한 지 몇 년 지나지도 않아 진나라는 멸망하고 말았다. 마키아벨리가 기대를 걸었던 체사레 보르자의 경우도 마찬가지였을 것이다. 설령 그가 혼자 힘으로 이탈리아를 통일했다 하더라도 통합 상태가 오래 지속되리라는 보장은 없었다. 당시 이탈리아의 여러 세력이 너무나 독립적이었기에 한 사람에게 굴복당하는 것을 감수하지 않으려 했을지도 모른다. 게다가 무리하게 통일을 도모하는 과정에서 무수히 많은 피를 흘리고 원한을 사면, 또 다른 분열의 요인이 생겨날 가능성이 크다. 권모술수나 위계에는 위험이 따르는 법이다.

분열된 나라를 다시 통일시키기란 그만큼 어려운 것이다. 마키아벨리의 열망과는 달리 이탈리아의 통일은 19세기 후반까지 기다려야 했다. 한반도는 분단된 지 이제 반세기 조금 지났지만, 이탈리아는 서로마제국 멸망 후 1400년가량의 세월을 분열된 상태로 머물러 있었다. 결국 마키아벨리가 꿈꾸던 위대한 군주나 위대한 공화국, 그리고 이탈리아 통일의 꿈은 모두 물거품처럼 사라지고 말았다.

결국 한 나라의 통일과 번영은 마키아벨리가 《로마사 논고》에서 지적했듯이 군주 한 사람에 의해서가 아니라 잘 조직된 국가의 힘에 의해서 성취되는 것이다. 군주국이든 공화국이든 잘 조직된 나라에서 중요한 것은 특정 인물이 아니다. 국가와 국민의 역량을 고르게 계발시켜 나갈 수 있는 견고한 체계가 가장 중요하다. 단기간에 무엇을 이룩해보겠다고 무작정 덤비는 조급한 집착보다는 꾸준히 참을성 있게 힘을 비축하는 자세가 필요하다. 국가가 분열돼 있다면 분열된 상태를 안정적으로 관리해 나가면서 국력의 낭비를 막고 때를 기다리는 것이다. 다만 과도한 내부항쟁, 특히 유혈항쟁을 막고, 서로의 적대의식이 심화되는 것을 억제해야 한다. 또한 되도록이면 서로 피를 흘리지 말아야 한다. 평화로운 가운데 서로 활발하게 교류하면서 동질성을 꾸준히 확인해나가면 된다.

분열상태도 활용하기에 따라서는 좋은 결과를 낼 수도 있다. 분열된 상태로 다투고 경쟁하는 과정에서 창조적인 에너지가 분출될 수도 있다. 고대 그리스가 그랬고, 마키아벨리가 살았던 시대의 이탈리아도 마찬가지였다. 수많은 도시국가들이 할거하던 고대 그리스에서는 끊임없는 전쟁이 벌어지는 가운데서도 도시국가마다 고유의 강점과 체제를 발전시켜 갔다. 아울러 4년마다 열리는 올림픽 제전을 통해 동질성을 확인했다. 당시의 최강대국 페르시아로부터 침략을 당했을 때는 도시국가들이 일치단결해서 격퇴했다. 또한 아테네에서는 페리클레스 시대에 이르러 국력이 최고로 신장됨과 아울러 문화의 황금기를 맞이했다.

마키아벨리가 살던 15세기 전후의 이탈리아 역시 이런 점에서 특기할 만하다. 이탈리아 반도를 여러 군소국가들이 분할통치하고 있는 가운데 나라마다 서로 다른 체제를 유지해 나갔다. 공화국 베네치아는 과두정치를 통해 번영했고, 교황령은 사실상 봉건적 신정정치를 실현했다. 또한 도시국가마다 독자적으로 유력한 대학을 설치해 학문발전의 토대를 세웠다. 볼로냐대학, 파도바대학, 피사대학 등은 그 뒤로 의학, 천문학 등의 학문 발전에 뚜렷한 흔적을 남겼다.

그중에서도 피렌체는 르네상스 문화의 찬란한 보석이었음은 주지의 사실이다. 단테, 보카치오, 페트라르카 등의 문학, 레오나르도 다빈치를 비롯해 미켈란젤로, 라파엘로, 도나텔로 등의 조각과 회화, 마키아벨리와 프란체스코 귀치아르디니의 정치사상 등이 모두 피렌체에서 탄생한 위대한 업적이다. 아메리고 베스푸치 같은 탐험가까지 배출했다. 피렌체가 낳은 이런 인물들과 그들의 작품을 들여다볼 때마다 경이로움을 느끼지 않을 수 없다. 아테네의 페리클레스 시대 이후 가장 찬란하게 문화가 꽃피던 시기라고 할 수 있을 것이다.

현재 분단돼 있는 남북한의 관계에서 당장 시급한 것은 상호 적대적인 대립을 완화하고, 분단상태를 평화적으로 관리해 나가는 일이다. 비록 체제와 이념이 달라 갈라져 있기는 하지만, 자유롭고 활발하게 왕래하면서 선의의 경쟁을 하는 것이 현재로서는 최선의 길이다.

오늘날 민주국가에서는 마키아벨리가 주장하는 방식으로 권력을 잡을 수도, 국가를 운영할 수도 없다. 정치세력 사이의 권모술수나 야합 등은 있을 수 있지만, 과거처럼 군주나 권력자라 하여 재판도 없이 함부로 악행을 저지를 수는 없다. 문제는 사법권을 악용해 이런 악행을 자행하는 것인데, 대한민국에서도 불과 10~20년 전까지 이런 일이 벌어졌다. 그런 사법적인 악행도 이제는 용인되기 어렵다.

다만 국제관계에서는 마키아벨리를 우울하게 만들었던 냉엄한 현실이 그때나 지금이나 마찬가지다. 과거보다는 온화해졌다고 하지만 약육강식의 정글 논리는 여전히 살아 숨쉰다. 군사강국들 사이에 끊임없는 경쟁과 암투가 벌어지는 등 국제질서를 교란하는 요인도 널려 있다. 통상무역 관계에서는 적자생존의 논리가 더욱 적나라하게 힘을 발휘한다.

그렇다면 대한민국처럼 작은 나라에서는 마키아벨리의 문제의식이 여전히 유효하다고 말할 수 있다. 그 어느 때보다도 침착한 사려와 효과적인 대응전략이 절실하다. 그런 전략을 세우고 실천하는 노력이 있을 때에 비로소 운명의 여신도 도와줄 것이다. 마키아벨리의 저작이 오늘날 우리에게 던지는 진정한 메시지는 바로 여기에 있는 것이 아닐까 생각한다. 마키아벨리가 《군주론》에서 남긴 다음의 한마디는 우리에게 천금의 무게로 다가온다.

*인간의 의지가 전혀 덧없는 것이 아닌 바에야 운명의 여신은 우리들 행동의 절반만 주재할 뿐이다. 그 나머지 절반은 아직 우리들에게 맡겨져 있다.*

## 잊지 못할 구절들

《군주론》

† 시간은 악한 것도 선하게, 선한 것도 악하게 할 수 있다.

† 남을 강성하게 만들어주는 사람은 끝내 자기 자신을 멸망시킨다.

† 칼을 든 예언자는 모두가 성공하지만, 무기가 없는 예언자는 멸망하게 된다.

† 돈으로 얻은 우정은 가졌다고 뽐낼 것이 못된다.

† 인간이란 자신의 능력을 지나치게 믿는 나머지 스스로 속는 존재다.

† 운명의 여신은 자신에 대하여 지혜롭게 대비하지 않은 곳에서 위세를 보인다.

† 어쩔 수 없이 가야할 길은 정당한 길이다.

## 참고서적

《광우예찬/군주론/방법서설/잠언과 성찰》에라스무스/마키아벨리/데카르트/로슈푸코 지음, 정기수/신복룡/김종호/유영 옮김, 을유문화사, 1995년

《군주론》마키아벨리 지음, 정영하 옮김, 산수야, 2005년

《로마사 논고》니콜로 마키아벨리 지음, 강정인/안선재 옮김, 한길사, 2003년

《나의 친구 마키아벨리》시오노 나나미 지음, 오정환 옮김, 한길사, 2002년

《메디치가 이야기》크리스토퍼 허버트 지음, 한은정 옮김, 생각의 나무, 2001년

# 위선자들에게 보내는 통렬한 풍자의 화살

에라스무스 《우신예찬》

인간에게는 광기(狂氣)가 있다. 무언가에 지나치게 몰두한 나머지 이성을 잃은 상태, 이것이 인간이 가진 광기의 단면이다.

16세기에 네덜란드 출신의 인문주의자 데시데리우스 에라스무스에 따르면 광기에는 2가지가 있다. 지옥의 복수신들이 보낸 '죄악의 광기'가 있는가 하면 인간을 고통스러운 근심걱정으로부터 해방시켜주는 '정다운 광란' 같은 것도 있다. 복수의 여신들이 보낸 광기에 걸리면 전쟁에 대한 열광, 황금에 대한 갈망, 수치스러운 치정, 부모나 형제에 대한 폭력과 근친상간, 신성모독 등 온갖 범죄와 갈등이 일어난다. 이에 비해 정다운 광란은 인간에게 환상이나 몽상을 일으킨다. 그것은 인간을 즐겁고 행복하게 만드는 것이다.

죄악의 광기는 가진 사람이 드물고 가끔 예외적인 경우에 나오는 데 비해 정다운 광란은 많은 사람들에게서 볼 수 있다. 들짐승을 쫓아다니고 그 고기를 맛보는 재미에 빠져 스스로 들짐승 같아지는 사냥꾼, 돌에 미쳐서 하루는 사각형으로 깎았다가 그 다음날에는 둥글게 만들기도 하는 사람, 주사위 소리만 들어도 가슴이 뛰는 노름꾼, 연금술사 등등. 시를 쓰겠다고 하는 열광도, 사랑하는 사람들의 열정과 갈망도 모두가 정다운 광란에서 비롯된다. 그 광란에 빠지거나 즐기는 사람은 거기서 행복을 느끼곤 한다. 죄악의 광기에 걸린 사람들은 인간에게 치명적인 상처를 안겨주지만, 이런 정다운 광란에 걸린 사람들은 단지 자신의 만족만을 추구한다. 그러다 보니 어리석고 미치광이 같은 짓을 하게 된다. 이렇게 정다운 광란에 빠진 사람들은 에라스무스가 말하는 '우신(愚神)' 또는 '광우의 여신(狂愚의 女神)' 으로부터 사랑을 받는 사람이다.

《우신예찬》에서 주인공으로 등장하는 우신은 에라스무스가 창작한 신이다. 그리스로마 신화의 계보를 이으면서, 현명한 체하는 사람들에 대한 풍자적 의미를 담은 이름이다. 우신은 그리스 신화에 나오는 풍요의 신 플루토스와 청춘의 여신 헤베(유벤타스) 사이에 태어난 여신이자 귀부인이다. 라틴어로 '스툴티티아', 그리스어로는 '모리아' 라고 한다. 글자 그대로 어리석음이나 착각 등을 상징하는 여신이다. 태어난 곳은 파종도 노동도 없이 추수가 되는 '행복의 섬' 이다. 여신은 어릴 때 도취와 무지의 여신의 젖을 먹고 자랐다. 자존심, 아첨, 망각, 게으름, 쾌락, 방탕 등을 시녀로 두고, 미식의 신과 깊은 잠의 신을 하인으로 데리고 다닌다. "신의 속성은 인간을 도와주는 데 있다"고 한 로마시대 명언처럼, 우신은 이들 시녀의 도움을 받아 인간에게 행복을 나누어 주는 여신이라고 한다.

이 여신이 다소 우스꽝스런 노파의 복장을 하고 강단에 나와 청중들을 향해 강연한다. 강연의 내용은 우선 자신에 대한 예찬이다. 즉 어리석음과 착각 등 우신이 존재함으로써 인간에게 생기는 여러 가지 '유익함' 들을 칭송한다. 무엇보다 우신은 인류가 멸망하지 않고 대대손손 이어갈 수 있게 해준다.

1751년 프랑스판 《우신예찬》 속표지

결혼의 멍에와 불편, 출산의 고통 같은 것을 깊이 생각하면 사람이 결혼하고 아이를 낳는 일은 하지 않을 것이다. 그렇게 되면 인류는 절멸한다. 요즘 우리나라에서 많은 선남선녀들이 결혼과 출산을 기피하는 바, 이는 에라스무스의 지적대로 인생의 짐을 지지 않으려는 심사에서 비롯된 측면이 적지 않다. 그렇지만 우신의 하인 '경망' 과 '망각' 덕분에 인간은 이렇게 '어리석은' 짓을 계속하고 인류도 살고 대한민국도 살아남는 것이다. 사랑의 신 아프로디테와 쿠피도가 아무리 조화를 부려도 우신의 하인들이 없다면 소용이 없는 일이다. 그래서 우신은 스스로를 "생명의 씨앗이자 샘" 이라고 자화자찬한다.

우신은 인간에게 정열과 즐거움을 선사한다. 친구에게 우정을 주고, 남자와 여자 사이에는 애정을 심어준다. 우신의 지도를 받아 여자들은 몸치장과 화장을 하며, 노인은 젊음을 되찾기도 한다. 인간의 허영과 명예심도 우신이 있기에 태어난다. 인간을 달콤한 환상과 쾌락에 빠져들게 만든다. 인간의 희로애락은 이 우신으로부터 비롯되는 셈이다. 그렇기에 우신은 스스로를 "인간 본성에 가장 어울리는 것" 이라고 말한다.

인간은 우신 때문에 속아살기도 한다. 예쁘지 않은 아내를 아프로디테(미의 여신)라고 착각하고 산다든가, 가짜 보석을 진짜 보석인 양 즐거워하기도 한다. 허무맹랑하고 기괴망측한 기적 이야기를 맹신하는 사람도 있다. 그렇지만 속는 것이 반드시 나쁜 것은 아니다. 속지 않는 것이 더 큰 불행일 수도 있다. 예쁘지 않은 아내, 돈벌이가 시원치 않은 남편을 서로 최고라고 여기고 살면 그것으로 충분히 행복한 것이다. 어차피 인생은 가면을 쓰고 벌이는 한편의 연극이니까.

'자존심' 과 '아첨' 도 빼놓을 수 없는 우신의 시녀들이다. 이들은 자매지간이다. 전자는 자기 자신을 쓰다듬게 하는 언니이고, 후자는 남을 쓰다듬어 주는 동생이다. 이를테면 자신을 아이네아스의 후예라고 주장하거나 브루투스의 자손이라고 내세우는 사람이 있는가 하면, 자와 컴퍼스를 이용해 줄 몇 개를 그어놓고 스스로 에우클레이데스 같은 사람이라고 자처하는 사람도 있다. 프랑스인은 우아함이야말로 자기네들 것이라고 주장하고, 이탈리아인은 고대 로마의 꿈에 아직도 젖어 있다.

시인을 비롯한 예술가들은 보잘것없는 재능을 내세우며 거드름을 피운다. 그들은 자기의 재능을 포기하기보다는 조상이 물려준 전답을 포기하는 길을 택한다. 때때로 자신들끼리 서로 치켜세우며, 친절의 쾌감을 만끽한다. 마치 '서로 긁어주는 두 마리의 당나귀' 같다. 아첨은 얼핏 생각하면 이렇게 나쁜 것이지만, 인간관계에 있어서 꿀이 되고 양념이 되기도 한다. 슬픔을 가라앉혀 주고, 성난 마음을 누그러뜨린다. 노인의 주름살을 펴주고, 어린이를 격려하여 공부를 좋아하게 만든다.

식사나 술자리가 재미있는 것도 이 우신 덕분이다. 식사를 함께 하면서 나누는 즐거운 재담과 축배 들기, 노래 부르기, 춤과 온갖 기괴망측한 짓은 모두 우신이 발명해낸 것이라고 한다. 인류의 행복과 즐거운 생활을 위해서. 요즘 우리가 술자리에서 즐기는 폭탄주나 '러브샷' 같은 것도 이 우신 덕분에 생겨난 것이라고 해도 좋을 것이다.

이처럼 우신은 모든 인간에 깃들여 있다. 자연의 여신이 모든 것에 우신의 속성을 넣어두었다. 이 우신의 꿀이 없다면 어떻게 될까? 집안은 물론이고 학교와 일터에서 보내는 시간이 전혀 즐겁지 않게 된다. 서로 참을 수 없는 생활이 된다. 친구들 사이의 우정도 싹트지 않고, 가정에서 부부 사이의 정도 꽃피울 수 없다. 남의 결점만 찾아내고, 다른 사람의 과오를 너그럽게 이해해 주는 소탈함도 없어진다. 여흥이 없으면 회식 자리는 따분해지고, 아무리 맛있는 음식이라도 맛을 내기 어렵다.

결국 인생은 슬픔에서 벗어날 수가 없다. 그나마 자존심이라는 '인생의 소금' 마저 없애 버린다면, 사람들은 자신의 용모나 출신지역과 가문이나 국가에 대한 불만을 갖게 된다. 결국 "현재 있는 그대로의 자신에게 만족하는" 행복이란 있을 수가 없다. 인간들이 서로 행복을 나누는 것은 더더욱 기대하기 어렵다.

우신은 지혜를 찾아내는 데도 없어서는 안 될 존재다. 고대인의 책 속에 틀어박혀 추상론만 배우는 '현인'과 달리 우신의 도움을 받는 '미치광이'는 현실과 위험에 과감하게 접근하고 '진짜 양식'을 터득한다. 정신의 명석함을 흐리게 하는 망설임도 위험한 행동을 하지 못하게 하는 두려움도 우신이 쫓아내 준다.

그렇지만 완벽한 지혜에 도달한 현인은 극히 적다. 문명의 요람지 그리스에도 일곱 명뿐이다. 이 가운데서도 진짜 현인은 몇 안 된다고 우신은 단언한다. 반면에 현명한 체하는 사람은 부지기수로 많다. 이들은 대개 두 개의 혀를 가진 사람들이다. 그중 하나는 진실을 말하지만, 다른 하나는 그때그때 적당한 말을 하는 데 사용된다. 덕분에 이들은 검은 것을 흰 것으로 만들거나, 생각 따로 말 따로 움직인다. 그 사람들은 누구인가? 에라스무스는 문법학자, 시인, 법률학자, 철학자, 신학자, 수도사, 국왕과 제후, 교황과 추기경, 주교와 같은 성직자 등을 꼽는다.

우선 문법학자는 가장 비참하고 가장 고통스러운 사람들이다. 아무리 까다롭고 형편없는 문법책이라도 소홀히 하지 않고 끊임없이 뒤적거린다. 오래된 양피지에서 특이한 말을 찾아내는 데서 희열을 느낀다. 아이들의 머리를 해괴한 문법이론으로 가득 채우고, 때로는 회초리와 채찍으로 후려치기도 한다. 그들의 학교는 '슬픔의 집'이나 고문실 같다. 1천 개의 저주가 그들을 짓누르고 있다.

법률학자들은 허영심이 너무 강해서 학자들 중에서 맨 첫 자리를 주장한다. 사소한 문제에 온갖 법률 조문을 들이대고, 주석과 학설을 늘어놓는다. 철학자들은 자기들만 현인이라고 생각하고, 다른 인간들은 둥둥 떠도는 그림자로 간주한다.

신학자와 수도사, 교황, 추기경 등을 언급하는 대목에서 에라스무스는 더욱 신랄해진다. 그 자신이 성직자였지만, 그 시대의 성직자들이나 신학자들이 하는 일은 도저히 용인하기 어려웠던 모양이다. 그의 눈에는 당시의 신학자들이 "성서를 반죽하고 또 반죽하는" 사람들로 보였다. 양 떼 같은 인간들을 가엾게 여기는 한편으로 비위에 거슬리는 사람에게는 당장 벼락을 친다. 갖가지 신비의 비결을 설명하면서, 역설적인 금언을 늘어놓는다. 이를테면 "천 명을 죽이는 것은 주일에 가난한 자의 신을 꿰매 주는 것보다도 죄가 가볍다"고 말한다. 자신들의 이론에 맞지 않는 주장에 대해서는 "이단냄새가 난다"며 단죄한다.

수도사 또는 은자들은 사도처럼 행세하려고 한다. 그렇지만 빵을 얻기 위해 구걸할 때 문전에서 고함을 지르고, 주막 같은 데 들어가서 다른 거지들에게 폐를 끼치곤 한다. 엄격한 규칙을 지키는 것이 체질화돼서, 규칙에 손톱만큼이라도 어긋나면 큰 죄를 지은 것처럼 생각한다. 구두끈의 매듭, 허리띠의 빛깔과 너비까지 일일이 규정하고, 조금이라도 어긋나면 고래고래 소리친다. 이들은 우스꽝스런 수작과 요란한 고함소리 등으로 중생들 속에서 폭군 노릇을 하면서, 현세의 바울을 자처한다. 에라스무스는 이들을 '새로운 종류의 유대인'이라고 힐난한다. 자비와 선행은 실천하지 않고 격식과 겉모양만 따지는 율법주의자들과 다를 바 없다는 것이다.

국왕과 제후들도 현인 흉내를 낸다. 이들은 국정의 처리를 신들에게 맡기고, 훌륭한 말을 기르고 사냥하는 데 열을 올린다. 행정직이나 군직을 마음대로 거래하고, 법은 모르는 채 유흥에 탐닉한다. 유일한 준칙은 자기의 탐욕과 이기심이다.

이런 왕의 신하들 역시 미덕의 실천은 남들에게 맡기고 황금과 보석으로 주홍빛 옷을 장식하는 데 만족을 느낀다. 이들은 오디세우스가 트로이전쟁에 출전해 집을 비운 동안 그의 처에게 결혼하자고 조르던 '페넬로페의 구혼자'들처럼 산다. 하루 종일 하는 일 없이 주사위나 장기 같은 놀이만 하면서 곡식만 축내는 것이다.

교황, 추기경, 주교 같은 고위 성직자들도 국왕과 제후에 비해 덜하지 않다. 양 떼를 돌보는 일은 그리스도나 성 베드로 또는 성 바오로에게 맡기거나 대리 신부 등에게 위임한다. 호화로운 의식과 거창한 칭호를 걸치고 달콤한 축복과 파문 같은 권한만 행사하면 된다. 민중을 교화하고 지도하기보다는 영토와 공물과 세금 같은 재산을 지키는 데 더 혈안이 돼 있다. 같은 그리스도교 신도들의 피를 흘리게 하는 전쟁도 마다하지 않는다.

이렇게 교황, 군주, 법관 등 '거룩한 인간'들과 '힘 있는 인간'들은 모두가 현금만 찾는다. 그러는 동안 '속된 인간'들은 '미신의 바다'에 빠져든다. 어느 성인에게 기도를 하면 즉시 복이 생긴다고 믿거나, 전쟁터나 항해에서 무사히 돌아올 수 있다고 믿는다. 교회로부터 면죄부를 얻었으니 사후에 연옥에서 고행해야 할 기간이 줄었다며 그 시간을 계산해 보기도 한다. 기도문을 열심히 암송하면서 살아서 부귀와 영화를 누리고 사후에는 천국에서 예수 그리스도의 옆자리에 앉게 해달라고 기도한다. 심지어는 받은 뇌물이나 장물 가운데 일부를 교회에 바치고 '속죄' 한 뒤 또다시 비슷한 행위를 계속한다.

에라스무스가 보기에 이런 미신은 결국 성직자들이 신도들의 그런 행위를 통해 모종의 이익을 얻기 때문에 근절되지 않는 것이다. 사제들이 의무를 다하면 이런 미신은 없어질 수 있다. 그렇지만 사제들은 의무를 게을리함은 물론 면죄부와 십일조 등에만 몰두하거나, 위협과 처벌을 통해 자신들의 권위만 지키려 한다고 에라스무스는 생각했다.

오늘날 세계에도 미신 같은 관행은 남아 있다. 예컨대 대학수학능력 시험을 앞두고 수험생을 위한 기도회를 마련한 어떤 교회는 "10일 기도로 인생역전도 가능하다"고 선전한다. 혹세무민이다. 교회의 세습이나 탐욕행위도 근절되지 않고 있다. 학자와 법관, 통치자의 겉 다르고 속 다른 행위 역시 그때나 지금이나 다를 바 없는 듯하다.

이런 부류의 사람들은 위선자들이다. 겉으로는 선하고 거룩하고 현명하며 신앙이 깊어 보이지만, 그 이면의 모습은 정반대다.

《우신예찬》은 이런 위선적인 현인들에게 해학과 풍자로 통렬한 일격을 가한다. 일찍이 예수가 학자와 바리새파 사람들에게 "너희에게 화가 있으라!"고 한 것처럼, 에라스무스는 이들 현명한 체하는 자들에게 날카로운 화살을 쏘아 댄다. 특히 '거룩한 인간', 즉 성스러운 위선자들에 대한 비판이 가차 없다. 겉으로는 거룩함의 표상이지만, 사실은 속세의 추악함과 야만성을 감추고 있기 때문이다. 서문에서 에라스무스는 "예수 그리스도에 대해 퍼붓는 불경스런 모독에 대해서는 침묵하면서, 교황이나 군주에 대한 하찮은 농담에 대해서는 이만저만 성내지 않는 사람들을 볼 때 종교마저 거꾸로 이해되고 있는 것 같다"고 개탄한다. 예수가 율법학자와 바리새파 사람들에게 "십일조를 바치라는 율법을 지키면서, 정의와 자비와 신의 같은 아주 중요한 율법은 대수롭지 않게 여긴다"고 힐난했던 대목이 연상된다.

에라스무스의 이 같은 성직자 비판에는 이탈리아에서의 체험이 큰 영향을 끼친 것으로 전해진다. 에라스무스는 1506년부터 1509년까지 3년 동안 이탈리아의 로마, 볼로냐, 파비아, 베네치아 등지를 다니며 교황청과 교회의 여러 가지 모습을 직접 목격했다.

에라스무스는 당시 교황과 추기경들이 하는 일들을 보면서 깊은 회의와 안타까움을 느꼈다. 파비아에서는 하얀 대리석으로 건축된 수도원을 보고는 "단지 몇몇의 수도사들을 위해 이렇게 많은 돈을 낭비한다는 것이 도대체 무슨 의미가 있단 말인가"라고 물었다. 볼로냐에서는 성대한 개선행진이 열리는 광경을 직접 목격했다. 교황 율리우스 2세가 볼로냐 정복전쟁에 승리하고 입성하는 모습이었다. 기병과 보병, 교황 기장을 든 기수, 황금 마구를 한 백마 열 마리, 마흔 명가량의 성직자와 추기경 등이 보무도 당당하게 개선행진을 벌였다. 성직자들은 촛불을 들고 있었고, 교황은 가마에 타고 금실로 수놓은 자주색 어깨옷을 걸쳤다. 머리에는 진주와 보석들로 번쩍거리는 관을 쓰고 있었다. 에라스무스는 한숨을 토하며 이 광경을 지켜봤다. 그리고 스스로에게 물었다. "교황 율리우스는 예수 그리스도의 계승자인가, 아니면 율리우스 카이사르의 계승자인가?"

에라스무스는 교황이 새로 획득한 영토에서 세금을 부과하는 모습까지 목격했다. 재산이라고는 암소 두 마리가 전부인 농민들에게 세금을 징수하는 장면도 봤다. 로마에서는 그리스도교를 믿는 도시를 정복하고자 교황이 직접 군대를 이끌고 진격하는 장면을 보고는 분노를 느꼈다.

게다가 신학자들은 교황청의 이런 군사행동을 신약성서를 인용해 정당화하곤 했다. "검 없는 자는 겉옷을 팔아 살지어다"라고 한 구절(〈누가복음〉 22장 36절)이 이런 정당화의 수단으로 이용됐다. 물론 에라스무스는 이를 용인할 수 없었다. 그래서 《우신예찬》에서도 "복음서의 칼은 모든 나쁜 정념을 물리치고 믿음만을 남겨두는 정신의 칼"이라고 강조했다. 신학자들이 본래의 뜻을 왜곡하고, 무기를 지녀야 한다는 주장으로 악용한다는 의미다.

오늘날 교황청의 영토는 바티칸의 성베드로 성당 주변으로 축소됐다. 예전처럼 군사력을 동원할 수 없고 봉건영주 같은 힘도 발휘하지 못한다. 더 이상 다른 속세국가와 분쟁의 당사자가 될 여지는 없어졌다. 경위야 어떻든 다행이 아닐 수 없다. 만약 교황청이 아직까지도 과거의 교황령과 같은 영토를 보유하고 있었다면, 에라스무스가 통탄한 그런 일들이 지금도 벌어지고 있을지 모르기 때문이다. 그러나 축소되긴 했지만 오늘날에도 교황청의 위용은 여전히 장대하고 화려하다. 나도 바티칸을 몇 차례 가본 적이 있다. 화려한 교황청의 모습 위로 기아에 허덕이는 아프리카 난민들의 모습이 겹쳐 보인 것은 비단 나만이 아니었을 것이다.

에라스무스는 '참된 신앙'과 '영혼의 해방'을 무엇보다 갈망했던 위대한 인문주의자였다. 수도원 시절부터 그리스 로마 고전 연구에 천착한 학자이기도 했다. 그는 그렇게 연구해 얻은 고전실력을 바탕으로 《라틴어 격언집》을 펴

내 박식하고 교양 있는 지성인으로 유명해졌다. 그는 당시 유럽에서 '세계의 빛' 이요 '학문의 군주'로 통했다. 양식 있는 사람들은 그 빛을 쬐고자 했다.

그런 그에게 당시 교황청의 화려함과 냉혹함, 위선적 행태는 충격 그 자체였다. 실망감은 그를 자유롭고 인간중심적인 고전에 더욱 몰두하게 했을 것이다. 그의 고전지식과 학문이 얼마나 깊었는지는《우신예찬》이 잘 보여준다. 시종여일하게 그리스로마 시대의 고전과 고사에 바탕을 둔 재치와 해학이 넘친다. 그래서 읽는 과정 자체가 즐겁고 재미있다. 그 결과《우신예찬》은 그리스로마 시대의 지혜를 되살리고 인문정신을 부흥시키는 데 중요한 이정표가 됐다.

에라스무스가 이런 경지에 이르기까지 고전학습을 하느라 얼마나 뼈를 깎는 노고를 기울였을까.《우신예찬》에 그런 노고를 엿볼 수 있는 대목이 있다.

> 지혜의 전형이라고 할 수 있는 사람, 어린 시절과 젊은 시절을 학문의 연구에 다 써버리고, 그의 가장 화려한 시기를 밤샘과 근심걱정과 끝없는 노고로 망가뜨리고, 그 나머지의 생활도 손톱만큼의 즐거움도 없이 지낸 그런 사람을 생각해 보세요.

바로 에라스무스의 자화상이라 할 수 있는 대목이다. 이렇게 고된 학습을 거쳐 그가 1508년에 펴낸《라틴어 격언집》 초판에는 838개의 경구가 담겨 있었다. 경구의 수는 판을 거듭할수록 늘어나 나중에는 수천 개의 격언이 수록됐다. 이런 학문적 성과의 바탕 위에 위선적인 종교에 대한 비판이 더해져 나온 책이《우신예찬》이다. 그렇기에 당시 교회와 학계는《우신예찬》을 용인할 수 없었다. 책은 신학연구의 중심지인 소르본 대학과 교황청으로부터 금서처분을 받았다. 에라스무스의 다른 주요 저서들도 대부분 금서목록에 올랐다. 그의 책을 라틴어에서 프랑스어로 번역한 사람은 '이단자'로 몰려 화형당했다고 전해진다.

결국 그는 종교개혁 운동에 사실상 길을 터주는 역할을 했다. 뒤이어 독일에서 마르틴 루터가 종교개혁을 부르짖고 나선 것이다. 당시 가톨릭 신학자들 사이에는 "에라스무스가 알을 낳아 주었고, 루터가 그것을 부화시켰다"는 말이 나돌았다. 이를 계기로 유럽에서는 종교분쟁이 본격화됐다.

루터 등 종교개혁파 진영은 에라스무스를 끌어들이려 했다. 그러나 에라스무스는 이를 거절하고, 가톨릭교회를 떠나지 않았다. 온건한 인문주의자였던 그는 루터와 같은 과격한 개혁방식에 찬성할 수 없었다. 그는 인간을 어리석고 힘들게 하는 교회의 제도와 비인간적 행위를 통렬히 비판했을 뿐, 타도 대상으로 삼지는 않았다.

비판하되 배반하지 않는 것은 중용의 원리에 부합하지만 쉬운 일은 아니다. 광란의 시대에는 더 힘겹다. 차라리 루터나 칼뱅처럼 노선을 분명히 하는 것이 쉬울 수도 있다. 분명한 동지가 있으니까. 그러나 에라스무스는 어려운 길을 택했다. 슈테판 츠바이크는 평전 《에라스무스》에서 그 무렵 에라스무스가 이렇게 말했다고 썼다. "나는 나의 평온을 원한다."

구교와 신교 사이에서 그는 고독해졌다. 광란의 시대에 그는 이곳저곳을 방랑하는 처지가 됐다. 과격한 개혁과 싸움에는 가담하지 않고 평화를 추구한, 온건한 인문주의자가 편히 쉴 곳은 별로 없었다. 막판에 교황청에서 추기경 자리를 주겠다고 했으나 그는 그 자리를 받아들일 수 없었다.

《우신예찬》은 영국의 인문주의자 토마스 모어와의 우정이 있었기에 나올

로테르담의 에라스무스

수 있었다. 에라스무스와 토마스 모어는 1497년 에라스무스가 영국을 처음 방문했을 때 알게 된 이후 평생 우정을 나누었다. 에라스무스는 세 번째로 영국을 방문했을 때 토마스 모어의 집에 머물면서 단숨에《우신예찬》을 써서 모어에게 헌정했다. 본문을 라틴어로 썼지만, 제목은 그리스어 낱말을 이용해 *Encomium Moriae*로 붙였다. Moria(Moriae는 Moria의 소유격)라는 그리스어가 '어리석음'이라는 뜻을 갖고 있는데다 토마스 모어의 More와 철자 및 발음이 비슷했기 때문이다.

서문도 토마스 모어에게 보내는 편지 형식을 취한다. 토마스 모어에게 "친구를 기념하는 것으로 받아주고 옹호하는 것도 맡아 달라"고 부탁한다. 그리고 "이 습작은 이미 그대의 친구의 것이 아니라 그의 증정에 의해서 그대의 것이 된 것"이라고 강조한다. 참으로 진한 우정이 느껴진다.

토마스 모어는 영국 왕 헨리 8세의 이혼에 반대했다가 1535년에 참수당했다. 독일 프라이부르크에서 그 소식을 들은 에라스무스는 "그가 죽으니 마치 나도 죽은 것 같다"고 슬퍼했다. 에라스무스도 이듬해 병으로 세상을 떠났다. 인류에게 새롭고 따스한 빛을 선사한 두 인문주의자는 차례로 어지러운 세상과 작별했다.

에라스무스는 또한《군주론》의 저자 니콜로 마키아벨리와 동시대인이기도 했다. 그런데 이들 두 사람은 여러 모로 대조적이다. 에라스무스는 성직자 신분으로서 당시 교황을 비롯한 성직자와 가톨릭 교단이 좀더 거룩해지고 종교적 가르침에 충실하기를 희망했다. 그는 세계주의자에 가까웠다. 이탈리아 반도의 분열은 그다지 중요한 문제가 아니었다. 반대로 마키아벨리는 속세의 정부관리 중 한 사람으로서 오로지 조국 피렌체의 안위에만 관심을 가졌다. 그에게는 가톨릭교회가 종교개혁으로 말미암아 분열되는 것은 그다지 큰 관심사가 아니었다.

에라스무스는 저서를 통해 성직자들과 통치자들이 좀더 진실하고, 신의 가르침에 따르고 실천해야 함을 강조했다. 대립과 투쟁보다는 평화를 희구했다. 반면 마키아벨리는 신의 가르침보다는 철저하게 힘과 전략전술을 모색하면서 국가의 안전과 번영의 방책을 제시했다. 국가의 안전을 위해서는 수단방법을 가리지 말아야 하고, 필요하면 전쟁과 악행도 마다하지 말아야 한다고 주장했다. 말하자면 전자는 '성(聖)의 세계'를 대표하는 인물이었고, 후자는 '속(俗)의 세계'를 상징하는 존재였다. 완전히 대조적인 이들의 삶과 행동은 결국 그 당시, 즉 16세기에 유럽이 처한 혼란과 분열상을 여실히 드러내 주기도 한다.

그런 두 사람에게도 공통점은 있다. 둘은 각자가 속했던 성과 속의 세계에서 자신들의 뜻을 제대로 펴지 못했다. 그리고 상심한 가운데 세상을 떠났다. 이들은 '르네상스'라 불리던 아름다운 한 시기, 창의적인 예술혼이 분출했던 시대를 힘겹게 장식했다. 그리고 이들의 죽음으로 르네상스는 사실상 끝이 났다.

**잊지 못할 구절들**

《우신예찬》

† 주홍빛 옷을 입고 있더라도 원숭이는 언제나 원숭이지요.

† 자기 자신과 싸우고 있는 사람이 딴 사람과 화합할 수 있을까요?

† 인생은 한 편의 연극 이외에 무엇이겠어요. 어디를 가나 있는 것이라곤 가장(假裝)

뿐인데.

† 어떤 행복도 남과 함께 나누어 갖지 않으면 즐겁지 않은 것.

† 가장 널리 퍼져 있는 선(善)이야말로 가장 완전한 것.

† 전쟁은 짐승을 위해 있는 것이지, 인간을 위해 있는 것이 아니에요.

## 참고서적

《광우예찬/군주론/방법서설/잠언과 성찰》에라스무스/마키아벨리/데카르트/로슈푸코 지음, 정기수/신복룡/김종호/유영 옮김, 을유문화사, 1995년

《에라스무스》 롤란드 베인턴 지음, 박종숙 옮김, 현대지성사, 1998년

《에라스무스》 슈테판 츠바이크 지음, 정민영 옮김, 자작나무, 1997년

《공동번역 성서》 12판, 대한성서공회, 1989년

# 폴림니아

무지의 나라와 학문의 은혜
**프랜시스 베이컨 《학문의 진보》**

이성에 따라 사는 사람은 드물다
**스피노자 《에티카》**

# 무지의 나라와 학문의 은혜

### 프랜시스 베이컨 《학문의 진보》

오늘날 대한민국은 세계 11위 안팎의 경제규모를 자랑한다. 세계 정상권 기업과 상품도 즐비하다. LG전자, 삼성전자, 현대중공업, 포스코, 고려아연 등등 일일이 헤아리기도 어렵다.

인재도 각 분야에서 배출된다. 음악, 미술, 스포츠 등 여러 분야에서 세계 정상의 기량을 인정받는 스타들이 속속 등장하고 있다. 4년마다 열리는 올림픽에서 금메달 따는 선수들 물론 적지 않고, 월드컵 축구에서도 과정이야 어떻든 4강에 오른 바 있다. 양궁이나 쇼트트랙 같은 일부 종목에서는 상위권을 거의 석권하다시피 한다. 바둑도 주요 세계대회에서 우승을 다툰다. 최근 들어서는 선진국형 스포츠라고 일컬어지는 수영, 골프, 피겨스케이팅, 체조 등에서도 탁월한 성취를 이루고 있다.

예술 분야에서 피아노나 바이올린, 발레 등의 국제 콩쿠르에서 대상 또는 금상 수상자가 줄을 잇는다. 미술에서도 베니스 비엔날레 같은 데서 특별상을 여러 차례 받는 등 그간 이룩한 실적이 눈부시다고 아니할 수 없다.

국토의 크기나 인구 등의 규모 면에서 볼 때 작은 나라이지만, 이런 성취들만 두고 보면 이제는 단순히 작은 나라는 아닌 것 같다. 과거처럼 '조용한 아침의 나라'나 '은둔의 왕국'도 아니다. 전쟁의 잿더미에서 신음하는 나라는 더욱 아니다. 2006년 중국의 사회과학원에서는 대한민국의 종합국력을 세계 9위로 평가하기도 했다. 바야흐로 대한민국은 이제 '문명대국'에 진입했다고 생각해도 무방해 보인다. 겉으로 드러난 업적만 보면 그렇게 말할 수도 있다.

그렇지만 학문분야를 보면 여전히 초라하다. 가장 쉬운 예로 노벨상 수상자가 아직 없다. 김대중 전 대통령이 노벨평화상을 받은 것이 고작이다. 경제학, 의학, 물리학, 화학, 문학 등 노벨상의 대상이 되는 학문분야가 몇 가지 있지만, 우리나라는 아직까지 그 어디에도 끼지 못했다. 한때 전 국민을 열광시키고 세계를 떠들썩하게 했던 황우석 교수도 결국 논문조작 사실이 드러나면서 쓰디쓴 허탈감만 남겨놓았다.

그나마 자연과학 분야에서는 정부의 정책과 대학의 노력이 어느 정도 효과를 발휘해서인지 SCI(과학논문색인)급 논문발표 실적이 일취월장하고 있다. 최근 들어 해외 특허출원도 괄목할 정도로 증가해 세계 상위권에 진입했다. 그렇지만 인문사회과학 분야에서는 어떤가? 아직 저개발 수준이 아닐까 한다. 세계로부터 주목을 받는 중요한 학문적 저작이 아직 없다. 전 세계의 이목을 끄는 문학작품도 나온 바 없다. 미국 지리학회에서 발행하는 〈GEO〉 같은 권위 있는 정기간행물도 없다.

게다가 우리나라는 경제협력개발기구(OECD) 국가 가운데 '플라톤 전집'을 내지 못한 유일한 나라라고 한다. 플라톤 전집은 몇몇 학자들의 끈질긴 노력 끝에 최근 들어 나오기 시작했다. 플라톤 전집 외에도 인류역사를 빛낸 명저 가운데 아직까지 번역되지 않은 것들이 헤아릴 수 없이 많다. 이를테면 아리스토텔레스가 쓴 많은 저작 가운데 국내에 번역된 것은 손으로 꼽을 수 있는 정도에 불과하다. 요즘 미국을 비롯한 외국의 영화가 곧바로 국내에서 상영되는 것과 비교할 때 얼마나 대조적인가!

그러니 독창적인 이론이나 상품이 나오지 않는 것은 당연한 일이다. 잭 웰치 제너럴일렉트릭(GE) 회장도 "한국에서 나온 혁신적 상품이 아직 없다"고 말한 바 있다. 우리는 미국 퀄컴의 CDMA 방식 휴대전화 원천기술을 빌려 쓰고 그 대가로 해마다 막대한 금액의 로열티를 준다. 국내 업체들이 세계 조선시장에서 수주를 휩쓸다시피 하는 LNG선박의 경우에도 수주금액의 5퍼센트를 프랑스에 기술료로 지급하고 있다.

해마다 수십만 명의 대학생이 입학하고 졸업하는 나라에서 참으로 이해하기 어려운 현상이다. 일종의 미스터리라고 해도 틀린 말이 아닌 것 같다. 요즘 세계의 새로운 불가사의를 찾는다고 하는데, 이야말로 새로운 불가사의가 아닐까? 대체로 문명과 국력이 발전하면 여러 분야에서 인재가 배출되기 마련인데, 우리의 학문분야만큼은 예외다. 이를 두고 '불가사의' 란 말 이외에 적당한 단어가 떠오르지 않는다.

사실 과거 역사를 돌아보면 한 국가가 번영을 누리거나 발전할 때 학문과 예술도 함께 발전한다는 걸 알 수 있다. 이를테면 기원전 5세기 그리스의 페리클레스 시대가 그럴 것이다. 그 시대 아테네는 우세한 해군력으로 그리스 주변의 제해권을 장악하고, 내부적으로는 민주주의를 꽃피웠다. 또 소크라테스, 플라톤, 아리스토텔레스 같은 위대한 철학자들이 연이어 탄생했고 아이스킬로스, 소포클레스, 에우리피데스 등의 비극작가, 아리스토파네스 등의 희극작가, 크세노폰 같은 저술가 등이 화려하게 한 시대를 수놓았다.

16~17세기 영국도 본격적인 도약의 시기로 접어들었다. 엘리자베스 여왕과 제임스 1세 국왕 등이 등장해 스페인 무적함대를 격파하고 외부의 위협을 물리쳤다. 안으로는 잉글랜드와 스코틀랜드의 통합을 실현했다. 그리고 토마스 모어와 윌리엄 셰익스피어, 프랜시스 베이컨 등 걸출한 인물들이 사상과 문화를 꽃피웠다. 이들의 뒤를 이어 위대한 물리학자 아이작 뉴턴을 비롯해 존 로크, 데이비드 흄 등의 사상가와 철학자들이 등장했다. 프랜시스 베이컨의 《학문의 진보》도 말하자면 영국의 중흥기에 집필됐다. 그래서인지 베이컨은 "한 국가가 통치의 절정에 올랐을 때 여러 가지 기술이 함께 최상의 상태에 도달한다"고 강조한다.

베이컨이 '통치의 절정기'로 제시한 대표적인 시기는 로마의 '두 카이사르의 시대'다. 전쟁영웅 가이우스 율리우스 카이사르 장군에 이어 그의 양아들로 지명 받고 치열한 권력투쟁을 거쳐 단독패권을 장악한 아우구스투스 황제(임페라토르 율리우스 카이사르 아우구스투스) 시대를 말한다. 시인 베르길리우스 마로, 역사가 티투스 리비우스, 고고학자 마르쿠스 바로, 웅변가이자 변호사였던 마르쿠스 키케로 등이 이 시기 로마를 살찌웠다. 사실 이 시대는 '혼돈의 절정기'이지만, 이와 같은 대가들이 나타나 혼돈의 상처를 다소나마 치유했다고 생각된다.

위대한 저술가와 철학자, 위대한 장군과 정치가는 같은 시대를 살며 풍요롭게 한다는 점도 베이컨은 놓치지 않았다. 알렉산드로스와 아리스토텔레스가 같은 시대였고, 카이사르와 키케로도 동시대에 자웅을 겨뤘다. 테바이인 에파미논다스와 아테네인 크세노폰은 비슷한 시대에 활약한 장군이자 학자였다.

군사적 재능과 학문적 재능을 모두 가진 셈이다. 위대한 철학자를 예우할 줄 알았던 알렉산드로스는 전쟁을 하면서도 불명예스러운 승리는 추구하지 않았다. 아리스토텔레스의 가르침을 받은 알렉산드로스는 "승리를 훔치는 짓은 하지 않는다"며 전투에서도 주로 정면승부로 결말을 지었다.

그렇다면 국가의 번영과 학문 사이에 어떤 관계가 있을까? 왜 번영하는 나라에서만 학문이 발전한다는 것일까? 마음과 정신의 훈련, 사회의 성숙과 발전에 학문보다 좋은 영양소는 없다는 것이 베이컨의 기본시각이다. 때문에 학문을 열심히 탐구하고 발전시켜야 하는 것이다. 이는 베이컨이 《학문의 진보》를 쓴 이유이기도 하다.

베이컨은 1권에서 '학문과 지식의 탁월성 및 그것을 늘리고 넓히는 가치와 참된 영예의 탁월성'을 다뤘고, 2권에서는 '발달을 위해서 생각되고 기도되어 온 개개의 행위나 업적이 어떤 것인가, 또 그런 행위 속에 어떤 결함이나 결점이 있는가'를 고찰했다. 즉 1권은 학문의 존엄과 학문을 해야 하는 이유, 2권은 학문의 방법론과 문제점 등을 짚어본 것이다.

학문은 무엇보다 인간의 생활을 발전시킨다. 인간생활의 발전에 기여해 온 연구자와 작가들은 예로부터 '신성한 자'로 존경받아왔다고 베이컨은 말한다. 이를테면 케레스, 바쿠스, 메르쿠리우스, 아폴로 등은 신으로서 존경받아 왔지만 헤라클레스, 테세우스, 로물루스 등의 군주와 장수들은 반신(半神)으로 인정받는 데 그쳤다는 것이다. 전자는 인류에게 영구적이고 보편적인 은혜를 남겼지만, 후자는 인류의 생활발전에 직접 기여한 바가 별로 없는데다 활동역시 한 시대나 한 나라에 한정돼 있었기 때문이다. 케레스와 아폴로 등은 그리스 신화에 나오는 신으로서, 연구자나 작가는 아니다. 그렇지만 케레스는 곡물을 인간에게 남겨주고 아폴로는 악기와 의술을 인류에게 선사하는 등 인간 생활의 발전을 위한 씨를 뿌려주었다. 모름지기 학자는 이런 신들의 공적을 유념해서 공리공론보다는 인간생활의 발전에 기여해야 한다는 점을 베이컨은 강조하고 싶었던 듯하다.

학문은 야만스럽고 이기심과 욕망으로 가득한 인간 사회에 평화를 가져다준다. 베이컨은 오르페우스 극장에 관한 우화를 통해 이를 설명한다. 온갖 짐승과 새들이 뒤엉켜 혼란스러운 극장 안에 하프 연주가 울려 퍼지자 소동이 멎고 모두 선율에 귀를 기울인다. 그러나 연주가 끝나자 극장 안은 다시 혼동과 소란 속으로 되돌아간다. 베이컨은 사회에서 학문이 이런 하프의 역할을 한다고 말하고 있는 것이다.

경험만 있고 학문은 없는 사람은 경험의 범위를 벗어나면 흔히 당황하곤 한다. 따라서 위험한 결과를 초래하기 쉽다. 이에 비해 경험과 학문을 겸비한 사람은 진리에 입각해 문제를 올바르게 해결한다. 학문은 하나하나의 경우에 한층 강한 약이나 치료법을 준다. 결단의 순간에 그 근거를 제시해주기도 한다.

학문은 또한 사람의 마음을 온순하고 관대하게 한다. 정치에 대해서도 유연성을 갖게 한다. 반면에 무지는 인간을 조잡하고 사악하고 반항적으로 만든다. 따라서 무식하고 학문이 없는 시대에는 동란, 폭동, 변화가 생기기 일쑤였다는 것을 역사는 가르쳐준다. 학식 있는 사람은 강한 의무감과 공고한 책임의식을 갖는다. 국가와 통치자의 명예와 이익을 자신의 재산이나 안전 이상으로 중요하게 여긴다.

베이컨은 학문이 깊은 통치자가 다스리던 시대는 언제나 훌륭했다고 자신 있게 말한다. 학식을 두루 갖춘 통치자는 종교, 정치, 도덕에 대한 여러 가지

개념을 갖고 있어서 멸망으로 이끄는 과오를 저지르지 않는다. 원로원 의원이나 고문이 학식을 갖추었을 때도 마찬가지다. 이들은 위험을 멀리하는 법을 안다. 통치권자가 학식을 바탕으로 정확한 해결책을 제시하고, 신하가 책임감과 의무감으로 보필하면 나라가 잘못될 리 없다.

이런 관점에서 가장 행복한 시대는 네르바로부터 아우렐리우스 안토니누스에 이르기까지 5명의 황제가 통치하던 로마제국 시대였다고 한다. 흔히 '5현제 시대'라고 일컬어지는 이 시기를 베이컨은 "가장 행복하고 번영을 누렸던 시대"라고 평가했다. 영국의 역사가 에드워드 기번도 《로마제국 쇠망사》에서 비슷한 평가를 내렸다. 우리 역사에서는 조선시대 세종대왕 시기와 영조, 정조가 재위하던 시대가 이런 평가를 받을 만한 시기가 아닌가 한다.

학문은 인간의 마음에서 야만성과 과격함을 제거해준다. 경박함과 저돌성이나 오만함도 불식된다. 어떤 경우든 마음에 처음 떠오르는 생각을 밀어내고, 검토하여 시험해 본 것만 받아들이기 때문이다. 또한 공허한 찬탄을 제거한다. 마음속에 언제나 '해 아래 새로운 것은 없다'는 진리를 새겨두고 있기 때문이다. 죽음이나 불운에 대한 두려움도 없어진다. "지구는 한갓 개밋둑으로 보이고, 작은 티끌들이 왔다갔다하는 것"임을 학문 있는 사람은 잘 안다. 베이컨이 인용한 로마 시인 베르길리우스의 《농경시》의 다음 구절은 이런 사람들의 마음을 잘 표현해 준다.

행복하여라, 존재하는 모든 사물의 원인을 아는 자는,
그리고 조용히 선다.
모든 공포와 냉혹한 운명을 넘어, 저 아래 울부짖으며

*지칠 줄 모르고 흐르는 아케론 강물 위에.*

학문은 마음의 병을 치료하는 데도 으뜸이다. 나쁜 체액을 몰아내고, 폐색된 것을 열고, 소화를 돕고, 식욕을 증진시킨다. 마음에 결함이 있을 경우 그 결함을 고착화시키지 않고, 언제나 성장과 개선을 지속하게 해준다.

실용적인 관점에서도 학문은 유익하다. 많은 사람을 출세하게 하거나 생계수단을 제공해 준다. 술라, 카이사르, 아우구스투스 등은 휘하 장병에게 막대한 금품을 선물로 주었다. 그러나 호메로스는 작품을 통해 보다 더 많은 이들에게 생계수단을 제공했다고 베이컨은 강조한다.

지식이 제공하는 쾌락과 즐거움은 다른 어떤 것보다 뛰어나다. 다른 모든 쾌락에는 포만이 있지만, 지식에는 포만이 있을 수 없다. 루크레티우스는 지식의 쾌락을 잘 설명해준다.

*무엇과도 비교할 수 없는 즐거움은 인간의 마음이 진리의 확실성 속에 낙착하여 자리를 잡고 요새를 구축하여, 거기서 다른 사람들의 과오나 동요나 고생이나 방황을 분간하고 바라보는 일이다.*

그리고 인간은 지식과 학문에 의해 불멸성과 영속성을 획득한다. 하늘의 운행체계에 육체로는 감히 들어갈 수 없지만, 지식과 학문은 이를 가능하게 해준다. 재능과 학문의 기념비는 힘이나 손의 기념비보다 훨씬 더 영속성을 갖는다. 쉽게 말해 궁전과 성곽과 도시는 세월이 흐르면서 망가지고 부서지지만, 호메로스의 시는 3천 년 가까운 세월이 흐르도록 생명을 이어가고 있다. 학문

그리스인들에게 자신의 시를 읊어주는 호메로스

은 배와 마찬가지로 '시간의 바다'를 건너 멀리 떨어진 여러 시대가 서로의 예지와 광명과 발명을 나누어 갖게 한다.

그렇지만 학문 가운데는 '가치 없는 학문'도 있다. 가치 없는 학문에는 망상적인 학문, 논쟁적인 학문, 과시적인 학문이 있다고 한다. 이런 학문은 인간에게 헛된 상상력, 헛된 논쟁, 헛된 과시욕만 유발한다. 내용보다는 말을 더 중요시하고, 속되고 빈 용어와 독단적인 명제를 양산한다. 쓸데없이 섬세함과 정밀함을 추구하고 기만과 맹신에 빠지는 것도 병통이다.

가장 큰 과오는 지식의 궁극목적을 그르치는 것이다. 그 이유는 여러 가지가 있다. 장식이나 명성을 위해서 학문을 하거나, 혹은 단지 이익을 얻기 위해서 학문하는 경우 등을 들 수 있다. 그 결과 이성의 재주를 참되게 발휘하여 사람의 이익을 위해서 이용하는 일은 드물다. 이런 과오를 막으려면 관조와 행동의 결합으로 지식에 위엄을 주고, 무익하고 내용이 공소한 것은 분리하고 배제해야 한다고 베이컨은 지적한다. 대신 실질적이고 결실이 많은 것을 보존하고 증가시켜야 한다는 것이다.

학문의 발전은 '충분한 보수와 건전한 방법과 협력적인 노력'에 의해 이루어진다. 이것은 다른 모든 일과 비슷하다. 학문을 하기에 알맞은 장소가 있어야 하고, 저술이 이루어져야 하고, 학식을 갖춘 사람들이 있어야 한다. 학문의 장소는 모든 번잡과 걱정으로부터 해방된 곳이어야 하고, 저술을 위해서는 도서관이 있어야 한다. 베이컨은 "도서관은 성소(聖所) 같은 곳"이라고 강조한다. 학식 있는 사람들이라고 하면 이론적 학문의 교사와 저작자 연구자들을 말한다. 이들에게는 어떤 전문직업에서 기대할 수 있는 정도의 충분한 보수가 주어져야 한다. 또 책만이 도구가 아니므로 실험을 위한 시설이나 장비도 제대로 갖춰져야 하고, 실험과 관련된 경비도 지원돼야 한다. 베이컨은 국왕에게 바치는 서문을 통해 이런 모든 과제들이 '국왕의 임무'라고 진언한다.

베이컨이 보기에 인간은 사색을 통해 신의 세계에 들어가거나, 자연을 향하게 되거나, 자기 자신을 돌아본다. 또한 모든 사물은 신의 힘, 자연의 본성, 인간의 효용이라는 세 겹의 성격을 확실하게 갖고 있다. 그리고 이로부터 종교철학, 자연철학, 인간철학이 생겨난다.

자연철학에는 형이하학, 즉 자연과학과 형이상학, 그리고 수학이 있다. 참되고 많은 결실을 내주는 모든 자연철학은 '2중의 사다리', 즉 실험으로부터 원인의 발견으로 올라가고 원인으로부터 새로운 발견으로 내려가는 사다리를 갖고 있다.

인간에 관한 지식은 기본적으로 인간을 각기 개별적인 존재로 보거나 서로 결합된 사회 속의 존재로 본다. 개별적인 인간에 관한 지식은 육체에 관한 지식과 마음에 관한 지식으로 구성된다. 인체에 관한 지식은 건강, 미, 힘, 기쁨의 완전한 상태를 고찰하는 분야로 분류된다. 그래서 치료의 기술, 장식의 기술, 활동의 기술, 쾌락의 기술이 생겨나는 것이다. 인간의 마음에 관한 지식은 마음의 본성을 탐구하는 분야와 마음의 능력을 고찰하는 분야로 나뉜다. 전자는 영혼의 근원을 연구하고, 후자는 오성과 이성 및 기호와 감정을 주된 탐구대상으로 삼는다. 이런 식의 고찰을 통해서 베이컨은 모든 학문과 지식의 계통나무를 세워나간다.

학문의 방법에는 발견, 판단, 검증, 전달의 4가지가 있다. 베이컨은 특히 발견을 위한 방법론으로서 귀납법의 올바른 사용을 강조한다. '지식이라는 이슬'을 모으되 반대사례를 충분히 참조해야 한다는 것이다. 그렇지 않으면 그것은 추측에 불과할 뿐이다.

베이컨이 마지막 검토대상으로 올려놓은 것은 인간의 삶에 관한 문제다. 그는 인간의 덕성 못지않게 운 또는 운명의 중요성에 주목한다. 그렇지만 운은 그저 주어진 것이 아니라 스스로 개선해나갈 여지가 있는 것이다. 이런 견지에서 베이컨은 운명을 이기고 개선하는 데 필요하다고 생각되는 교훈과 기술을 제시한다. 그 교훈에는 어떤 것이 있을까?

하나, 마음의 창을 열어야 한다.
둘, 자기 자신을 잘 이해한다.
셋, 그때그때 유연하게 적응할 수 있도록 마음을 만들어나간다.
넷, 운명과 여러 신에게 복종한다.
다섯, 고대 그리스의 데모스테네스가 말한 것처럼, 현명한 사람이라면 사령관이 군대를 지휘하듯이 사물을 지휘해야 한다.
여섯, 자신을 너무 내세우지 말고 충분히 중도를 지켜야 한다.
일곱, 사물의 균형이나 상대적 가치를 판단하도록 마음을 다스린다.
여덟, 너무 많은 시간이 걸리는 일은 시작하지 않는다.
아홉, 결코 헛일을 하지 않는 자연을 본받는다.
열, 절대로 돌이킬 수 없을 정도로 어떤 일에 관여하지 않는다.
열하나, 고대 그리스의 현인 비아스가 남긴 교훈으로서, 오늘의 친구가 미래의 적이 될 수도 있음을 감안하여 사랑하고, 적 또한 미래의 친구가 될 수도 있다는 것을 전제로 미워해야 한다.

요컨대 무슨 일이든 냉철하게 따져보고, 친구를 사귈 때도 냉정하게 계산하라는 뜻인 것 같다. 월 듀란트는 《철학이야기》에서 베이컨의 이런 '이론'을 마키아벨리즘 같은 것이라고 평가했다. 베이컨에게 친구란 단지 권력을 얻기 위한 수단에 불과하다는 지적이다.

사실 베이컨의 우정관은 "진정한 친구는 제2의 자아"라는 키케로의 우정관과는 상반된다. 키케로는 말년에 쓴 우정론에서 "우정이 먼저 있고, 이익이 그 뒤를 따른다"면서 "언젠가 미워할 수 있는 친구는 아예 사귀지 말아야 한다"고 썼다. 실제로 키케로는 죽기 직전까지 아티쿠스라는 인물과 평생 우정을 나눈 것으로 유명하다.

차갑게만 생각하고, 차갑게만 살았기 때문일까? 베이컨은 출세가도를 달려 대법관에 오르고 자작이 되기도 했기도 했지만, 말년에는 시련을 겪는다. 대법관 재직 중에 뇌물을 받은 혐의로 기소됐다. 그를 응징하라는 의회의 요구가 너무도 거세다 보니 제임스 국왕도 지켜줄 도리가 없었다. 아마도 의회에는 그를 변호해 줄 '친구'가 없었던 듯하다. 베이컨은 이틀 만에 석방되긴 했지만, 공직에서 은퇴하고 은거생활로 들어갔다.

그런데 그 은거생활이 그에게는 오히려 행복이 됐다. 연구와 저술에 몰두하면서 여러 권의 저술을 내놓은 것이다. 이 시기에 그는 《학문의 진보》 라틴어판을 비롯해 《삶과 죽음의 역사》《자연과학 및 실험사》 등 많은 책을 출간했다. 또 하나의 명저 《뉴아틀란티스》도 이 때 집필한 것으로 전해진다. 베이컨은 더 일찍 공직을 그만두고 학문에 전념하지 않은 것을 후회했다고 한다. 그리고 마지막까지 연구에 매달리다가 생을 마쳤다.

베이컨의 학문탐구 방법론은 '참된 귀납법'을 강조한 또 다른 저서 《신기관》에서도 다시금 강조된다. 그리고 그의 이론은 그 이후 영국의 경험주의적 사고의 기초를 닦았다는 평가를 받는다.

17세기 물리학자 아이작 뉴턴이 끊임없는 관찰과 실험을 거쳐 만유인력 이론을 정립하고, 19세기 생물학자 찰스 다윈은 해군 측량선 비글호를 타고 대양을 항해하면서 화석들을 충분히 수집하고 연구한 끝에 진화론을 세상에 내놓았다. 이들의 위대한 학문적 업적은 바로 이런 전통에서 성립했다고 할 수 있다.

반면 헤겔이나 칸트의 철학 같은 추상적인 학문이나 모차르트나 베토벤의 고전음악 같은 것은 영국에서 거의 발전하지 않았다. 대신 애덤 스미스와 존 케인스 등의 경제학자, 벤담과 밀의 공리주의 같은 실용주의 냄새가 강한 학문이 강세를 보였다. 이것은 영국인의 실용주의적인 사고방식에 우선 기인한 것이라 생각한다. 그리고 이런 사고방식과 학문풍토에는 베이컨도 한몫했을 것이다.

베이컨은 영국의 엘리자베스 여왕과 제임스 1세의 시대에 법률가 및 정치가로서 활약하면서 잉글랜드와 스코틀랜드의 통합을 위해 노력했다. 저술가로서 중요한 저작도 적지 않게 발표했다. 《학문의 진보》는 당시 국왕 제임스 1세에게 헌정된 책이다. 책은 국왕에 대한 헌사로 시작된다. 그런데 그 헌사는 국왕에 대한 극도의 찬사로 가득 차 있다. 제임스 1세 국왕에 대해 평하기를 "말씨는 참으로 왕자답고 샘에서 흘러나오는 것 같으며, 더욱이 흘러나오면서 자연의 질서를 이룬다"고 썼다. 또 고대의 헤르메스가 갖고 있었다는 세 가지를 갖추었다고 기술했다. 국왕의 힘과 운, 성직자의 지식과 빛, 그리고 철학자의 학문과 보편성을 가리킨다. 아무리 헌사라지만 실용주의적이고 담백한 칭송이 아니라 아첨에 가깝다. 때문에 헌사를 읽으면서 학문을 연구하는 사람답지 않다는 생각이 들어 슬그머니 웃음이 나오기도 한다.

베이컨이 말한 이런 통치자와 사회적 분위기, 학문풍토 등을 종합해볼 때 대한민국을 어떻게 봐야 할까? 많은 사람이 해마다 대학 문을 나오는데 과연 대한민국은 학문의 효과를 누리고 있을까? 대한민국 사회에서 야만스러운 이기심과 욕망이 불식됐는가? 경험과 학문을 겸비한 사람이 이 나라에서 환영받는가? 아니면 경험자는 경험자대로, 학위취득자는 학위취득자대로 서로 자신이 최고라고 큰소리만 치고 있지 않은가? 그리고 학문을 했다고 하는 사람들은 문제의 정확한 해법을 내놓을 수 있나? 이랬다저랬다 하는 것은 아닐까?

또한 대한민국 사람의 마음은 온순하고 관대한가? 정적에 대해 유연성을 갖는가? 가난하고 어려운 사람들에 대한 배려는 충분한가? 배운 사람들이 의무의 무게를 느끼고 공고한 책임의식을 갖고 있는가?

이렇게 자문해 본다면 대한민국은 지금 학문의 은혜나 빛과는 거리가 먼 것 아닐까? 학문의 수준은 여전히 낮고, 집권자와 정치인들은 말과 행동과 사고방식에서 대체로 경솔하다. 의무와 책임의식은 낮고 유연성도 떨어진다. 어떤 일이든 과도하게 휩쓸리거나 일시적인 성패에 집착한다. 모두가 무리한 주장을 내세우거나 자극적인 용어로 남을 비방하기에 혈안이 돼있다. 정치인이나 학자나 언론이나 모두 마찬가지다. 학문을 연구한 사람은 연구한 사람대로, 노회한 관료는 관료대로 자기주장만 밀고나간다. 겸손함도 없다. 때때로 학자들은 한 시대의 권력자나 관료, 재벌의 요구와 취향에 맞추면서 설익은 이론으로 국민을 오도하기도 했다. 이들의 곡학아세(曲學阿世)가 학문에 대한 국민의 존경심과 학문연구자들의 자긍심을 훼손했다는 추정도 해 본다.

이런 고상한 논의는 차치하고, 연구자들이 생계를 걱정하지 않고 연구에 집중할 수 있는 여건도 조성되지 않은 것 같다. 베이컨의 지적대로 도서관이라도 제 기능을 다한다면 연구자들이 걱정 없이 마음 놓고 창의적인 저술을 내놓을 수 있을 텐데….

요즘 우리나라에도 갖가지 형태의 토론이 많이 벌어진다. 주요한 사회적 현안이 생길 때 각계의 전문가나 정치인 또는 관료 등을 초청해 텔레비전 토론회를 연다. 그러나 토론회에서 합리적인 결론이 도출되는 예는 드물다. 대개는 자기주장만 하다가 시간에 쫓겨 끝을 맺곤 한다. 논쟁이 아니라 비난으로 일관하는 일도 적지 않다. 마음을 열고 상대의 주장을 경청하면서 자기 주장의 허점을 시정하려 노력하는 모습은 찾아보기 어렵다. 그러니 이치는 설 곳이 없고, 온화한 마음은 배척당하기 일쑤다.

이런 까닭에 나는 아직 대한민국이 '무지의 나라'라고 생각한다. 학문연구를 위한 기반도 불비한데다 학식 있다는 사람들의 태도와 심성도 진정한 학문의 은혜와는 거리가 멀기 때문이다. 《학문의 진보》 서두에 쓴 베이컨의 '무지론'은 바로 대한민국의 오늘을 말해주는 듯하다.

*무지는 여러 가지로 모습을 바꾼다. 어떤 때는 신학자의 열의나 시기심이 된다. 또 어떤 때는 정치가의 엄격함과 긍지로 나타나기도 하고, 학자 자신의 과오나 불완전성의 형태를 취하기도 한다.*

## 잊지 못할 구절들

《학문의 진보》

† 희망이 무모하지 않으려면 다소의 분별이 필요하다.

† 시는 대지의 활력으로 생기는 식물 같은 것이다.

† 인간의 지식은 물과 같다. 위에서 흘러내리는 것도 있고, 밑에서 솟아오르는 것도 있다.

† 실천에 의해 시달리고 연마된 규칙만이 도움이 된다.

† 모든 운은 참음으로써 정복된다.

† 문을 열어도 얼굴을 닫으면 아무 소용이 없다.

† 유순한 대답은 분노를 쉬게 한다.


## 참고서적

《학문의 진보》 프랜시스 베이컨 지음, 이종구 옮김, 신원문화사, 2003년

《신기관》 프랜시스 베이컨 지음, 진석용 옮김, 한길사, 2001년

《찰스 다윈의 비글호 항해기》 케인스 엮음, 류승원 옮김, 범양사, 1991년

《노년에 관하여/우정에 관하여》 키케로 지음, 천병희 옮김, 숲, 2006년

《철학이야기》 윌 듀런트 지음, 황문수 옮김, 문예출판사, 1987년

《荀子》 최대림 역해, 홍신문화사, 1991년

# 이성에 따라 사는 사람은 드물다

## 스피노자 《에티카》

 인간은 생활한다. 그리고 생활의 수단을 획득하기 위해서 갖가지 경제활동에 참여한다. 농사를 짓거나 제조업을 해서 제품을 생산하고 판매하거나 이들 생산물의 유통을 중개한다. 또는 다른 사람이나 기업에 돈을 투자하거나 빌려준다. 아예 투기에 몰두하기도 한다.

 이렇듯 경제활동의 형태는 실로 다양하다. 개인이나 가족 단위의 활동이 있는가 하면 기업을 비롯한 조직을 중심으로 한 활동도 활발하다. 대부분의 사람이나 조직은 그 규모를 키우려고 한다. 그 기본적인 목적은 어디에 있는가? 바로 '이익'을 얻는 데 있다. 구체적 형태와 방법은 서로 다르지만, 모든 사람은 자기의 이익을 추구하며 움직이는 것이다.

 오늘날 그 이익은 '돈'에 의해 상징된다. 《에티카》에 나오는 표현에 의하면 '돈의 표상(imago pecuniae)'이다. 즉 이익을 추구하는 인간활동의 척도는 오직 돈이다. 돈을 버는 것은 이익을 얻는 것이요, 돈을 벌지 못하면 손해를 보는 것이다. 이러한 돈의 표상은 대중의 정신을 지배한다. 돈의 표상이 지배하는 세상에서는 돈이라는 관념을 동반하지 않는 어떤 종류의 기쁨도 거의 표상할 수 없다. 다시 말해서 돈을 벌지 못하면 어떤 기쁨도 있을 수 없다는 것 아닌가?

오늘날 대한민국과 세계를 살아가는 인간들의 모습 그대로다. 너도나도 부동산 거래로 한몫 벌고자 하고, 주식시장에서는 오전에 샀다가 오후에 팔아서 차익을 남기곤 한다. 국내는 물론 해외 부동산과 주식을 '묻지마 투자'를 하는 것도 새삼스런 일이 아니다. 일확천금을 노리거나 남의 눈을 속이기 위해 주가 조작이나 허위공시, 회계장부 조작 같은 일도 허다하게 벌인다. 이렇게 모두가 돈 버는 일에 몰두하고, 거기서 성공하면 기뻐하고 실패하면 슬퍼한다. 돈 버는 대열에 끼지 못하거나 탈락하면 허탈해 한다. 모두가 '돈의 표상'을 향해 뛰는 군상의 모습이다.

돈을 버는 일, 즉 자기이익을 추구하는 활동은 누가 시켜서 하는 것이 아니다. 스스로의 필요나 뜻에 따라 나서는 것이다. 그저 인간의 본성에 따른 자연스런 현상일 뿐이다. 그것은 선한 것도 아니고 악한 것도 아니다. 생명체의 순환과정에서 도출된 일이라고 할 수도 있다.

《에티카》는 이처럼 자기이익을 추구하는 인간의 본성과 그 본성을 지도하는 이성의 역할을 조명한다. 스피노자가 보기에 인간은 이익을 위하여 행동하는 동물이다. 그것은 모든 인간생활의 유일한 기초이기도 하다. 인간은 자신의 이익에 기여한다고 믿는 것을 자신의 뜻대로 행해도 된다고 믿는다. 그것은 최고의 자연권으로 간주된다.

모든 인간은 자신의 이익을 추구하려는 충동을 지니며 동시에 이것을 의식한다. 그래서 인간에게는 모든 자연물이 이익을 위한 수단이 된다. 자기의 이익 획득에 도움이 되는 수많은 수단들, 예컨대 보기 위한 눈, 씹기 위한 이, 영양을 위한 식물과 동물, 비추기 위한 태양, 물고기를 기르기 위한 바다 등을 자신의 안팎에서 고찰한다.

내가 보기에 스피노자의 이런 설명만큼 인간에 대한 정확한 시각은 없는 듯하다. 우리는 오래전부터 인간에 대한 설명에는 성선설과 성악설이 있다고 들어 왔다. 두 가지 설명 모두 각기 일면의 타당성을 지니고 있다. 그렇지만 나는 평소 그런 것만으로는 불충분하다고 생각해 왔다.

선과 악을 떠나서 인간의 본질을 가장 적확하게 표현해 주는 것이 바로 이 '자기이익'이라는 개념이 아닐까? 특히 인간의 여러 사회경제적 활동과 아울러 자연의 질서 한가운데 존재하는 인간의 위치에 대해 자기이익이라는 말만큼 타당성 있는 설명은 없는 것 같다.

인간의 자기이익이란 우선 전체 생물계에서 인류의 존속과 지배를 가능하게 하는 원리다. 그리고 국가나 민족, 각종 사회집단, 그리고 개개인들이 한결같이 추구하는 목적이다. 그렇게 자기이익을 추구하는 과정에서 무수히 많은 다툼이 벌어지고 인류의 문명도 형성, 발전해 왔다. 특히 오늘날의 자본주의 경제질서는 그런 자기이익 개념을 가장 적나라하게 드러낸 문명이라고 할 수 있다. 그래서 자기이익이라는 설명이 있어야 오늘날의 모든 사회현상과 인류의 생존양식이 비로소 이해되지 않을까 생각된다.

물론 《에티카》에서 말하는 자기이익이란 단순하지 않다. 맹목적이고 무조건적인 추구대상도 아니다. 스피노자가 강조한 것은 "이성의 지도에 따라 자기의 이익을 추구하는 것"이다.

이성은 자연에 반대되는 것을 아무것도 요구하지 않는다. 이성은 모든 사람들이 자기 자신을 사랑하거나 자기의 이익, 즉 자기에게 참으로 이익인 것을 추구하는 것, 그리고 진실로 인간을 더 큰 완전성으로 이끌어주는 모든 것을 욕구하거나, 자기의 유(有)를 유지하도록 노력하는 것을 요구한다.

그러므로 이성에 따라 자기이익을 추구하는 사람은 덕스럽게 행동한다. 자신이 다른 사람들을 위해 바라지 않는 어떤 것도 자신을 위해 욕구하지 않는다. 따라서 공정하고 성실하며 정직하다. 이성에서 나오는 욕망은 지나칠 수도 없다. 각자가 자신의 이익을 추구하면 할수록 더욱 유덕해진다.

이성의 지도에 따라 사는 사람은 자신에 대한 타인의 미움, 분노, 경멸 등을 사랑이나 관용으로 보상한다. 언제나 신중하게 판단하여 선을 따르고 악을 피한다. 더 작은 현재의 선보다는 더 큰 미래의 선을 추구하고, 더 큰 미래의 악보다는 더 작은 현재의 악을 바란다. 현재의 선이 미래의 악 또는 그 원인이 될 수 있다고 판단될 때는 당연히 피한다. 결국 인간이 이성에 따라 실현하고자 하는 욕망은 언제나 선이다.

인간은 자기의 유(有)를 유지하기 위해서는 모든 사람이 모든 것에서 일치하는 것, 모든 사람의 정신과 신체가 하나가 되어 모든 사람에게 공통된 이익을 추구하는 것보다 더 가치 있는 어떤 것도 바랄 수 없다. 이것이 참된 자기이익이다. 그리고 이런 경우 "인간은 인간에게 신"이라고 말할 수 있는 것이다.

그렇지만 인간이 이성의 지도만 따르기를 기대하는 것은 역시 무리일 것이다. 인간에게는 한계가 있다. 서로 질투하며 해를 끼치곤 한다. 스피노자는 그 이유를 "인간이 정서에 예속되어 있고, 이 정서가 인간의 능력이나 덕을 훨씬 능가하기 때문"이라고 풀이한다. 인간을 지배하는 원시적 정서에는 기쁨, 슬픔, 욕망이 있다. 이들 기본적 정서가 서로 뒤섞여 인간에게 사랑과 증오, 희망과 공포 등 여러 가지 정서와 마음의 동요를 낳는다. 그런 정서에는 인간을 자극하는 대상의 종류만큼이나 많은 종류가 있다. 더욱이 인간의 판단은 불안하다. 그런데도 인간은 흔히 자신의 정서만으로 사물을 판단하는 경향이 있다.

이는 정서에 사로잡히는 것이요, 예속되는 것이다. 이렇듯 사로잡힌 인간은 자신의 권리 아래 사는 것이 아니라 운명의 권리 아래 산다. 선과 악의 참다운 인식에서 생기는 욕망은 사로잡힌 정서에서 생기는 다른 많은 욕망에 의해 붕괴되거나 억압당한다. 스피노자는 로마 시인 오비디우스의 경구를 인용한다. "나는 더 좋은 것을 보고 그것을 타당하다고 여기지만, 내가 따르는 것은 더 나쁜 것이다."

이 때문에 인간은 서로의 도움을 필요로 할 때 도리어 대립하기 일쑤다. 인간 속에서 살기보다는 오히려 짐승들 속에서 살기를 바란다. 스피노자는 인간의 이러한 한계에 대해 정확하고 냉정한 평가를 내린다. "인간이 이성의 지도에 따라 생활하는 일은 매우 드물다"라고.

정서나 속견에 지배되는 인간들이 모여 사는 곳에서는 화합을 기대하기 어렵다. 대신 인간이 각자의 자연권을 포기하고 다른 사람에게 해로운 일을 하지 못하도록 질서를 잡는 것이 필요하다. 이를 위해 사회는 공통적 생활양식을 규정하고 법을 제정하는 실권을 가져야 한다. 그리고 이 법은 형벌에 의하여 실행권을 확보하지 않으면 안 된다. 이렇게 법에 의해서 확립된 사회가 다름 아닌 국가다. 스피노자의 이런 이론은 루소 등 계몽주의 사상가들이 내세웠던 사회계약론과 비슷하다.

　정서에 예속되지 않고 이성에 인도되는 인간은 공통의 법을 지키고 다른 사람에게도 그 법을 지키도록 요구한다. 그들은 인간의 화합과 우정을 증진시키기 위해 애쓴다. 그래야만 자신의 진정한 자유를 향유할 수 있기 때문이다. 말하자면 '자유인'이다. 이렇게 이성의 지도에 따라 생활하는 한 인간은 서로 일치한다. 불화는 있을 수 없다.

　스피노자는 이렇게 인간의 이성에 대해 최상의 예찬과 무한한 신뢰를 표현했다. 인간의 이성에 관한 스피노자의 논리와 체계도 장엄하다. 요컨대 자기 이익을 추구하는 인간을 이성의 인도에 따라 공동사회의 화합을 동반하는 '참된 이익'으로 이끌어가라는 메시지가 아닐까 한다.

　그렇지만 인간이 이런 경지에 도달할 수 있을까? 그렇게 되려면 인간의 정신은 어떠해야 할까? 스피노자는 정신이 정서에 좌우되지 않도록 '명석판명한 인식'을 가져야 한다고 강조한다. 즉 '불변하며 영원한 것'에 대한 인식과 사랑을 가져야 한다. 그래야만 정서에 질서를 부여하고, 정서에 지배당하는 것을 피할 수 있다. 인간의 정신에서 이성의 명령이 제 구실을 할 수 있게 되는 것이다.

　스피노자에 따르면 인간정신은 신의 무한한 지성의 일부다. 때문에 정신은 신체와 함께 사멸하지 않고 영원성을 갖는다. 반면, 열정이나 정서는 정신을 혼란에 빠뜨리는 악동이다. 끈질기게 인간에게 달라붙어 이성의 목소리를 가로막는다. 인간은 이런 악동을 되도록 멀리 떨어지게 하고, 언제나 신의 사랑을 받아야 한다. 신의 사랑 가운데 머물러 있으면 정신은 사물에 대한 적절한 관념을 잃지 않기 때문이다. 또한 신의 사랑 안에서는 영혼이 참다운 만족을 얻을 수 있다.

  영혼의 참다운 만족에 이르려면 엄청난 노력을 기울여야 한다. 철저한 정신수양이 요구된다. 아마도 이 세상을 살아가는 평범한 시민들에게는 거의 이루기 어려운 '꿈'에 가까울 것이다. 남보다 조금이라도 더 많은 이익을 얻어야 하는데, 그런 수양을 할 시간과 정력이 어디 있단 말인가? 스피노자 자신도 그런 어려움을 잘 알고 있었다. 그래서 그는 이 경건하고 고귀한 책을 참으로 경건한 명언으로 끝냈다. "모든 고귀한 것은 힘들 뿐만 아니라 드물다."

  《에티카》가 담고 있는 심오한 뜻을 얼른 다 이해하기는 쉽지 않다. 그렇지만 그가 말하는 '참된 자기이익의 추구'를 현대 산업사회에 적용해 보면 그 뜻을 다소 파악할 수 있지 않을까 한다. 즉 모든 개인이나 기업이 생존을 도모하고 이익을 추구하는 것은 당연하지만 그것이 자연의 이법을 어겨서는 안 된다는 것 아닐까? 기업의 경우 열심히 일해서 이익을 내고 종업원과 주주와 협력업체가 함께 발전하기 위해 노력해야 하지만 산업재해나 환경재해 등을 일으키지 않아야 한다. 소년노동이나 노예노동처럼 자연이 허용하지 않는 일도 당연히 해서는 안 될 일이다. 개인이나 기업 사이의 채무이행 독촉도 생명과 생활의 안전을 위협하는 수준이 되어서는 안 된다. 이를테면 셰익스피어의 희극 《베니스의 상인》에 등장하는 샤일록처럼 인간의 신체까지 베어가려는 방식의 채권추심은 허용할 수 없는 것이다.

  그렇지만 현실에는 '참된 자기이익'을 추구하기보다는 무조건 자기이익을 챙기려는 사람이 더 많은 것 같다. 틈만 나면 인간은 남의 약점을 물고 늘어지면서, 수단과 방법을 가리지 않고 더 많은 이익을 거두려고 한다. 법이 있긴 하지만, 이익을 위해서라면 법망을 교묘하게 회피하거나 아니면 아예 무시하기도 한다. 이 세상에는 이성이 둥지를 틀 자리가 극히 비좁은 것이다. 결국 우리는 스피노자가 지적한 대로 이성에 따라 사는 사람은 드물다는 것을 인식하고, 언제나 유념하지 않을 수 없다.

이 책에서 또 한 가지 재미있는 것은 논리전개 방식이다. 바로 에우클레이데스(유클리드)의 《기하학 원론》에서 사용된 논증방식을 도입한 것이다. 그래서 《에티카》의 정확한 제목도 《기하학적인 순서에 따라 증명하고 5개의 부분으로 나눈 윤리학(Ethica-Ordine Geometrico Demonstrata et in Quinque partes distincta)》이다.

제목이 시사하듯이 1부에서 5부까지 총 5개의 부로 나뉜 이 책은 각 부마다 정의와 공리가 우선 설정되고, 이를 바탕으로 정리와 증명이 전개된다. 필요한 곳에는 보충과 주석이 덧붙여지고 보충설명이 첨가되기도 했다.

이를테면 1부 '신에 대하여' 편에서는 자기원인, 실체, 속성, 양태 등의 용어와 술어에 대한 8가지 정리가 가장 먼저 등장한다. 이어 "존재하는 모든 것은 그 자신 안에 존재하거나 아니면 다른 것 안에 존재한다" 등 6가지의 공리가 제시된다. 이를 바탕으로 한 정리와 증명이 전개된다. 예를 들어 정리3은 "서로 아무런 공통점이 없는 사물들은 그것들 중 하나가 다른 것의 원인이 될 수 없다"는 명제를 제시한다. 스피노자는 이 정리를 공리5와 공리4에 의거해 증명한다.

각 부마다 이런 방식으로 전개되는 추론을 따라가며 책을 읽는 과정이 무척이나 재미있다. 심심풀이로 읽기에도 지루하지 않다. 물론 어렵기는 하다. 그렇지만 논리전개를 따라가고 나름대로 음미하는 과정에서 덧없는 시름을 덜기에도 좋고, 두뇌훈련에는 더욱 유용하다. 당장 읽으면서 완전히 이해하지 못해도 괜찮다. 어차피 이 책은 한번 읽어서 이해되는 작품은 아니니까. 윌 듀란트도 《철학이야기》에서 이 온유한 명저를 한꺼번에 읽지 말고 여러 번에 걸쳐 조금씩 읽으라고 권했다. 치밀한 기하학적 논증과 고차원의 철학적 사고의 결합이 안겨주는 재미를 즐겨 보겠다는 자세로 천천히 아껴가며 읽어보자.

에우클레이데스의 《기하학 원론》의 방식에 따른 증명과 논리 전개는 아이작 뉴턴이 인류에게 남겨놓은 불멸의 과학명저 《프린키피아》에서도 이루어진 바 있다. 물리학자가 에우클레이데스의 기하학 논증 방식을 사용한 것은 수학과 물리학의 밀접한 관계를 감안할 때 매우 자연스러운 일이다. 그런데 스피노자는 철학에 이런 논증방식을 사용했으니, 그 시도만으로도 이미 이채롭다 아니할 수 없다.

스피노자가 보낸 불우한 삶은 이 불후의 명저에 대한 경외심을 더해 준다. 스피노자는 1632년 네덜란드에서 부유한 유태인 상인의 아들로 태어났다. 다른 유태인들과 마찬가지로 유태교도로 성장했으나 스물네 살에 쓰라린 파문을 당하고, 집에서도 쫓겨났다. 그 이후 그는 온건한 개신교도의 집 다락방에서 하숙을 하며 렌즈를 갈아 생계를 유지했다. 생활은 무척이나 고독하고 고달팠지만 고요한 마음가짐을 잃지 않았다.

《에티카》는 그렇게 힘든 삶 속에서 집필됐고, 그가 죽고 난 후에야 출판됐다. 그러나 책 속에서 그런 불우의 그림자는 찾아볼 수 없다. 치밀한 논증은 물론이거니와, 이론도 온유하고 평화롭다. 모질거나 각박한 것은 전혀 없다. 오히려 반대다.

*이성의 지도에 따라서 생활하는 사람은 가능한 한 자신에 대한 미움, 분노, 경멸 등*

을 반대로 사랑이나 관용으로 보상하고자 노력한다.

원수를 사랑하라는 예수의 가르침과도 비슷하다. 스피노자가 자신을 파문한 유태인들에게 하고 싶은 말이었는지도 모르겠다. 아무튼 이런 온유함이 있었기에 스피노자는 굴욕적인 파문을 담담히 감수하고, 불멸의 저작을 남길 수 있었으리라. 그 온유함 덕분에 철학에 소양이 없는 나도 편안한 마음으로 읽어 나갈 수 있었다.

스피노자가 살았던 17세기는 인류역사에서 과학적 사고가 본격적으로 개화하기 시작한 시대였다. 갈릴레오와 코페르니쿠스, 뉴턴과 케플러 등의 위대한 과학자들이 연이어 나타나 종래의 비과학적 사고를 불식시키기 시작했고, 데카르트와 라이프니츠 등의 철학자가 인간의 사고에 새로운 빛을 가져왔다. 아울러 홉스나 로크 같은 사상가들이 계몽사상을 발전시키고, 인간의 권리가 절대군주보다 더 우위에 있다는 사상을 확립했다.

나는 기원전 6세기에 이어 17세기가 인류문명 발전에 또 한번 획을 그은 세기라고 생각해 왔다. 기원전 6세기는 공자와 석가, 소크라테스가 각기 나타나 사실상 야만상태에 머물러 있던 인간을 비로소 문명의 길에 들어서게 한 시기였다. 그런가 하면 17세기는 과학과 이성이 인간의 의식을 혁신시키고 합리적인 문명을 발전시켜 나가는 기폭제가 된 시기였다고 할 수 있다. 그리하여 그 다음 세기의 프랑스혁명과 미국혁명 등을 위한 길을 닦은 것이다.

이 시기에 스피노자도 일익을 담당했다. 자신의 정치철학을 담은 저서《국가론》을 통해서였다. 스피노자는 이 책을 끝까지 완성하지 못하고 세상을 떠났다. 특히 그는 민주정치에 관한 장(章)을 쓰다가 유명을 달리해 더 큰 아쉬움을 남겼다. 이렇게 불완전한 책자이긴 하지만 그 안에 담긴 사상은 풍요롭다는 평가를 받는다. 윌 듀런트의 설명을 빌리자면, 이 작은 저서는 당시 네덜란드의 자유와 민주주의에 대한 희망을 대변하고, 루소와 프랑스혁명에서 절정을 이룬 정치철학을 정식화했다.

나는 이 책을 읽으면서 또 다른 즐거움을 누렸다. 인터넷을 통해 라틴어 원문을 찾아 한글판과 대조해가며 읽었는데 그 재미가 적지 않았던 것이다. 전문을 대조할 여유가 없어서 공리와 정리 등 골자만 대조했다. 철학서적 읽기와 라틴어 공부를 동시에 진행하면서 느끼는 재미와 행복감은 사실 그 무엇과도 바꿀 수 없을 만큼 컸다. 그렇지만 그런 작은 즐거움보다 더 중요한 것은 스피노자의 삶과 철학이 남긴 고귀한 정신이다.

《에티카》에는 감각적 인식, 직관적 인식 등의 구분이라든가 실체와 연장, 양태 같은 전문적이고 학술적인 이론과 용어가 적지 않게 등장한다. 이 같은 이론에 대한 분석과 정확한 이해 역시 필요하고, 그 이론의 장단점과 타당성 여부 등도 함께 따져볼 수 있다면 더욱 유익할 것이다. 그러나 이는 전문적인 철학자에게 맡기면 된다. 그것보다는 그의 삶과 철학이 인류에게 주는 온유한 메시지를 감사하는 마음으로 받아들이고 새겨두면 된다. 거기서 '참다운 영혼의 만족'을 느끼면 그것으로 충분할 것이다.

나는 특히 '체념의 덕'이란 것이 소중함을 새삼 배우게 됐다. 우리의 능력이나 여건에 비춰볼 때 불가능한 것을 담담하게 받아들이는 미덕을 말한다.

> 인간의 능력은 매우 제한되어 있어서 외적인 힘에 의해 끝없이 압도당한다. 우리는 사물을 우리가 쓰려는 용도에 걸맞게 만들 만한 절대적 힘을 소유하고 있지 않다.

우리의 이익을 위해 필요한 것과 어긋나는 일에 직면해도, 우리의 의무를 다했고 우리가 전체 자연의 한 부분이며 자연의 질서에 따라야 한다는 것을 의식한다면 침착하게 그것을 견딜 것이다.

이 부분을 읽어보면 자연계와 우주로부터 재난이 밀어닥칠 때 인간이 가져야 할 마음자세를 설명한 것 같다. 이를테면 어느 날 혜성이 지구에 충돌해서 인류가 멸망하는 사태 같은 것, 아니면 지구에 엄청난 규모의 지진이 일어나 본의 아니게 희생될 처지에 놓이게 될 수도 있다. 그럴 때 인간으로서는 어찌해 볼 수 없으니 닥친 일을 담백하게 받아들이라는 당부로 이해된다. 그렇지만 인간사에 있어서 그렇게 극단적인 사태란 아주 드물다. 수천 년에 한번 정도 있을까 말까 한 일이다. 그것보다는 오히려 인간이 이 세상을 살아가면서 체념을 해야 할 때가 무수히 많다. 그런 경우에도 스피노자의 이 말은 강한 호소력을 발휘하는 듯하다. 어차피 불가능한 일에 매달리거나 애태우지 말고, 수용할 것은 수용하고 포기할 것은 포기하라고.

지금까지 살아오면서 많은 것을 포기하고 체념하면서 살아왔다. 대학을 졸업할 때는 대학원에 진학하라는 교수님의 권고를 어려운 집안형편 때문에 포기했다. 집안 형편이 어려웠던 젊은 시절에는 마음에 두었던 여자의 손을 놓아 버리기도 했다. 신문사에 있을 때는 주일특파원 사내공모에 응모하고 싶었으나 연로하신 아버지를 모시느라 끝내 기권했다. 나는 이 모든 일들을 담담하게 수용하고 받아들였다. 어차피 그때의 사정상 그 이상 좋은 결정은 없었다. 그렇지만 마음 한편에는 아쉬움이 남았다. '체념의 덕' 을 아직 완전히 체득하지 못했기 때문이다. 스피노자는 아쉬워하는 나의 마음에 살며시 다가와 벗이 되어준다. 지난날 침착하게 견뎠듯이 앞으로도 침착하라고 나를 타이른다. 체념이란 인간 누구나 하는 것이라고 깨우쳐준다. 나는 그런 위로와 충고를 진정 감사하는 마음으로 받아들이려 한다.

## 잊지 못할 구절들

《에티카》

† 사물을 우연이 아니라 필연으로 고찰하는 것은 이성의 본성에 속한다.

† 자연 안에서는 자연의 잘못으로 여길 만한 어떤 일도 일어나지 않는다.

† 증오는 증오의 보복에 의하여 증대되고, 반대로 사랑에 의하여 제거될 수 있다.

† 공포 없는 희망은 없으며 희망 없는 공포도 없다.

† 인간은 혼히 자기의 정서로만 사물을 판단한다.

† 인간은 서로 다른 방향으로 끌려 다니며 자신이 향해야 할 곳조차 알지 못한다.

† 자기를 보존하려는 노력은 사물의 본질 그 자체다.

† 이성의 지도에 따라 생활하는 인간보다 더 유익한 것은 없다.

† 인간은 인간에게 신이다.

† 대중이 두려워하지 않을 때 대중은 두려운 존재가 된다.

† 지적 사랑 말고는 어떤 사랑도 영원하지 않다.

† 인간에 대한 신의 사랑과 신에 대한 정신의 지적 사랑은 똑같다.

† 모든 고귀한 것은 힘들 뿐만 아니라 드물다.

## 참고서적

《에티카》 스피노자 지음, 강영계 옮김, 서광사, 1990년

《철학이야기》 윌 듀런트 지음, 황문수 옮김, 문예출판사, 1987년

# 우라니아

자연의 섭리에 따른 교육
**루소 《에밀》**

광신의 병에 이성의 빛을
**볼테르 《관용론》**

# 자연의 섭리에 따른 교육

### 루소 《에밀》

요즘 대한민국의 청소년들에게 가장 큰 일은 학원 다니는 것이다. 고등학생이 대학입시를 위해서 학원 다니고 과외 받는 것은 꽤나 오래된 일이지만, 최근 들어서는 중학생과 초등학생도 고등학생 못지않게 학원을 드나든다. 외국어고나 과학고 등 특수목적고에 들어가기 위해서다. 서울과 수도권의 일산, 평촌 등 학원밀집 지역에서는 밤늦은 시간에도 중학생을 어렵지 않게 볼 수 있다. 학원수업을 마치고 귀가하는 학생들이다. 그 학생들을 기다리는 학부모들의 차도 길가에 늘어선다.

학부모들은 아이를 위해 이런 수고를 마다하지 않지만, 한편으로 걱정도 한다. 한창 자라나고 튼튼하게 커야 할 청소년들이 너무 혹사당하는 것이 아닌가 하고. 일찍 잠들어 충분히 자야 하는데 학원 때문에 그렇게 할 수가 없는 것이다. 게다가 고등학교에 들어가면 등교시간마저 빨라져서 수면시간이 더욱 부족해진다. 이른바 '0교시 수업'이라 하여 꼭두새벽에 일어나 학교에 가야 하는 것이다. 참으로 우리의 청소년들에게는 지금의 대한민국이 지옥이나 다름

없다.

학생들은 학교와 학원에서 정확하고 명료한 판단력을 함양하는 것이 아니라 대체로 지식 위주의 수업을 받는다. 고난도의 수학문제를 풀어야 하고, 해외유학생에게나 요구되는 영어 토플시험까지 치러야 한다. 그것도 고득점을 받아야 외고나 대학입학에 유리한 고지에 선다. 학생들은, 장 자크 루소의 말을 빌리자면, "바닷가에서 아무 조가비나 마구 주워 모으는 아이"와 같다. 학교와 학원에서 만들어준 시간표에 따라 공부하느라 스스로 탐구하고 사고할 능력을 축적하기 어렵다.

18세기 프랑스의 계몽사상가 장 자크 루소가 오늘날 대한민국에 태어나 이런 광경을 보면 과연 뭐라고 이야기할까?

우리나라 중학생의 나이는 12~15세다. 루소가 《에밀》에서 사람의 성장기를 분류한 바에 따르면, 12~15세는 사람의 힘이 왕성하게 발전하는 시기다. 아이의 힘이 욕망보다 훨씬 더 빨리 큰다. 몸에서 발생하는 열이 옷을 대신하며, 식욕이 반찬을 대신하기 때문에 어떤 음식을 먹어도 맛있다. 거친 바닥에 누워 자도 능히 견딜 수 있다. 자신에게 필요한 것 이상의 힘을 가지기 때문이다. 자연히 잉여의 힘이 생겨나게 되고, 아이는 그것을 일과 공부에 사용해야 할 때다. 배우고자 하는 정신활동도 활발해지므로, 이 시기의 학생들이 공부를 열심히 하는 것은 자연스런 현상이라고 할 수 있다.

그렇지만 책에 매달리는 것만이 공부가 아니다. 오히려 책은 배제해야 한다고 루소는 강조한다. "이 세상 이외의 책은 주지 말고, 사실 이외의 것은 가르치지 말라"는 것이다. 루소가 보기에 책 읽는 아이는 사고하지 않고 읽기만 할 뿐이다. 그러므로 이 나이의 학생들에게는 '대상 그 자체'를 보여주는 것부터 시작해야 한다. 무엇보다 자연현상에 주의를 기울이게 해야 한다. 그의 호기심을 만족시키기 위해 먼저 가르치기보다는 스스로 이해하게 해야 한다. 대지를 산책하면서 자연의 아름다움을 느끼고 태양과 우주의 운동을 이해하는 실마리를 스스로 풀어가게 해야 하는 것이다.

어느 화창한 날 저녁 무렵 넓은 지평선에 지는 태양을 잘 볼 수 있는 적당한 장소로 산책을 나간다. 그리하여 해가 넘어가는 지점을 알 수 있도록 해주는 물체들을 관찰해 둔다. 다음날 아침, 신선한 공기를 마시기 위해 해가 뜨기 전 같은 장소로 나간다. 태양이 뜨기 전, 멀리서 비쳐 오는 붉은 빛줄기를 본다. 여명이 넓게 펼쳐진다. 동녘은 온통 시뻘겋다. 태양은 눈부신 광채 뒤편에서 훨씬 전부터 떠오르기를 기다리고 있다. 시시각각 떠오르고 있는 것만 같다. 빛나는 한 점이 번개처럼 나타나면서 순식간에 하늘 전체를 밝힌다. 어둠의 장막이 걷히고, 인간은 자신이 살고 있는 곳을 보며 아름답다고 생각한다. 푸른 초목은 밤새 새로운 활기를 얻었다. 해가 뜨자 초목은 황금빛으로 물든다. 영롱한 이슬방울이 더욱 빛나며 반짝이는 색상들을 반사한다. 새들이 합창하며 생명의 아버지께 함께 인사한다. 그때 인사하지 않는 새라곤 한 마리도 없다.

루소의 묘사는 아름답기 그지없다. 우주학에 대한 수업은 이렇게 시작된다. 그런데 그는 당시 천동설을 믿고 있었던 듯하다. 그는 "태양이 지구의 둘레를 돌기 때문에 원주를 그리며, 그 중심은 지구의 중심부에 있다"라고 썼다. 그가 활동하던 시기는 지동설이 천동설 대신에 정설로 자리 잡았을 것으로 추정되기에, 루소의 이론이 다소 놀랍기도 하다.

당시 프랑스에서는 아직 지동설이 널리 받아들여지지 않았는지도 모르겠다. 프랑스가 과학적으로 뒤떨어졌던 걸까? 루소와 같은 시대에 살았던 계몽사상가 볼테르도 "프랑스는 아이작 뉴턴의 이론도 훨씬 뒤늦게 받아들일 만큼 고루하다"고 지적한 바 있다. 이야기가 잠깐 옆길로 샜다. 어쨌든 루소는 직접 실습과 감각을 통해 우주의 운동을 스스로 익혀가야 함을 강조했다. 지구의 같은 도구나 상징물도 불가피할 경우에만 사용하라고 그는 조언한다.

자석, 공기, 물 등에 대한 물리학적 인식이나 지리적 인식도 실험과 체험을 통해서 천천히, 그리고 직접 익힌다. 이를테면 돌멩이가 떨어지는 것을 보고 "왜 이 돌이 떨어지지?"라는 질문을 던지고 탐구하게 한다. 가장 흔하고 뚜렷한 현상을 이용해 자연의 법칙을 스스로 탐구하도록 한다. 끊임없이 발생하는 '필연의 법칙'을 인식함으로써 예견의 능력도 길러진다. 실험기구는 목공실 같은 곳에서 직접 제작한다.

직접 체험과 감각을 통한 교육은 아이에게 가르쳐주는 것이 아니라 정확하고 명료한 관념을 심어준다. 학문을 가르치는 것이 아니라 학문을 사랑하는 취미를 갖게 하는 것이다. 나아가 사물에 대한 세상 사람들의 생각과 진실을 비교하고 판단하는 능력을 훈련시킨다. 지식보다는 판단력이 중요하다. 이렇게 힘든 과정을 통해 잘 훈련된 두뇌는 "인간의 지식이 가장 확실하게 새겨지는 건조물"이다.

《에밀》은 자연의 법칙과 섭리에 따라 어린이의 인성과 사고능력을 발전시키기 위한 교육방안을 진지하게 탐구한다. 정말로 진지하게 탐구한다. 에밀이라고 하는 한 사람을 가정하고, 그 사람이 태어날 때부터 청년으로 성장해서 결혼에 이르기까지 루소 자신이 교육시키는 과정과 철학을 담았다. 에밀의 성장단계에 따라 5살까지, 5살에서 12살까지, 12살에서 15살까지, 15살에서 20살까지, 20살에서 결혼까지 등 모두 5단계로 구분된다. '자연의 진행과정'에 따라 체계적으로 조명한 것이다. 각 시기마다 교육시키는 내용과 방법은 서로 다르다. 그렇지만 그 모든 시기를 관통하는 일관된 원칙이 있다. 바로 자연의 필연성과 질서에 따르라는 것이다.

*자연을 관찰하라. 그 자연이 당신에게 가리키는 길을 따라가라. 자연은 끊임없이 아이를 훈련시킨다. 자연은 온갖 종류의 시련으로 아이의 체질을 단련시킨다.*

자연의 질서에 따라 1단계인 유아기에는 보호와 도움이 필요하다. 인간은 약하게 태어나기 때문이다. 모든 것이 결핍된 상태이므로 도움이 필요하다. 갓 태어난 그 '관목'은 인습의 충격으로부터 보호돼야 한다. 아이의 영혼에 울타리를 둘러야 한다. 그것은 부모의 애정, 특히 어머니의 몫이다.

단, 아이는 태어날 때부터 '자연의 제자'이므로 신체와 사지를 절대적으로 자유롭게 내버려두어야 한다. 아이가 만져보고 싶어 하는 것은 그게 무엇이든 막지 말아야 한다. 직접 만져보고 들으면서 물체의 특질을 판단하는 법을 배우도록 해야 한다. 이때 스승은 아이가 방해받지 않도록 주의하면서 추락하거나 다치지 않도록 보살피기만 하면 된다.

아이는 어머니가 직접 젖을 먹이며 키우는 것이 바람직하다. 불가피하게 유모에게 맡겨야 한다면 신중하게 선택해야 한다. 되도록 도시보다는 농촌에서 살면서 아이를 키우라고 루소는 권한다. 왜냐하면 "도시는 인류 파멸의 구렁텅이"인 반면에 농촌은 자연과는 관계가 없는 취미를 잊게 해주기 때문이다.

마을학교

2단계에도 미덕이나 진리를 가르치려 하지 말고 소극적인 교육에 그쳐야 한다. 이 시기는 '이성이 잠자는 시기'여서, 정신이 아직 어둡고 이성의 길을 따라갈 수 없기 때문이다. 루소는 당부한다. 시간을 아끼지 말고 마음껏 낭비하며 자유를 향유하라고.

어학 공부는 무용하고, 우화도 필요 없다. 꾸밈없는 진실을 말해주는 것이 더 중요하다. 독서는 아이에게 재앙이므로 책을 아예 없애버리라고 루소는 요구한다. 대신 육체를 단련시켜야 한다. 일을 시켜 활동하게 하고, 달리게 하거나, 소리 지르게 한다. 육체가 단련될수록 정신은 더 깨어난다. 힘과 이성은 서로 도우며 함께 성장한다. 가장 간편한 의복을 입히고, 불편한 잠자리에도 익숙해지도록 적응시켜 나간다. 시각, 청각, 촉각 등 감각기관을 훈련시키기 위해 사물을 모사하는 법을 배우거나 놀이로서의 음악을 즐기도록 지도한다.

이런 과정을 통해 아이는 필연이라는 엄격한 법칙을 점차 깨닫고, 인내심 있게 참아내는 법을 배운다. 잘 규제된 자유를 체득하면서 가능한 것과 가능하지 않은 것의 법칙을 이해하고 따르게 된다. 그런 다음 3단계로 넘어간다.

서두에 언급한 한국의 중학생 나이는 바로 이 3단계에 해당한다. 이 단계에 이르기까지의 교육에서 루소가 가장 강조한 것은 역시 자연의 섭리와 필연의 엄격한 법칙에 대한 순응이다. 인위적으로 아이들을 똑똑하게 키우려 하거나, 서둘러서 책을 읽게 하고, 과도한 양념이 가미된 식사를 하게 하는 것은 자연의 요구에 어긋난다. 그 결과 아이는 자연과는 관계없는 쾌락에 물들거나 이기심을 키운다. 아이의 영혼은 순수성을 잃거나 약화된다. 자칫하면 오만하고 경솔한 아이가 되거나, 광기의 씨앗이 심어질 수도 있다.

이렇게 되면 그것은 실패한 교육이다. 교육이 실패하는 데는 스승의 책임이 크다. 아이를 올바르게 이끌어가려면 스승은 먼저 자기 자신의 스승이 되어야 한다. 그리고 인간성과 미덕 면에서 아이로부터 존경을 받아야 한다. 이는 너무나 당연한 일이다. 그런데도 루소가 다시 한번 강조하는 것을 보면 아마 그 당시에도 인간성이 나쁜 교육자가 많았던 모양이다. 루소는 바람직한 스승의 모습을 제시한다.

> 서로 반목하는 사람들을 화해시켜라. 소송을 피하라. 아이에게 의무를 다하게 하라. 아버지에게는 아량을 갖게 하라. 행복한 결혼이 되도록 도와라. 사람을 괴롭히지 못하게 하라. 재판을 거절당한, 힘 있는 자에게 괴롭힘을 당하는 약자를 위해 자기가 가르치는 학생 부모의 영향력까지도 아끼지 말고 이용하라. 자신이 불행한 자들의 옹호자임을 당당하게 말하라. 정의롭고 인간적이며 사랑이 많은 사람이 되라. 그저 물질적인 적선에만 그치지 말고 사랑을 베풀어라. 고통에는 사랑이 깃든 행위가 돈보다 더 위로가 된다. 이웃을 사랑하라.

이렇게 인격적으로 완성된 스승에게서 자연의 섭리에 따라 지도받은 아이라면 남은 성장과정에 대해 크게 걱정할 필요 없을 것이다. 훌륭한 스승 밑에서 이미 신체적으로나 정신적으로나 단련과 훈육을 다 받았고, 영혼은 아름다워졌을 테니까.

그 다음으로 찾아오는 시기, 즉 4단계는 '정념이 중얼거리는 시기'다. 성을 의식하기 시작하는 때이고, 친구나 여자와의 교제 등 '위험한 오솔길'도 기다리고 있다. 세이렌의 유혹에 넘어가지 않았던 오디세우스처럼 관능의 방향을 바꾸고 상상력의 활동을 억제해야 한다. 정념에 질서와 규율을 부여하고, 도덕적인 질서 속으로 자연스럽게 진입해야 하는 것이다. 그러기 위해서는 힘든 일로 신체를 단련시키고 온전히 몰입할 수 있는 일이 주어져야 한다.

아울러 인간애의 씨앗이 마음에 심어지고, 연민과 관용과 동정심이 생기는 때이기도 하다. 따라서 정의와 선의 감정을 싹트게 하고, 마음의 절제를 배워야 한다. 이를 위해서는 운명의 전변과 인생의 불행한 단면을 아이에게 보여주고 느끼게 해야 한다. 《아이네이스》의 한 구절처럼 "불행이 무엇인지 알기에 불쌍한 사람을 도울 줄" 알게 해야 하는 것이다.

병원이나 독거노인 등에 대한 봉사활동 같은 것이 도움이 될 것이다. 아우구스투스나 안토니우스처럼 "성공을 통해 불행해지거나 정념에 눈먼 사람"의 경우를 살펴보는 것도 좋다. 이는 플루타르코스나 수에토니우스 등 고대 역사가들이 쓴 역사책을 읽음으로써 가능할 것이다.

스무 살까지 이런 교육과정을 거친 후 에밀은 '소피'라는 여성을 만나 결혼한다. 소피는 온순하고 정숙하며, 합리적이고 단순한 신앙과 명석한 판단력을 지닌 여성이다. '완전한 남자'와 '완전한 여자'의 만남이다. 둘은 결혼과 출산을 통해 자연과의 계약을 이행한다. 그리고 자기들이 낳은 아이들을 통해 인생을 다시 살게 된다.

요컨대 루소의 교육론은 아이가 태어나면서 결혼에 이르기까지 신체적, 정신적 발달과정에 맞춰서 기르고 가르치라는 것이다. 공연히 지적인 능력부터 키우려고 애쓰지 말고, 신체적인 강건함과 건전한 판단력 향상을 위해 우선 노력할 것을 주문한다. 지적인 능력은 성장함에 따라 자연이 다 해결해주는 것이다.

루소의 교육론은 당시의 교육에 대한 날카로운 비판에서 비롯됐다. 그가 보기에 당시의 교육은 자연의 질서와 이법에 어긋나 있다. 그 시대의 문화 자체가 루소가 보기에는 인간성의 건전한 발전과 자연의 법칙에 순응하는 것을 막는다. 루소는 "이 시대의 문학과 학문은 인성을 교화하기보다 그것을 훨씬 더 파괴하는 방향으로 나아가고 있다"고 비판한다. 《에밀》의 첫머리도 이렇게 시작한다.

> 모든 것은 창조자의 수중에서 나올 때는 선한데 인간의 수중에서 타락한다. 인간은 어떤 땅에서 나온 산물을 다른 땅에게 기르도록 강요하며, 어떤 나무의 과일을 다른 나무에게 맺으라고 강요한다. 인간은 또 기후와 자연조건과 계절에 혼란을 초래하며, 개와 말과 노예를 불구로 만든다. 인간은 모든 것을 뒤죽박죽으로 만들고 보기 흉하게 만들며, 기형과 괴물을 좋아한다. 그들은 무엇 하나 자연이 만든 상태 그대로 남아 있는 것을 좋아하지 않는다. 심지어는 자신을 위해 인간까지도 조련된 말처럼 훈련시키고, 제집 정원의 나무들처럼 자기 기호에 맞게 조작하려 한다.

이처럼 자연의 섭리에 역행하는 교육과 문화를 극복하기 위해 제시된 루소의 교육론을 두고 '자연주의 교육관'이라고 하면 될지 모르겠다. 루소는 자기의 교육론에 따라 키워진 아이는 '자연의 인간'이 된다고 했다. 정념이나 타인에게 끌려 다니지 않고, 자기 눈으로 보고 자기 마음으로 느끼며, 그 자신의 이성의 권위에만 복종하는 인간이다. 온갖 종류의 아름다움을 느끼고 사랑하는 법을 알며, 인정 많고 감수성이 풍부한 사람이다.

그렇지만 루소의 교육론이 적용되는 곳은 지구상에 별로 없는 듯하다. 특히 대한민국의 교육은 정반대로 흘러가고 있는 것 같다. 루소의 교육론이 너무 이상주의적인지도 모르겠다. 만일 지금 우리나라에서 루소의 이론대로 아이를 교육하면 어떤 일이 벌어질까? 아마도 아이는 학교에서 지진아라는 말을 들을 것이다. 어쩌면 학교생활에 흥미를 잃고 방황하다가 아예 포기하고 말지도 모른다. 다행히 요즘에는 대안학교라는 게 있어 정규 과정에 잘 적응하지 못하는 학생들에게 새로운 교육의 기회를 준다. 일종의 루소식 교육을 실천하고 있는 셈이다. 하지만 일반 제도교육기관에서 루소가 제시한 방식의 교육이 실행될 가능성은 아직 희박한 듯하다.

요즘 이 나라에서는 초등학교 들어가기 전부터 너도나도 조기교육과 선행학습에 매달리고, 초등학교 3학년부터 일제고사를 치른다. 고학년에 올라가면 특목고 입시 준비를 위해 학원으로 내몰린다. 학교에서 체육이나 음악, 기술 등의 과목도 가르치고는 있으나, 대체로 점수따기 교육의 구색용이나 다름없다. 유치원 아이들도 조기 영어교육에 내몰린다. 심지어는 본토식 영어발음을 위해 혀수술까지 한다고 한다. 이런 나라에서 루소 방식의 교육을 어떻게 시도나 해볼 수 있을까? 우물에 가서 숭늉 찾기와 비슷한 이야기다. 조기 어학교육도 필요 없고 책도 치우라고 하는데, '몽상'이라는 말이나 듣지 않으면 다행일 것이다.

사실 루소의 교육론을 현실에 그대로 적용하기 어렵다는 것은 부인할 수 없다. 루소 자신도 이를 잘 알고 있었다. 그는 서문에서 "실행할 만한 것을 제안하라고 사람들은 끊임없이 내게 말한다"고 토로한다. 그렇지만 그렇게 할 수 없었다. 사람들이 요구하는 '실행 가능한 제안'이란 결국 기존의 교육을 형식만 바꾸자는 것에 불과했기 때문이다. 그렇게 해서는 "선은 망가지며 악은 치유되지 않는다"고 루소는 생각했다. 그래서 어린이에게 무엇을 가르칠 것인가에 대해 사람들에게 주의를 환기시키고, 더 좋은 생각을 싹트게 하는 밑거름이 되는 것으로 만족하겠다고 했다.

루소의 교육론은 비록 그대로 실천하기는 어려워도, 그 가치는 태양처럼 빛난다. 글자와 책 위주의 탁상교육만으로는 어린이를 올바르고 진정한 능력을 갖춘 인간으로 육성하기 어렵다는 데 누구나 공감할 것이다.

나 역시 아이 둘을 키우면서 루소의 교육론을 나름대로 유념했다. 플라톤의 《국가론》에 제시된 교육론과 함께 루소의 교육론이 내 마음속에 자리 잡고 있었다. 두 아이 다 어릴 적에는 신체적 단련과 음악교육을 중시했다. 큰아이를 중학교 2학년 때까지는 특목고 입시학원에 보내지 않았다. 다른 아이들처럼 학원에 가서 고생하고 밤늦게 귀가하는 대신 피아노와 운동을 즐기도록 지도했다. 아이가 친구들과 함께 학교운동장에서 축구나 농구를 하겠다고 하면 절대로 말리지 않았다. 음료수를 사다주며 격려하기도 했다. 틈나는 대로 전국 곳곳으로 함께 여행 다니면서 자연의 아름다움과 문화유산을 감상하곤 했다.

그렇지만 루소의 이야기처럼 책을 완전히 배제한다든가 실험도구를 스스로 만드는 데까지는 이르지 못했다. 조기 어학교육을 하지 말라는 루소의 요구도 따르지 못했다. 초등학교 4학년 때부터 중학교 2학년까지 내가 직접 영어를 지도했고, 중학교 입학 후에는 수학학원에도 보냈다. 나름대로 루소와 플라톤의 교육론을 실천해보고자 했지만 완벽하게 따르기는 역시 어려웠다. 이제 아이가 고등학교에 들어갔으니, 말하자면 '정념이 중얼거리는 시기'에 들어선 것이다. 아이의 앞날이 어떻게 될지는 모른다. 다만 이 시기를 잘 극복하고 책임감과 인정을 두루 갖춘 사회인으로 성장하기를 기대하고 있다. 아이가 월드비전을 통해 아프리카 어린이 후원에 동참하겠다고 스스로 나섰을 때 나는 일단 희망을 갖게 됐다.
 루소가 에밀에 대한 교육을 통해 도달하고자 하는 인간상은, 말하자면 '덕 있는 인간'이다. 이는 자유로우면서도 이성적인 인간을 말한다.

 덕 있는 인간이란 도대체 어떤 인간인가? 그것은 자신의 감정을 억제할 줄 아는 사람을 말한다. 왜냐하면 그때 인간은 자신의 이성과 양심에 따르며, 의무를 다하고, 질서 속에 있으며, 어떤 것도 그를 그 질서에서 벗어나게 하지 못하기 때문이다. 지금까지 너는 겉으로만 자유로울 뿐이었다. 이를테면 너는 아무 명령도 받아본 적이 없는 노예의 일시적인 자유만을 가졌을 뿐이다. 이제는 실제로 자유로울 때다. 너 자신의 주인이 되는 법을 배워라. 네 마음을 다스려라. 오, 에밀, 그러면 너는 덕 있는 사람이 될 것이다.

 이와 같은 사람은 참으로 고결한 인격자일 것이다. '신적인 인간'이라고 해도 좋을 것 같다. 그러나 각박한 세상을 살아가는 사람들 중에 그런 이를 얼마나 찾을 수 있을지는 의문이다.
 불가능에 가까울지도 모르겠다. 그렇지만 그것은 교육의 목표로서 여전히 훌륭한 가치를 지닌다. 또 모든 사람이 일생동안 마음에 새기고 실천해야 할 영혼의 지침도 된다.
 《에밀》에는 교육뿐만 아니라 정치, 사회, 종교, 역사, 인간, 여성 등에 관한 루소의 사상이 집약돼있다. 루소의 세계관과 철학을 모두 보여준다. 이를테면 루소가 주창한 사회계약론의 골자도 담겨 있다. 그렇기에 번역자 김중현 씨는 "인류문명 최대의 걸작" 가운데 하나라고 말한다. 나도 동감이다. 무엇보다 감탄스러운 것은 프랑스혁명의 발발 가능성을 예고한 루소의 선견지명이다. 그는 "변혁의 시대에 접근하고 있다"고 예언했다. 혁명의 결과에 대해 "귀족이 하인이 되고, 부자가 가난한 자가 되며, 군주가 신하가 된다"고 단언했다. 따라서 귀족들에게 나름대로 생존수단을 강구해 두라고 충고한다.

이 책이 씌어진 것은 프랑스 혁명이 일어나기 20여 년 전이다. 선견지명이나 통찰력을 갖추지 않고서는 예측이 쉽지 않은 시점이다. 우리나라에서도 일제로부터의 해방을 몇 년 못 기다리고 친일행각을 벌인 인사들이 얼마나 많았던가?

그의 선견지명은 당시 프랑스의 정치적, 사회적 상황에 대한 냉철한 인식과 판단에서 비롯된 것이었다. 그는 당시의 프랑스 사회를 '난폭한 정부, 박해하는 종교, 퇴폐적인 풍속'이라는 말로 요약했다. 프랑스의 언어에 대해서도 "가장 외설적인 언어"라고 거침없이 주장했다. 그가 이렇게 분명한 어조로 비판하고 혁명의 가능성까지 내다본 것은 역시 그에게 깊은 통찰력이 있었기에 가능했으리라.

영국의 역사가이자 문인이었던 토머스 칼라일도 《영웅숭배론》에서 루소에 대해 "자연을 찬양함으로써 진실에 접근했고 진실을 추구하며 싸웠으며, 자기 시대에 대해 예언자의 본분을 다했다"고 평가했다. 칼라일은 "루소가 프랑스 혁명의 복음전도자"였음을 인정하면서, 동시에 "광기에 빠질 만큼 고민하고 분노한 그가 세상에 불을 질렀다"고 다소 냉소적으로 평가했다. 특히 혁명 직후 프랑스 지배자들을 길로틴으로 처형한 것은 "루소 같은 사람들" 때문이었다는 주장을 폈다.

프랑스 혁명의 과정을 볼 때 칼라일의 지적이 완전히 틀린 것은 아닌 듯하다. 하지만 루소는 구체제의 지배자들을 무조건 가혹하게 처단하기를 바라지 않았다. 오히려 그는 귀족의 생존권을 인정했다. 귀족들에게 혁명이 닥칠 때를 대비해 생명을 보존하는 법을 배워둘 것을 당부했다. 이를 위해 수공기술을 배워두라고 권고했다. 평민으로 전락하는 등 운명의 변전을 겪은 뒤에도 수공기술이 있으면 충분히 먹고살 수 있다는 것이다. 어려울 때 손에 도움을 청한다면 비굴하거나 도둑질할 필요가 없다. 구두수선이나 목공, 안경제조 등의 기술을 습득하면 운명과 인생의 잡다한 일로부터 독립할 수도 있다. 따라서 루소는 에밀에게도 목공을 가르치겠다고 한다. 목공은 청결하고 유익하며 집에서 할 수 있는 일이다. 신체를 충분히 움직이게 하고, 만들어진 작품들 속에는 우아함과 취미가 깃들기도 한다.

여성에 관한 루소의 주장도 재미있다. 남녀유별을 철석같이 믿는다. 물론 오늘날의 시각에서 볼 때 문제투성이다. 이 대목을 보면 웃음이 나오기도 한다.

이를테면 여자는 남자의 마음에 들고 복종하기 위해 만들어졌고, 사변적인 진리의 탐구보다는 실생활에 적용할 수 있는 학문을 공부해야 한다. 교육의 목적도 남자아이는 체력의 개발이고, 여자는 매력의 개발에 있다. 자연은 남자에게는 과도한 정념과 함께 이성을 부여한 반면 여자에게는 무한한 욕망과 그것을 제어할 수줍음을 겸비하게 해주었다. 그렇지만 '감미로운 사랑의 법칙' 이 있어 여자는 남자를 지배하게 됐다. 그러므로 여자는 아름다운 것만으로 충분하지 않고 남자의 사랑을 받아야 한다. 종교도 남편을 따라야 한다. 아버지와 남편의 결정을 교회의 결정으로 받아들여야 한다. 여자아이는 엄격한 예의범절에 구속받도록 해야 여성 최대의 미덕인 온순함이 생겨난다. 재능 있는 여자는 재앙이다. 여자로서의 의무를 경시하기 때문이다. "지구상에 분별 있는 남자만 있다면, 학식 있고 소양 있는 여자는 모두 평생 처녀로 살다가 죽을 것"이라고 다소 심한 주장까지 서슴지 않는다.

이런 고루한 일면도 있지만, 《에밀》에는 종교적 관용 등 당시로서는 혁신적인 내용이 가득 차있다. 그래서 출판도 되기 전에 파리의 소르본 대학으로부터 가차 없는 비난공세를 받았고, 발행금지 처분이 내려지기도 했다. 루소도 구속영장이 발부됐다는 소식에 외국으로 도피해야만 했다. 다행히 네덜란드의 출판사에서 먼저 출판됨으로써 루소의 교육론은 햇빛을 보게 됐다.

그런데 그때나 지금이나 그가 제시한 '자연의 인간'이나 '덕 있는 인간'을 사회가 요구하지는 않는 듯하다. 당시에는 절대왕정의 질서에 순응하는 인간이 필요했다면, 지금은 다소 이기적이고 고도의 기능과 기술로 무장한 '기능적 인간'을 요구한다. 오늘날 청소년들이 상급학교에 진학하기 위해 뼈를 깎는 고생을 하는 것도 결국은 이런 기능적 인간이 되기 위한 과정 아닌가.

분야마다 고도의 기술지식을 갖춘 전문가와 기능적 인간에 대한 수요는 갈수록 커지고 있다. 우리나라의 경우 조선시대까지는 똑똑한 사람 모두가 과거시험과 공리공론에만 매달렸다. 그 결과 세계사의 흐름에 뒤지고 결국 일제에 강점당하는 수치를 겪었다. 요즘도 우수인력이 판검사나 의사 쪽으로만 몰리는 경향이 있다. 그렇지만 이제는 우수한 자질을 갖춘 분야별 전문가와 과학자들이 좀더 많이 배출돼야 한다.

이를 위해서 학교는 외국어, 수학, 과학 과목의 교육을 중시할 수밖에 없다. 그렇지만 이럴 때일수록 자유롭고 책임 있는 인간을 길러내는 교육이 함께 이루어져야 한다. 그러지 않으면, '몰이성적 전문가'와 편협하고 이기주의적인

'기능적 인간' 들만 쏟아져 나오기 쉽다. 환자에게 친절하지 않은 의사나 법조계에 만연한 전관예우 풍토 같은 것은 '몰이성적 전문가' 들이 빠진 '몰이성적 이기주의' 의 가장 뚜렷한 산물이라 하겠다. 유연하고 합리적인 사고를 겸비한 이성적 인재가 그 어느 때보다 필요하다.

지금처럼 몰이성적인 시대에는 루소가 말하는 '덕 있는 인간' 이 더욱 아쉬워진다. 덕 있는 인간을 길러내기 위한 루소의 교육론은 오늘날에도 여전히 유효하다. 그렇기에 루소의 교육론은 웬만한 교육학 교과서 수만 권보다 큰 가치를 지닌다.

## 잊지 못할 구절들

《에밀》

† 자유가 주는 즐거움은 많은 상처를 가져온다. 즐거움을 획득하면 획득할수록 만족은 우리에게서 더 멀어진다.

† 우리는 행복을 위해 지나치게 애를 쓰기 때문에 행복을 불행으로 변화시킨다.

† 진짜 자유로운 사람은 자기가 할 수 있는 일만 원한다.

† 진리의 수는 오류의 수만큼 무한하다.

† 무지는 전혀 해를 끼치지 않으며 오류만이 해롭다.

† 이성과 판단력은 느리게 걸어오는데, 편견은 떼를 지어 달려온다.

† 학식은 생명을 죽이지만 정신은 생명을 준다.

† 부정할 수도 없고 인정할 수도 없는 것은 묵묵히 존중하라.

† 모든 것이 흔들리면 가지를 희생해서라도 줄기를 보존해야 한다.

† 도덕적 의무가 면제된 종교는 없다.

† 본능은 죽여서는 안 되며 다만 규제해야 한다.

## 참고서적

《에밀》장 자크 루소 지음, 김중현 옮김, 한길사, 2003년

《에밀》장 자크 루소 지음, 한용우 역, 명문당, 1983년

《영웅숭배론》토머스 칼라일 지음, 박상익 지음, 한길사, 2003년

# 광신의 병에 이성의 빛을

### 볼테르 《관용론》

1762년 프랑스 남부의 도시 툴루즈에서 한 사건이 일어났다. 착실한 개신교도 장 칼라스의 집에서 장남 마르크 앙투안이 목을 매 자살한 것이다. 시 쓰기를 좋아하던 앙투안은 당시 스물여덟 살로 변호사의 꿈을 이루지 못하고 우울하게 지내고 있었다. 그는 가족들 가운데 유일하게 변호사 자격을 얻을 수 있는 가톨릭교도였지만, 그런 사실을 입증할 수 있는 증명서를 얻지 못해서 변호사가 되지 못했다.

사건은 외부에 알려지면서 엉뚱하게 왜곡됐다. 사람들은 아버지 장이 가톨릭으로 개종하려는 아들을 죽였다고 수군댔다. 소문은 삽시간에 퍼져나갔고, 급기야 툴루즈 시 행정관이 나서기에 이르렀다. 행정관은 앙투안이 자살할 때 함께 있었던 가족과 친구 등을 투옥하고 재판에 넘겼다. 13명의 재판관으로 구성된 재판부는 뚜렷한 증거도 없이 아버지 장 칼라스에 유죄판결을 내리고 사형을 선고했다. 사형의 방법은 끔찍하기 그지없는 거열형(車裂刑, 사지를 두 개 이상의 수레나 말에 묶은 뒤 그 수레나 말을 서로 다른 방향으로 몰아 찢어

죽이는 형벌)이었다. 그 이유도 가관이었다. 허약한 노인이 처형의 고통을 이기기 어려울 것이니 형틀에 묶이면 곧바로 자신의 죄와 공모자들의 죄를 자백하리라는 것이었다.

형이 집행되는 동안 칼라스는 하느님을 부르며 잘못 판결한 재판관들을 용서해달라고 기도했다. 악을 선으로 갚은 것이다. 그러나 재판관들은 칼라스의 아들과 딸도 수도원과 수녀원으로 보냈다. 사실상 감금이었다.

홀로 남은 칼라스 부인은 한동안 눈물과 한숨 속에 숨어 살았다. 그러다가 몇몇 뜻있는 사람들의 권고를 받아들여 수도 파리에 올라가 재심을 호소하기로 했다. 그 호소에 양식 있는 변호사들이 도움을 주고 유럽 각국의 여론이 응원을 보냈다. 결국 대법원 격인 국무회의 재판부에서 사건 3년이 지난 뒤 칼라스의 무죄를 선고했다. 그동안 칼라스 가족이 겪은 피눈물은 얼마나 크고 깊었을까? 상상하기 어렵지 않다.

18세기 프랑스의 계몽사상가 볼테르는 이 사건을 알게 된 뒤 칼라스 부인에게 재심을 청구하도록 권유했고, 팸플릿을 써서 돌리며 여론환기 작업에 앞장섰다. 그는 이 사건을 계기로 《관용론》을 쓰게 된다. 도입부에서 사건의 개요를 정리한 후 볼테르는 "거룩한 신앙심도 그것이 지나쳤기 때문에 무서운 범죄를 낳게 되었다"고 비판한다. 나아가서 "신앙심이 자비로운 것이어야 하는지 가혹해야 하는 것인지"를 검토하겠다고 다짐한다.

사건이 일어난 해는 위그노(칼뱅의 교리를 이은 프랑스의 개신교) 신도 4천여 명을 학살했던 사건의 200주년을 '기념'하는 '축제의 해'였다. 그래서 칼라스에 대한 거열형 집행은 광신자들을 더욱 광분하게 했다. 그렇게 하라는 신의 소리를 들었다고 주장하는 사람도 20명이나 됐다고 한다. 볼테르의 표현대로 "광신이 이제 막 이성이 이룩해 놓은 성취에 격분해 더욱 세차게 준동한" 셈이다. 사실 그 무렵 유럽의 대부분 지역에서는 종교분쟁이 잦아들고 종교적 평화가 비교적 유지되고 있었다. 인간이성에 대한 각성이 점차 확산되면서 종교적 광신이 설 땅은 점차 좁아져갔다.

이럴 때 발생한 칼라스 사건을 이상한 방향으로 이끈 데는 카르멜회 수도사들의 탓도 컸다. 그들은 자살한 마르크 앙투안이 마치 순교자인 양 '장중하게' 그의 장례를 치르면서 여론을 오도했다. 그 '독실한 행동'은 앙투안을 죽였다는 혐의로 붙잡힌 아버지에게 치명타가 됐다. 결국 죄 없는 한 시민은 광신의 광염에 휘말려 억울하고도 참혹하게 희생되고 말았다.

볼테르는 수도회가 오랫동안 국민들의 교육에 기여한 것을 인정했다. 그러나 그 수도회의 과도한 종교적 열정이 가톨릭교도들로 하여금 위그노교도들을 배척하도록 부추긴 것 또한 사실이었다. 이런 까닭에 그는 "돈독한 믿음으로 미워하고 박해하기는 해도 사랑하고 돕는 법은 없다"고 수도원을 힐책한다. 또 수도회 수사가 입고 다니는 기묘한 복장은 종교적 논쟁의 와중에서 한 당파의 '제복'이 되고 일종의 정신적 내전을 유발한다고 비판한다.

사실 종교적 '불관용'으로 인한 사건은 유럽에서 끊임없이 일어났다. 16세기 종교개혁 시기의 프랑스는 광신도들이 발산하는 극도의 광기로 편할 날이 없었다. 개신교도들은 무자비한 탄압을 받았다. 인간이 고안할 수 있는 가장 잔인한 방법들이 동원됐다. 사람을 나무에 걸린 들보 끝에 매달아놓고 그 밑에 장작불을 피워 그을려 죽였다. 들보에 매달린 신도는 장시간 온갖 고통을 다 겪은 후 죽음에 이른다. 짐승에게도 이런 짓을 하기 어려운데, 과연 어떤 정신으로 그런 끔찍한 사형방식을 고안해낼 수 있었는지….

성 바르톨로뮤 대학살

프로방스 지방에서는 군대가 출동해 30개의 마을에서 노인과 어린이를 포함해 모두 6천여 명의 주민을 남김없이 살해했다. 이렇게 무고한 시민들을 도륙하는 사건이 잇따르자 개신교도들도 무장저항을 하게 되고, 그 결과 모두 9차례 내전이 벌어졌다고 한다. 그런 종교분쟁은 마침내 1572년 성 바르톨로뮤 축일의 대학살로 절정을 이뤘다. 축일 미명을 기해 위그노교도 수천 명을 살해한 사건이다. 볼테르의 표현을 빌리자면 "인간이 저지른 죄악의 연대기에서도 그 유례를 찾아볼 수 없는 사건"이었다. 낭트칙령을 통해 개신교도에게 상당한 자유를 허용한 프랑스 국왕 앙리 4세도 결국 광신도에 의해 암살당했다.

아일랜드에서도 개신교도에 대한 야만적인 살육이 자행됐다. "신에게 제물로 바친다"는 구실로 개신교도들을 산 채로 묻거나, 임신한 여인의 배를 갈라 죽이는 등 상상을 초월하는 행위가 벌어졌다. 이런 식의 종교적 투쟁은 독일, 영국, 네덜란드 등 유럽의 대부분 국가에서 발생해 무고한 인명을 잔인하게 앗아갔다. 교리가 조금이라도 다르거나 마녀로 낙인찍히면 목숨을 부지할 수 없었다. 진짜 마녀와 가짜 마녀를 구분하는 방법에 관한 판례집도 100권이 넘었다고 한다.

네덜란드 태생의 미국 저널리스트이자 역사가인 헨드릭 빌렘 반 룬이 쓴 저서 《관용》을 보면, 서기 385년에 스페인의 주교 프리스킬리아누스가 마니교 성향이 짙다는 이유로 화형에 처해짐으로써 이단심문의 첫 희생자가 됐다. 그 후 이단법정은 중세시대를 짓눌렀다. 특히 스페인의 종교재판과 로마 교황청의 이단법정은 유럽 전체를 공포로 몰아넣었다. 영적인 결함이 있다고 의심되는 사람을 익명으로 고발할 수 있는 제도로 말미암아 친구는 물론 집안사람들도 믿기 어렵게 됐다. 이런 고발행위로 먹고사는 사람들까지 생겼다고 한다. 또 많은 탁발수도사들이 이런 분위기에 편승해 호사스런 생활을 누리기도 했다.

위대한 사상가들도 불관용의 피해를 입었다. 천문학자 갈릴레오 갈릴레이는 지동설을 주장했다가 종교재판까지 받은 끝에 간신히 목숨을 건졌다. 그렇지만 이탈리아의 사상가 조르다노 브루노는 코페르니쿠스의 지동설을 지지했다가 이단죄로 화형당했다. 종교개혁 과정에서 스위스의 제네바를 장악하고 신정정치를 편 칼뱅파도 다른 교리를 신봉하는 사람들을 무자비하게 화형에 처하곤 했다.

유럽에서 광란적인 종교적 살육이 자행되는 동안 중국이나 오스만투르크제국 등 동방에서는 종교적 자유가 폭넓게 허용되고 있었다. 오스만투르크제국이 지배하는 콘스탄티노플에서는 그리스정교 신도들이 아무런 위험 없이 살고 있었다. 제국 전역에서 네스토리우스파, 콥트교파, 조로아스터교 등 온갖 형태의 종교가 자유롭게 신봉되고 있었다.

유럽에서도 그리스로마 시대에는 종교적 광신과 살육은 거의 일어나지 않았다. 고대 사람들은 어떤 마을을 방문하면 먼저 그 마을의 신들에게 경배를 표했다. 다른 도시를 공격할 때도 그 도시의 수호신에게 제물을 바치고 기원을 올렸다. 알렉산드로스 대왕은 리비아 사막으로 가서 아몬 신에게 신탁을 구했고, 트로이인은 그리스 신들에게 기원을 올리곤 했다. 크세노폰이 쓴 《키루스의 교육》에 의하면, 페르시아의 키루스 왕도 아시리아를 공격할 때 아시리아의 신들에게 제사를 지냈다.

아이스킬로스가 쓴 비극 《아가멤논》에도 그리스군 총사령관 아가멤논의 아내 클리타임네스트라가 "트로이 성을 점령했다고 해도 트로이인의 수호신들과 그들의 신전에 경의를 표해야 한다"라고 말하는 대목이 나온다. 그만큼 그리스인들에게는 다른 나라의 신을 존중하는 의식이 뿌리 깊었다.

로마 시대에도 그리스도교는 비교적 신앙의 자유를 허용받았다. 제정 초기에도 모든 종교가 용인되고 있었고, 그 누구도 종교 때문에 죽음을 당하지 않았다. 로마 시의 주교들도 대부분 평화롭게 살다가 세상을 떠났고, 단 1명만이 순교했다고 한다. 그리스도 탄생 이후 로마제국 치하의 3백 년 동안 종교회의만 56회 열렸다. 무자비한 박해가 계속됐다면 이는 불가능했을 것이다. 지금까지 전해져 내려오는 로마 시대의 박해 이야기는 대부분 당시의 사회질서를 거역했기 때문에 빚어진 것이었다고 볼테르는 지적한다. 이를테면 성 폴리유크토스는 데키우스 황제가 전쟁에서 승리한 후 신전에서 감사제물을 바치고 있는 제사장들을 꾸짖고 제단을 뒤엎었다가 화를 당했다. 어떤 신도는 디오클레티아누스의 칙령을 공개적으로 찢어버림으로써 전체 교우들이 모진 박해를 당하는 결과를 초래했다. 볼테르는 결국 신도들의 어긋난 신앙심이 박해의 원인이 되었을 것이라고 추정한다.

특히 로마 시대에는 프랑스에서 일어났던 것과 같은 종교박해는 없었다. 성 바르톨로뮤 축일의 학살 사건 같은 일은 로마 시대에는 찾아볼 수 없다. 그런데 그리스도교 교인들은 다른 종파의 신도들을 남녀노소 구별 없이 죽이고 불태웠다. 더욱이 툴루즈에서는 해마다 개신교도 학살사건을 기념하는 축제까지 열렸다고 하니, 종교적 불관용이 이보다 심할 수는 없다.

광신도들의 기본주장은 "내가 믿는 것을 믿어라. 만약 믿지 못하겠다면 너를 죽이겠다"는 것이다. 볼테르는 "로마인들에게 박해자라고 비난을 퍼부으면서 도리어 우리 자신이 박해자가 되려 하는가"라고 반문한다.

인간의 불관용이 저지른 해악이나 그 비참한 결과를 일일이 다 열거하기란 어렵다. 너무나 많이 저질러졌으니 그것을 헤아릴 수도 없다. 그러니 이 세상은 삶의 터전이 아니라 살아있는 지옥이나 다름없었다.

게다가 당시 무자비한 탄압을 옹호하는 주장도 적지 않았다. 이들은 성 바르톨로뮤 축일의 대학살을 옹호한다든가 이단자를 제압해야 한다는 요구를 서슴지 않았다. 볼테르가 《관용론》을 펴낸 해에도 한 성직자는 불관용을 외치는 책을 출판했다. 그 성직자는 《신앙과 인도적 정신의 일치》라는 근사한 이름을 붙여 "이단자가 소수에 불과하다면 그들을 교수대로 보내버리든가 갤리선(지중해 일대에서 사용되던 군사용 배)에 잡아넣는 방법이 효과적"이라고 주장한다. 프랑스 국민의 20분의 1가량이 프로테스탄트인데, 이들을 없애자는 '제안'이다. 그들을 제거한다고 해도 프랑스의 국력이 약해지지 않는다는 것이다. 특히 그는 "예수가 불관용을 명시적으로 비난한 바가 없다"며 '불관용'을 역설했다.

사실 볼테르는 독실한 가톨릭 신자다. 그러나 그는 가톨릭의 종교적 불관용이 비인간적 참화를 일으키는 사태를 용인할 수는 없었다. 물론 광신도는 가톨릭뿐만 아니라 칼뱅파 등 개신교도 사이에도 있었다. 그러므로 종교 간의 평화와 사회적 화합을 위해서는 이들 광신도가 없어져야 했다. 이를 위한 방안으로 그가 제시한 것은 "광신이라는 질병에 '이성의 빛'을 쬐는 것"이었다.

이성이라는 요법은 인간을 계몽하는 데 효과는 느리지만 결코 실패하지 않는 처방이다. 이성은 온화하고 인정미가 있다. 이성은 너그러움을 불러일으키고 불화를 잠재운다. 이성은 미덕을 확고히 하며, 기꺼운 마음으로 법에 복종하도록 함으로써 더 이상 강제력으로 법을 유지할 필요가 없게 한다.

다행히도 볼테르가 이 책을 쓸 즈음에는 대부분의 국가에서 정규군과 경찰력이 확대되고 풍속이 온화해짐에 따라 야만적인 살육이 사라졌다. 프랑스의 일부 지방에서는 종교의 자유가 허용됐다. 과거와 같은 광신의 전염병이 크게 잦아들고 이성이 개가를 올리는 시대였다고 볼테르는 생각했다. 양식 있는 사람이라면 종교적 열광을 조롱하는 시대였다. 그러므로 사회적인 화합을 도모할 수 있는 시대라고 볼테르는 믿었다.

따라서 그는 온화한 처방약이 필요하다고 지적했다. 과거 위그노교도에 대한 무자비한 탄압 때 프랑스를 등졌던 사람들이 귀국해서 평화롭게 살 수 있게 하고, 그 탄압의 구실이 되었던 칙령들을 완화하자는 의견을 제시했다. 그들이 원하는 것은 단지 자연법이 지켜지고, 자녀들이 안전하게 자랄 수 있게 하고, 자율성을 보장받는 것뿐이다. 이들을 귀국시켜 사회에 유용하게 기여하도록 하고, 위협적인 존재가 되지 않게 하면 되는 것이다.

이 같은 시대적 배경과 함께 볼테르를 비롯한 뜻있는 사람들의 노력으로 칼라스 사건은 정확하게 3년 뒤 판결이 뒤집어졌다. 잔혹하게 처형된 칼라스에게 무죄선고가 내려졌다. 아울러 살아남은 칼라스의 가족에게 연금을 지급하라는 결정도 내려졌다. 그럼으로써 재심 재판관들은 '선행의 의무'까지 다했다. 반대로 이 사건을 처음으로 접수해 잘못된 판결을 내린 툴루즈의 재판관들에게는 배상을 부담하라는 결정이 내려졌다. 자신들의 책임을 다하지 못한 대가인 셈이다.

볼테르는 이 같은 재심 판결이 신앙의 자유를 다시 확인하는 계기가 되기를 희망했다. 동시에 가해자에 대한 관용도 호소했다. 툴루즈 시의 행정관 다비드는 칼라스에 대한 박해를 가장 먼저 조장하고, 처형대에서 죽어가는 피해자를 모욕한 사람이다. 이 사건의 원흉인 셈이다. 그렇지만 그가 참회의 모범을 보일 경우 용서해야 한다고 볼테르는 강조한다.

마찬가지로 과거의 광신적 행위에 대해 뒤늦게 문죄하는 것도 어리석은 일이다. 그것은 40여 년 전 마르세유에 페스트가 돌았다는 이유로 그곳 주민들 전부에게 약을 복용시키는 것만큼이나 정신 나간 짓이다.

과거란 마치 그 시간이 존재하지도 않았던 것처럼 돌려버리자. 우리는 언제나 우리가 있는 지점에서부터, 그리고 각 국가마다 그들이 도달해 있는 상태에서부터 출발해야 한다.

불관용이 필요한 때도 있다. 종교의 교리가 광신을 불어넣고 사회의 안녕과 질서를 해칠 때다. 만약 엄격한 얀세니스트(17~18세기 프랑스에서 초기 그리스도교회의 윤리로 돌아갈 것을 주장하고 인간의 자유의지를 부정하던 종교운동인 얀세니즘의 신봉자들. 수학자이자 철학자인 파스칼도 그 일원이었음)가 이단으로 단죄되었다는 이유만으로 예수회 회원들이 얀세니스트 신부의 집으로 몰려가서 방화한다면, 그 회원들은 처벌 받아야 한다. 모임의 규칙이 국가의 법이나 자연의 이법과 어긋나면 그 모임은 해체되어야 한다. 또한 이런 원칙은 가톨릭, 칼뱅파, 루터파를 불문하고 모든 교파들에게 적용돼야 한다.

이 무렵 덴마크의 한 종파는 세례 받지 못한 아이들은 지옥에 떨어지고 세례 받은 아이들은 천국에 간다고 믿었다. 그 믿음에 근거해 그들은 세례받은 아이들을 목 졸라 죽였다. 얼마나 미개하고 야만적인 행위인가! 어린아이의 생명을 좌우할 권리는 누구에게도 없다. 그들의 행위는 국가의 법과 자연의 섭리를 모두 거역한 것이다. 따라서 이들은 벌을 받아야만 한다고 볼테르는 못 박는다.

오늘날에도 종교적 교리를 앞세워 집단자살하거나 가정을 파괴하는 등의 불상사가 간혹 벌어지곤 한다. 이것은 종교 이전에 인간생명과 가정을 존중해야 한다는 인류 보편의 가치를 정면으로 거역하는 짓이다. 이를 합리화하려는 그 어떤 종교적 교리도 용인되어서는 안 된다. 실정법의 잣대를 엄격하게 적용해야 한다. 이것은 종교적 불관용이 아니라 자연과 이성에 의한 불관용이다.

볼테르뿐만 아니라 루소와 몽테스키외, 몽테뉴, 라블레 등 많은 프랑스 사상가들이 종교적 관용을 외쳤다. 이는 프랑스의 학문이 다른 나라들보다 일찍부터 발전했다는 점과 함께 프랑스가 오랫동안 극심한 종교적 갈등과 투쟁에 시달렸기 때문인 듯하다.

루소는 《에밀》에서 사부아 보좌신부가 자신의 신앙편력을 고백하는 형태로 종교적 관용을 설파한다. 사부아 보좌신부는 우주의 사물에 질서를 부여하는 존재자로서 '신'을 인정하면서도 진정한 종교가 하나뿐이고 그것을 믿지 않으면 천벌을 받는다고 하는 식의 교리를 전면 비판한다. 그리고 "나는 잔인한 교리를 전파하지 않을 것이며 내 이웃을 증오하지 않을 것"이라고 다짐한다.

신부는 교회의 정신보다는 복음서의 정신을 따르고 조상의 종교를 믿으라고 권유한다. 정의로운 마음이 신의 진정한 교회이며, 도덕적 의무가 면제된 종교는 없다. 이 지상에서 인간에게 중요한 것은 자신의 의무를 이행하는 일이라고 강조한다.

몽테스키외도 《법의 정신》에서 국가의 법이 다수의 종교를 용인할 경우 종교는 서로 관용해야 한다고 강조했다. 서로 다른 종교가 반목함으로써 개인 간의 분쟁을 초래하고, 나아가 국가질서를 혼란시켜서는 안 된다는 것이다. 이보다 앞선 16세기의 종교개혁으로 인한 혼란기에는 에라스무스나 몽테뉴 같은 사상가들이 관용을 앞장서 주장했다. 이들은 상식과 이성의 바탕 위에 관용의 필요성을 역설했다.

몽테뉴는 세상을 떠날 때까지 가톨릭 신앙을 버리지 않았지만, 개신교도에 대한 무자비한 탄압에는 찬성하지 않았다. 그는 성 바르톨로뮤 축일의 학살 사건으로 개신교도 수만 명이 살해된 사건을 당시 교황 그레고리우스 13세가 축하했다는 소식을 듣고는 교회에 가는 발길을 끊었다고 한다. 그리고 당시 극심했던 종교전쟁을 종식시키기 위해 혼신의 힘을 다했다. 보르도 시장 재임 중에는 당시 국왕 앙리 3세 측과 개신교도인 나바르공 앙리 사이에서 중재자 역할을 했다. 앙리 3세가 가톨릭동맹에 의해 쫓겨나고 파리를 탈출할 때 동행했고, 이 때문에 가톨릭동맹에 붙잡혀 바스티유 감옥에 하루 동안 투옥되기도 했다. 개신교도인 앙리 4세가 국왕으로 등극하자 그에게 정치적 충고를 담은 편지를 보내는 등 몽테뉴는 프랑스의 종교적 평화를 위해 견마지로(犬馬之勞)를 다했다. 결국 앙리 4세는 정식으로 국왕에 오른 뒤 개신교도에게 믿음의 자유를 허용하는 낭트칙령을 선포했다.

16세기 프랑스의 풍자작가 프랑수아 라블레 역시 풍자소설《가르강튀아》와 《팡타그뤼엘》을 통해 종교적 불관용 풍조를 통렬히 비판하고 편협하지 않은 신앙심을 강조했다. 소설의 주인공 가르강튀아 왕은 기존의 편협한 수도원 대신 새로운 수도원을 수도사에게 지어준다. 이 수도원은 편협한 신앙을 가진 자, 종교재판관, 율법학자와 바리새인의 출입을 금지하고, 자유로운 영혼을 가진 사람들을 교육시켜서 퇴원시킨다. "거짓된 말솜씨로 세상에 해독을 끼치는 적의에 찬 그릇된 신앙"으로부터 피난처가 되는 수도원의 모습이었다.

위대한 사상가들이 끈질기게 노력한 덕분에 프랑스는 대혁명을 거치면서 과거에 비해 훨씬 종교적으로 자유로운 국가가 됐다. 오늘날의 세계는 종교적으로 자유로운 편이다. 과거 천 년 이상 인류를 짓눌러 왔던 종교박해와 불관용은 대체로 극복됐다. 종교인들이 서로 화합하기 위해 애쓰는 모습도 눈에 띈다. 교황 요한바오로 2세는 이슬람교 국가인 시리아를 방문해 공동기도문을 작성하기도 했다. 200~300년 사이에 태도가 크게 바뀐 것이다. 지금이라도 그렇게 관용의 원리를 수용하고 실천하고 있으니 다행이라고 아니할 수 없다.

일찍이 예수도 불관용을 배척했다. 요한복음 12장 47절에는 이런 가르침이 나온다.

*어떤 사람이 내 말을 듣고 지키지 않는다고 하더라도 나는 그를 단죄하지 않을 것이다. 나는 이 세상을 단죄하러 온 것이 아니라 구원하러 왔기 때문이다.*

이 가르침에 비춰보면 지난날 저질러진 종교적 불관용은 예수의 가르침을 어긴 것이나 다름없다. 종교적 관용에 관한 한 이제야 예수의 가르침이 어느 정도 실천되고 있는 셈이다.

그러나 일부 국가와 지역에서는 여전히 종교 간 또는 종파 간 갈등과 대립이 벌어지고 있다. 개종의 자유를 인정하지 않는 나라도 있다. 각 종파의 근본주의자들이 주도권을 잡고 다른 종파를 억누르는 나라와 지역도 있다. 미국의 침공을 받은 이라크를 비롯해 중동의 일부 국가에서는 수니파와 시아파 이슬람교도 사이에 대립과 보복이 꼬리를 물고 일어난다. 영국의 북아일랜드에서는 가톨릭교도와 개신교도가 여전히 반목하고 있다. 아직까지 종교적 갈등을 겪고 있는 나라들의 경우 대체로 종교적 이유에다 정치적, 경제적 요인까지 겹쳐 있다. 따라서 과거처럼 단순히 종교적 관용과 불관용의 관점으로 접근하기는 어려운 측면이 있다.

20세기 들어서는 종교적 갈등과 대립보다는 정치적, 이데올로기적 불관용이 오랫동안 인간을 제약해 왔다. 러시아혁명이나 스페인내전 등 정치적 격변기마다 정적과 반대세력에 대한 무자비한 탄압과 숙청이 자행됐다. 특히 2차 대전 이후에는 극심한 이념대결로 인한 냉전과 인종차별 문제 등이 인류를 전란과 공포에 휘몰아 넣었다.

한반도 역시 불관용의 이데올로기가 큰 힘을 발휘하는 곳이다. 남북한의 첨예한 대립과 함께 한국사회 내부의 이념갈등도 심각하다. 한국사회의 이념갈등이 더욱 깊어지면서 무조건 상대방을 배척하려는 움직임까지 엿보인다.

다행히 종교적 불관용은 아직까지 심각하지 않다. 오랜 동안 우리 민족에 뿌리박아온 불교, 유교 외에 서양에서 전래된 천주교와 개신교, 자생적으로 생겨난 천도교와 증산교 등이 비교적 평화롭게 공존하고 있다. 여러 종교가 함께 사회활동을 전개하고, 상호이해를 위한 노력도 기울이고 있다. 이를테면 석가탄신일에 천주교에서 불교에 축하 메시지를 보내거나, 반대로 크리스마스에 불교에서 '아기예수 탄생축하' 플래카드를 내걸기도 한다. 특히 지난 1970년대 이후 전개된 민주화운동 과정에서 여러 종단의 지도자들이 손잡고 나섰던 일은 더없이 소중한 추억이다. 그것은 세계 종교사에서도 오래도록 빛나는 모범이 될 것이라고 생각한다.

그렇지만 일부 종파는 다른 종교에 상당히 배타적인 태도를 취하고 있다. 불상이나 단군상을 우상이라며 훼손하고, 이순신 장군까지 사탄이라고 매도

하는 등 독선적인 파괴행위가 틈틈이 일어난다. 과거 유럽에서 가톨릭교가 배타적인 입장을 취한 반면 개신교도가 종교적 자유의 상징이었지만, 지금 한국에서는 정반대의 현상이 벌어지고 있다.

그럼에도 불구하고 한국에서는 종교문제에 관한 한 비교적 평화가 유지되고 있다. 어쩌면 불안한 균형이나 견제 때문일지도 모른다. 언제 이 땅에서도 종교적 불관용으로 인한 갈등이 불거질지 알 수 없다. 그러므로 여러 종교 사이에 허심탄회한 대화의 노력과 아량이 절실하다.

남북한과 한국 내 여러 사회세력 간에도 이런 관용의 정신이 긴요하다. 비록 남북한 사이에 피를 흘리는 동족상잔이 있었지만, 그런 괴로운 기억만 되새기고 있을 수는 없다. 고대 그리스인들도 도시국가들끼리 치열하게 싸웠지만, 다른 한편으로는 끊임없는 교류와 왕래를 통해 동질감을 확인했다. 그것이 밑바탕이 되어 당시 최강대국이었던 페르시아의 침략을 맞아 일치단결해서 격퇴할 수 있었던 것이다. 다행히 이제 남북한 사이에도 해빙의 기운이 퍼지고 있다. 이럴 때 서로 관용의 미덕을 발휘하면 한반도에 항구적 평화와 번영이 찾아올 수 있다고 믿는다. 남북한이 이런 대전제에서 서로 일치를 이룬다면 납북자나 국군포로, 이산가족 등 여러 가지 인권문제에서 서로에게 유익한 해결책을 찾아낼 수 있을 것으로 생각된다. 결국 관용은 인권의 문제인 것이다.

관용은 인간사회의 영원한 과제이지만, 달성하기가 결코 쉽지 않다. 그러나 어려운 과제라는 이유로 포기할 수는 없다. 관용은 종교적 신앙뿐만 아니라 인간사의 모든 갈등과 분열에도 적용돼야 할 보편적인 규범이다. 인간에게 만약 이성이란 것이 정녕 있다면 그 이성이 가장 올곧게 발휘돼야 할 덕목이 바로 관용이다.

관용의 기본원리는 "네가 타인에게 당하고 싶지 않은 일을 너 역시 타인에게 행하지 말라"는 것이다. 이 기본원리는 동양에서나 서양에서나 똑같이 존중돼 왔다. 동양에도 '기소불욕 물시어인(己所不欲 勿施於人)'이라는 말이 있다. 그것은 또한 자연이 인간에게 요구하는 준칙이기도 하다. 인간은 본래 자연의 일부분이면서 홀로의 힘으로는 티끌과 다름없는 존재이기 때문이다. 인간은 화합과 관용 없이는 살아갈 수 없다.

그러므로 볼테르는 인간을 향한 자연의 간절한 호소를 우리에게 전한다. 아직도 갈등과 분열 속에 다른 종교나 정파에 보복할 기회만을 노리는 사람은 없는가? 그런 사람들은 반드시 다음과 같은 호소를 되새겨보기 바란다.

자연은 우리 인간을 향해 이렇게 말합니다.
"당신네 모두는 연약하고 무지한 존재로 태어나서, 이 땅에서 짧은 시간을 살다가 죽어 그 육체로 땅을 비옥하게 할 것이오. 당신들은 연약한 존재이니 그런 만큼 서로를 도우시오. 당신들은 무지하니 그런 만큼 서로를 가르치고 용인하시오. 만약 당신들 모두가 같은 의견이고 - 그렇게 될 경우는 분명 없겠지만 - 단 한 사람만이 반대의견이라면 여러분은 그 한 사람을 용서해야 하오. 그가 그렇게 생각하는 데는 여러분 각자가 책임이 있기 때문이오.

나는 당신들 인간에게 땅을 경작할 팔을, 그리고 스스로를 인도해줄 한 줌의 이성을 부여해주었소. 나는 당신들 각자의 가슴에 서로를 도와 삶을 견뎌나갈 수 있도록 동정심의 싹을 심어주었소. 이 싹을 꺾거나 썩히지 마시오. 이 동정심의 싹이야말로 신이 내려주신 것이라는 사실을 깨달아야 하오. 그리고 당신네들의 가련할 수밖에 없는 당파적 논쟁의 격앙된 고함소리로 자연의 목소리를 지우지 마시오."

## 잊지 못할 구절들

《관용론》

† 이성은 온화하고 인정미 있다. 이성은 너그러움을 불러일으키고 불화를 잠재운다.

† 인간들의 창작물에 의지하느니 차라리 자연법을 따르겠다.

† 누군가의 마음을 결코 구속하지 말라. 그러면 누구라도 당신에게 설복될 것이다.

† 우리가 서로 도와서 힘들고 덧없는 삶의 짐을 견디도록 해주소서.

† 당신을 숭배하느라고 한낮에 촛불을 켜는 자들이 당신이 내려주는 햇빛으로 만족하는 사람들을 관대히 대하게 해주소서.


## 참고서적

《관용론》 볼테르 지음, 송기형 임미경 옮김, 한길사, 2001년

《관용》 헨드릭 빌렘 반 룬 지음, 이혜정 옮김, 서해문집, 2005년

《가르강튀아/팡타그뤼엘》 프랑수아 라블레 지음, 유석호 옮김, 문학과지성사, 2004년

《몽테뉴 수상록》 몽테뉴 지음, 민희식 옮김, 육문사, 1994년

《법의 정신》 몽테스키외 지음, 이명성 옮김, 홍신문화사, 1988년

《공동번역 성서》 12판, 대한성서공회, 1989년

# 칼리오페

베누스 여신처럼 아름다운 어머니의 사랑과 지혜
**존 스타인벡 《분노의 포도》**

생명을 구하는 직업정신의 영웅
**알베르 카뮈 《페스트》**

# 베누스 여신처럼 아름다운 어머니의 사랑과 지혜

### 존 스타인벡 《분노의 포도》

2006년 한국사회는 미국에서 찾아온 미식축구 선수 하인스 워드에 이목을 집중했다. 피츠버그 스틸러스 소속으로 팀을 우승으로 이끌고 최우수선수로 선정된 그가 한국인 어머니를 둔 혼혈 미국인이었기 때문이다. 그가 한국에 도착해서 머물렀던 며칠 동안 온갖 매체가 그의 일정을 하나도 빠짐없이 전해 주었다. 특히 그가 한국에서 혼혈로 태어난 청소년들을 만나 격려하고 혼혈아를 돕기 위한 재단을 만들겠다는 뜻을 밝혀 적잖은 감동을 불러일으켰다.

하인스 워드에 대한 관심을 고조시킨 또 하나의 큰 요인은 무엇보다도 자식을 훌륭하게 키워온 그의 어머니의 삶이었다. 하인스 워드의 어머니 김영희 씨는 미국으로 건너간 뒤 흑인 남편과의 결혼생활이 파탄으로 끝나자 온갖 궂은일을 다 하며 자식을 훌륭하게 키웠다. 그런 과정이 알려지면서 하인스 워드의 성공스토리는 더욱 부각됐다.

하인스 워드에 이어 미국에서 활동 중인 여배우 문 블러드굿의 이야기도 전해졌다. 미국 ABC 방송의 드라마 여주인공으로 출연하기도 했던 문 블러드굿도 어머니 정상자 씨가 남편과 이혼한 후 홀로 힘든 일을 하면서 키웠다고 한다. 이처럼 비슷한 경험을 갖고 있기 때문에 문 블러드굿도 하인스 워드의 혼혈아 지원사업에 힘을 보태기로 한 것으로 알려졌다.

이들은 서로 다른 분야에서 두각을 나타냈지만, 한국인 홀어머니 밑에서 자란 혼혈아라는 공통점을 가지고 있다. 인간의 성장과정에서 차지하는 '어머니의 힘'에 새삼 숙연함이 느껴진다.

어머니의 노고와 정성은 인류역사상 새삼스런 일은 결코 아니다. 인류역사를 풍요롭게 해준 많은 인물들이 어머니의 각별한 사랑과 노고가 있었기에 위대한 존재로 성장했다. 자식교육을 위해 세 차례나 이사를 했다고 전해지는 맹자의 어머니, 조선시대 최고의 서예가로 이름을 떨쳤던 한석봉의 어머니, 영국 프리미어 리그에서 활약 중인 축구선수 설기현의 어머니 등 이루 다 헤아릴 수 없다.

어머니들은 극심한 진통을 겪으면서 자식을 낳을 뿐 아니라 키우는 과정에서도 자식을 위해 온갖 힘든 일을 다 한다. 자식에 대한 어머니의 사랑은 아버지의 사랑과 비교할 때 직접적이면서도 다정하다. 어머니는 자식이나 가족에게 사랑을 기울일 뿐만 아니라 필요할 때 정확한 판단을 내리기도 한다. 자식을 키우고 생활을 꾸려가면서 지혜를 축적하고 그 지혜를 필요할 때 발휘하는 것이다.

사회적 불평등과 이농 문제를 주제로 한 미국작가 존 스타인벡의 소설《분노의 포도》에서도 진정한 주인공은 바로 어머니다.《분노의 포도》는 1930년대 대공황 직후 미국사회에서 소외된 농가의 이농과 유랑을 다룬 문제작이다. 기계화 영농이 확산되는 과정에서 농지를 상실한 톰과 그의 부모 등 일가족이 모두 함께 서부지역으로 유랑을 떠나면서 겪는 고행과 역경이 펼쳐진다. 스타인벡은 "100만 에이커를 가진 1명의 대주주를 위해 10만 명이 굶주리고 있다"며 그때의 상황을 묘사하기도 했다. 당시 미국에는 대공황의 영향으로 실업자가 1천만 명에 이를 정도로 경제적 어려움이 심각했다. 이때 오클라호마에서 캘리포니아로 이주한 빈농이 25만 명을 헤아렸다고 한다. 《분노의 포도》에 등장하는 톰의 일가족도 그 가운데 일부였다.

이런 배경에서 탄생한 이 작품에는 당시 미국의 기계화된 대형 농장주에 의해 쫓겨난 가난한 농민들의 땀과 눈물이 잘 드러나 있다. 캘리포니아를 향해 가는 조드 일가족의 고난에 찬 여정을 성서의 《출애굽기》와 비교하는 시각도 있다. 이집트에서 노예살이를 하던 유태인의 탈출과정과 유사하다는 것이다. 나는 그다지 큰 유사성이 있다고 생각하지 않지만, 그것은 중요하지 않다. 다만 한 시대의 역경 속에 지치지 않고 강인한 정신자세로 살아가려는 빈농의 의지와 삶이 그려진 것만은 분명하다. 특히 어머니가 자식과 가족을 위해 기울이는 사랑과 용기, 결단은 시종 굳센 생명력을 느끼게 한다.

살인죄로 형을 살다가 가석방으로 풀려난 톰은 집으로 가는 길에 한 목사를 만난다. 그들이 톰의 집에 도착했을 때 톰의 가족은 캘리포니아로 떠날 채비를 하고 있었다. 일가가 가진 것이라곤 중고트럭 한 대와 약간의 가재도구뿐. 그들은 모두 트럭에 올라타 서부로 향하는 긴 여정을 떠난다.

유랑 중 곤란한 일들을 겪으면서 톰은 여러 차례 시비에 걸려들 뻔하지만, 그때마다 어머니의 제지로 위기를 넘겨왔다. 그러던 어느 날 톰은 결국 일을 내고 말았다. 유랑 중 머문 수용소에서 벌어진 다툼의 책임을 대신 떠맡고 체포됐던 목사가 다시 재회한 날 자신의 눈앞에서 집단폭행을 당해 숨진 것이다.

분노한 톰은 상대의 곤봉을 빼앗아 폭력을 휘두른다. 어머니는 잡히면 가중처벌을 받을 게 뻔한 아들을 숨기고 보호하지만, 오래 버틸 수는 없었다. 톰은 또다시 쫓기는 신세가 되어, 가족과 기약도 없는 이별을 한다. 어머니는 떠나는 아들의 손에 탈탈 털어 모은 돈을 쥐어준다.

어머니는 아들의 목소리가 나는 쪽으로 바싹 다가섰다. "한 번만 더 만져보자, 톰. 이것 참, 너무 캄캄해서 장님이 된 것 같구나. 손끝만이라도 기억해 두고 싶구나. 넌 여길 떠나야 한다, 톰."
"예! 이렇게 될 줄 알았어요."
"우린 이제 형편이 좀 폈다. 난 돈을 한 푼 두 푼 모아두었다. 받거라, 톰. 7달러다."
"아니에요, 어머니. 저 혼자 해나갈 수 있어요."
"네가 한 푼 없이 떠나면 내가 잠을 잘 수 있겠니? 손을 이리 다오, 톰! 버스니 뭐니 하는 것도 타야할 테고…. 멀리, 아주 멀리 떠나라. 삼사백 마일쯤 멀리."
"받지 않겠어요."
"톰," 어머니는 언성을 높였다. "이 돈을 받아! 넌 나를 괴롭힐 권리가 없어. 알아듣겠니!"

얼마나 지극한 어머니의 사랑인가? 마지막으로 어머니는 톰의 손을 다시 한 번 꽉 잡아본 뒤 놓아준다. 어머니의 눈은 젖어있다. 독자의 눈시울도 뜨거워지지 않을 수 없다.

이 때만이 아니다. 온 가족이 삶의 터전을 잃고 유랑하면서 어려운 고비를 맞이할 때마다 빈틈없이 대처하고 정확한 행동지침을 내린 사람은 늘 어머니였다. 역경 속에서도 빛나는 어머니의 힘이었다.

트럭 하나에 짐을 싣고 일자리를 찾아 온 가족이 떠돌아다니던 중 한동안 비교적 마음 편하게 머무르던 수용소를 떠나지 않으면 안 되었다. 가지고 있던 음식물과 차의 연료와 돈이 모두 거의 다 떨어졌기 때문이다. 함께 움직이던 임신한 딸도 해산할 때가 다가오고 있었다. 그런데 가족들은 떠날 것인지, 떠나면 어디로 갈 것인지 갑론을박만 계속했다. 그러자 어머니는 어서 떠나야 한다고 분명하게 결정했다. 임시로 머무르던 곳이 아쉬운 대로 편했기 때문에 모두들 망설이는 상황에서 어머니는 "날이 새는 대로 떠나자"고 재촉했다.

아버지는 불만이었다. 자존심이 상한 나머지 "옛날에는 남자가 이래라저래라 했는데, 이젠 여자가 이래라저래라 하고 명령이거든"하며 푸념한다. 그렇지만 다른 대안은 없었다. 그대로 있다가는 온 가족이 굶어죽을 판이었다. 자식과 가족에 대한 사랑과 상황에 대한 분명한 인식에서 나온 어머니의 명쾌한 결정을 뒤집을 수는 없었다.

돈벌이를 위해 한때 지내던 농장에서 떠날 때도 마찬가지였다. 아들 톰이 폭행사건에 연루돼 붙잡힐 수도 있는 상황이 되자 어머니는 톰을 트럭에 꼭꼭 숨기고 서둘러 떠났다. 이 역시 어머니가 내린 결정이었고, 아버지는 그저 불평을 늘어놓는 수밖에 없었다. 이렇듯 모든 문제는 어머니에 의해 해결되고 정리됐다.

어머니는 사리판단을 분명하게 할 뿐만 아니라 가족들이 이유 없이 당하는 불명예에는 단호하게 맞선다. 누군가가 근거 없이 자신의 가족을 비방할 때에는 힘 있게 반박한다. 유랑민 수용소에 머물러 있을 때 어느 여자 광신도가 찾아와서 수용소 거주민들에게는 악만 가득 차 있다면서 비방했다. 딸의 뱃속에 있는 아기가 불 속에서 타고 있는 것이 보인다는 등 저주의 말을 퍼붓기도 했다. 그러자 어머니는 폭발했다. 광기 들린 여인을 냉정하게 내쫓아 버렸다. 그러고는 혹시 딸이 그런 저주 때문에 무서워하거나 괴로워하지나 않을까 걱정돼서 위로해 준다. 자식을 온 몸으로 보호하려는 어머니의 몸짓이다.

 어머니의 용기와 결단은 어느 날 할머니가 세상을 떠났을 때도 유감없이 발휘됐다. 할머니는 사막을 통과하는 길에 운명하셨는데, 어머니는 가족들에게도 사실을 숨기고 할머니의 시체 옆에서 밤새 함께 누워있었다. 캘리포니아로 가는 마지막 관문인 사막을 무사히 통과하기 위해서 할머니의 죽음을 숨겨야 했던 것이다. 검문소 검시관들이 시체를 발견하면 사막 통과가 힘들어질 수도 있었기 때문이다. 어머니가 힘든 '연극'을 벌인 덕분에 톰의 가족은 검문소와 사막을 무사히 통과했다. 나무가 우거진 골짜기에 다다라서야 어머니는 모든 사실을 가족들에게 말하고, 나무가 많이 우거져 있는 깨끗한 곳에 묻어드릴 수 있게 됐다고 기뻐한다.

 어머니는 자기 가족만 아끼지 않았다. 불행한 일을 당한 사람이나 어려움을 겪는 사람 모두에게 주저 않고 사랑을 베푼다. 이 작품의 마지막 장면을 보자. '샤론의 장미'라고도 불리는 딸 로자샤안은 아기를 사산한 후 강물에 흘려보낸다. 어머니는 그런 딸을 이끌어 굶주린 사람에게 젖을 먹이게 한다.

*샤론의 장미는 빗소리가 속삭이는 듯한 헛간 속에 가만히 앉아 있었다. 잠시 후 그녀는 지친 몸을 간신히 일으켜 깃털 이불을 끌어당겨 몸에 걸치고 천천히 구석으로 걸어갔다. 그녀는 사내의 야윈 얼굴과 겁에 질린 말똥말똥한 눈을 내려다보았다. 그러고는 천천히 그 옆에 몸을 눕혔다. 사내는 느릿느릿 고개를 저었다. 샤론의 장미는*

깃털 이불 한쪽을 헤치고 젖을 꺼냈다. "빨아야 해요." 몸을 비틀어 사내의 얼굴을 더 가까이 끌어당겼다. 그러고는 "자, 어서!" 하며 손을 사나이의 머리 뒤로 넣고서 머리를 받쳐주었다. 손가락은 부드럽게 사내의 머리칼을 쓰다듬고 있었다. 그녀는 눈을 들어 헛간 안을 둘러보았다. 꼭 다문 입술은 신비로운 미소를 머금고 있었다.

두고두고 잊혀지지 않을 명장면이다. 자신들도 비에 흠뻑 젖은 상태에서 몸을 말리기 위해 들어갔던 어느 집에서 아사 직전의 남자를 살리기 위해 젖을 물리겠다고 나서다니! 현실에서 이런 장면이 벌어질 수 있을지는 그 다음 문제다. 과문한 탓인지는 몰라도 그런 실화를 들어본 적이 아직 없는 것 같다. 성서에 나오는 착한 사마리아인 일화보다도 더 고귀하고 아름다운 이야기다. 그야말로 이웃을 내 몸같이 사랑하는 바로 그 모습인 것이다.

자식에 대한 어머니의 사랑은 그리스로마 신화에도 중요한 소재였다. 호메로스의 《일리아스》에서 그리스군의 영웅 아킬레우스는 괴롭고 슬픈 일을 당할 때마다 어머니 테티스 여신의 위로와 도움을 받는다.

베누스(아프로디테) 여신은 어머니로서 아들 아이네아스의 수호신 역할을 다했다. 트로이전쟁이 한창일 때 자신의 옷으로 적의 창을 막아주며 아이네아스를 보호하다가 그리스 장수의 창에 손목을 찔리기도 했다. 아이네아스가 트로이를 탈출해서 이탈리아 반도에 상륙해 토착민과 전쟁을 할 때까지 모든 유랑과정에서 그를 후원하고 보호했다. 길을 몰라 헤맬 때는 위치를 알려주고, 광폭한 행동에 나서려 할 때는 다정한 말로 제지한다. 남편 불카누스 신에게 부탁해서 특별 방패를 만들어 주고, 적의 공격을 받아 위험할 때는 막아주기도 한다. 어머니 베누스 여신은 처음부터 아이네아스의 후원자요 방패였다. 그리고 정확한 행동지침을 내려주는 교사요 지휘관이기도 했다.

아이네아스를 때로는 독려하고 때로는 억누르면서 정확한 행동으로 이끌어가는 베누스의 모습은 《분노의 포도》에 등장하는 톰의 어머니와 닮았다. 톰의 어머니와 베누스 여신은 자식의 수호신이라는 점에서 동격이라고 볼 수 있다. 아니 이 세상의 모든 어머니가 베누스 여신과 동격이라고 해야 마땅할 것이다. 베누스 여신의 이런 역할은 단순히 신화의 이야기만은 아니다. 이 세상의 어머니와 자식 사이에 흔히 있을 수 있는 일이다.

어머니와 자식의 관계는 자연이 인간에게 부여한 가장 친밀한 관계다. 어떠한 인위적인 힘도 이 관계를 부정하거나 끊을 수 없다. 구약성서에서도 "새끼염소를 어미의 젖으로 삶지 말라"고 요구한다. 새끼염소를 그 어미의 젖으로 삶아 먹는 것은 모자의 원초적 관계를 위태롭게 하기 때문이라고 생각된다. 그 어떤 생물에게도 어머니의 젖은 생명을 살리기 위해 있는 것이지, 자식을 죽이는 수단이 될 수는 없다.

어머니는 또한 가족의 중심이요 세상의 중심이다. 한 집안이 아무리 어렵고 힘들어도 어머니가 중심을 잡고 있으면 그 집안이나 가족들은 잘못된 길로 빠지지 않는다. 어머니가 집안의 행성이라면, 가족들은 위성이라고 할 수 있다. 어머니가 행성처럼 중심을 굳건히 잡고 있을 때 위성 같은 가족들은 그 주위에서 어머니를 믿고 살아가는 것이다. 행성이 제 궤도를 이탈하지 않으면 위성 역시 궤도를 이탈하지 않는다.

남편과 자식이 혹시 일탈하려고 할 때 한없는 '사랑의 인력'으로 잡아당기는 사람이 아내요 어머니다. 남편과 자식이 편안함을 추구하는 나머지 집안에서 무기력하게 머물러 있으려고 할 때 나가서 힘 있게 일하도록 북돋아주는 사람도 아내요 어머니다. 그런 어머니의 존재와 힘은 신으로부터, 자연으로부터 부여받은 것이다.

　루소도 《에밀》에서 어머니의 중요성을 누누이 강조했다. 아이에게는 어머니의 세심한 보살핌을 대신할 수 있는 것은 없고, 어머니가 어머니로서의 역할을 다할 경우 아이가 바르고 튼튼하게 성장할 것임을 역설했다.

　어머니는 아이가 행복하기를 원한다. 그것도 지금 당장부터 행복하기를 바란다. 그 점에서는 어머니가 옳다. 어머니가 방법에서 틀려 있다면 그 점을 설명해 주어야 한다. 아버지의 야심과 압제와 미래에 대한 잘못된 대비, 그리고 그의 관심부족과 인정머리 없는 무정함은 어머니의 맹목적인 애정보다 백 배는 더 아이에게 해롭다.

　이렇게 자식에게 '맹목적인 애정'을 쏟는 어머니가 존중받는 나라는 인구감소의 우려도 없고 풍속도 개선된다고 루소는 강조한다.

　어머니에게 자기 아이를 손수 키우도록 해보라. 풍속은 저절로 개선될 것이다. 자연의 감정이 모든 이의 마음에 되살아날 것이다. 나라의 인구는 다시 불어날 것이다.

　그러나 오늘날 대한민국에서는 어머니의 희생을 당연하게 여길 뿐 그 희생을 잘 인정해 주지 않으려 한다. 그런 사회 분위기가 결혼과 출산을 마다하게 만들기도 한다. 가정에서 어머니의 역할에 만족하고 자식 키우는 데만 힘을 쏟는 여성을 은근히 폄하하는 분위기도 감지된다. 이는 행성 주위를 돌아가는 위성만 아름답다고 하고 그 행성 자체의 존재가치는 무시하는 일이다. 자연의 질서에 어긋나는 일이라고 여겨진다.

오늘날의 인구감소 우려는 이처럼 자연의 질서에 어긋나는 사회적 분위기가 초래한 것이 아닐까? 어머니의 존재가치를 사회 전체가 존중하는 분위기가 형성되지 않는다면 인구감소 문제는 근본적으로 해결되기 어려울 것이다. 이 점에서는 내 생각도 루소와 같다.

더욱 안타까운 것은 자식들이 모두 곁을 떠난 뒤 노년의 어머니가 홀로 남아 고생하는 경우가 너무나 많다는 사실이다. 홀로 살다가 몸져누워도 찾아오는 자식 없이 쓸쓸하게 생을 마감하는 사례 또한 적지 않다. 어머니의 노고 덕분에 장성한 자식들이 노모를 봉양하기는커녕 사실상 돌아보지도 않는 경우가 너무 많다. 이보다 더 슬프고 안타까운 일은 없을 것이다. 이는 대지에 발을 디딜 자격을 스스로 포기하는 행위다. 만물의 어머니인 대지의 여신 가이아로부터 버림받는 길이다.

나는 중풍에 걸린 어머니를 돌아가실 때까지 6년간 모셨다. 솔직히 무척 힘든 기간이었다. 어머니를 봉양하느라 해외연수 같은 것은 꿈도 꾸지 못했다. 그렇지만 그것은 어머니가 나를 키우시느라 쏟은 노고에 비하면 그야말로 아주 사소한 손실에 불과하다. 대신 나는 대지의 '이방인'은 되지 않았다는 소득을 얻었다. 어머니에게 온 몸과 마음을 다 쏟지는 못했지만, 만물의 어머니인 대지의 여신으로부터 냉대받지는 않을 것으로 나름 기대해 본다.

지금도 어머니는 가장 큰 존재로 내 마음속에 자리 잡고 계신다. 그래서 나는 신상의 변화가 있을 때마다 어머니를 모신 납골당에 찾아가 절을 한다. 어머니는 저 세상에서도 나를 이끌어주시는 가장 확실한 손길이라고 믿기 때문이다.

최근 우리나라에서는 자신의 이름을 표기할 때 어머니의 성을 함께 쓰는 사람들이 늘어나고 있다. 한 인간이 태어나서 장성할 때까지 기울인 어머니의 노고와 희생을 생각할 때 타당한 일이라고 생각한다. 그렇게 하면 동명이인도 대폭 줄어들 것이다. 이를테면 '홍길동'이란 이름을 가진 사람 중 어머니가 이씨인 사람은 '홍이길동', 박 씨인 사람은 '홍박길동'이 된다. 실용적인 면에서 효과만점이다. 그렇게 함으로써 어머니를 소중하게 여기는 풍토가 확산되기를 기대한다. 그리고 한마디 덧붙이자면, 언젠가 어머니날이 어버이날로 바뀌었는데, 다시 어머니날로 고쳐졌으면 한다.

### 잊지 못할 구절들

《분노의 포도》

† 기쁨보다 더 좋은 것이 평온함이다.

† 과거가 없으면 어떻게 그것이 우리들이란 걸 알 수 있단 말이지?

† 노동을 갈구하는 근육과 한 개인의 욕망을 넘어서 창조를 구하는 정신, 이것이 인간이다.

† 그 트랙터와 탱크 사이에는 거의 차이가 없다.

† 한 가닥의 영혼은 남의 영혼하고 합쳐져 완전한 것이 되지 않는 한 그것만으로는 아무 소용도 없기 때문이에요.

## 참고서적

《분노의 포도》 존 스타인벡 지음, 김병철 옮김, 삼성출판사, 1987년

《아이네이스》 베르길리우스 지음, 유영 옮김, 혜원출판사, 1994년

《에밀》 장 자크 루소 지음, 김중현 옮김, 한길사, 2003년

# 생명을 구하는 직업정신의 영웅

## 알베르 카뮈 《페스트》

 니체는 《비극의 탄생》에서 이런 과제를 던졌다. "베토벤의 '환희의 송가'를 한 폭의 그림으로 바꾸어 보라." 베토벤의 교향곡 제9번 〈합창〉의 대미를 장식하는 '환희의 송가'는 삶의 기쁨을 더 없이 아름답게 노래한 것이다. 그런데 그 누가 그렇게 아름다운 합창곡을 감히 그림으로 옮겨볼 수 있을까? 그것은 헤라클레스의 12가지 어려운 과제보다 어려울 것 같다.

 나는 그에 어울리는 그림이 없을까 하고 이리저리 찾아보기도 했다. 그렇지만 아직도 찾지 못했다. 나는 원래 그림을 그릴 줄 모른다. 하지만 아무리 그림을 잘 그리는 사람이라 해도 그것을 제대로 그려낼 수 있는 사람은 거의 없을 것이라고 생각된다. '환희의 송가'에 어울리는 순간을 포착하거나 느껴보기가 우선 쉽지 않기 때문이다. 그런데 다음과 같은 장면을 제대로 그려본다면 거의 근접하지 않을까 싶다.

 사람들은 광장마다 모여서 춤을 추고 있었다. 지체 없이 교통량은 현저하게 증가되어 수가 늘어난 자동차들은 사람들이 밀려든 거리를 간신히 통과하고 있었다. 시내의 모든 종들이 오후 내내 힘껏 울렸다. 종들은 푸르른 황금빛의 하늘을 그들의 진동으로 가득 채워놓았다. (…) 그들은 저마다 자기 영혼의 불빛을 낮게 줄여놓고 살아온 지난 몇 달 동안에 비축되었던 생명감을, 마치 그날이 자기들의 생환 기념일인 양 마음껏 즐기고 있었다.

알베르 카뮈가 쓴 소설 《페스트》의 결말 부분에 묘사된 장면이다. 긴 나날을 페스트의 공포에 시달리던 시민들이 광장에 나와 그 치명적 전염병을 완전 퇴치한 것을 다 함께 기뻐하는 모습. 페스트로 인한 극도의 공포와 죽음의 골짜기를 천신만고 끝에 빠져나왔으니, 그 환희는 얼마나 클 것인가? 그 지옥 같던 터널을 탈출해 살아난 사람들의 해방감은 차마 필설로 다 표현하기 어려울 것이다. 페스트로 인해 희생된 사람들의 생명은 안타깝지만, 일단 살아남은 사람들은 이제 한없는 기쁨을 누려야 하지 않겠는가? 이제 이 장면을 잘 그리기만 하면 베토벤의 '환희의 송가'를 한 폭의 그림으로 완성하는 것이나 다름없을 것이다.

《페스트》는 제목 그대로 전염병 페스트가 내습한 도시에서 일어난 시민들의 희생과 분투를 주제로 한 소설이다. 전체 5부 가운데 페스트가 가장 기승을 부리는 3부에 이어 그것을 퇴치하기 위한 시민들의 사투를 다룬 4부에서 작품은 절정에 이른다. 피와 땀과 눈물로 젖은 그 고통의 시간을 지나 결국 해방이 찾아온다.

소설의 공간적 배경은 알제리 북부에 있는 도시 오랑이다. 오랑은 다른 지역으로부터 비교적 고립된 도시로, 바다와 가깝다. 그러니까 이곳은 외부인의 관점에서 볼 때 전염병이 발생해도 다른 지역으로 옮아가기 어렵다. 반면 그 안에 사는 사람들은 외부로부터 지원받기가 매우 힘들다. 그래서 이곳에 페스트가 퍼졌을 때 시민들은 그야말로 절해고도(絶海孤島)의 처지가 된다.

페스트가 발생하자마자 도시는 폐쇄되고, 시민들은 집단적으로 유배된 신세에 처한다. 순식간에 오랑은 날마다 수백 명의 시민이 죽어가는 비극의 도시로 전락한다. 모든 사람이 절망과 희망 사이를 오가며 간신히 하루하루 생명을 이어가는 절망의 도시가 되고 말았다. 다른 지역과의 통행은 거의 끊기고 소식도 주고받기가 어려워졌다. 이제 페스트 퇴치는 도시 자체의 역량에 달렸다.

시민들이 페스트 퇴치에 나선다. 주인공 베르나르 리유도 의사로서 한 명이라도 더 살려내기 위해 그야말로 헌신적인 노력을 기울인다. 리유의 아내는 다른 곳에서 모종의 질병으로 요양 중이다. 리유는 아내에게 문병 가는 것도 포기하고 환자 치료에 모든 힘을 쏟는다. 그가 이렇게 헌신적으로 환자진료에 나서는 이유는 단순하다. 그저 치료해야 할 환자들이 있기 때문이다. 잠시라도 게을리 하면 희생자가 늘어나는 마당에 환자들을 고쳐주는 것이 무조건 가장 긴급한 일이다. 그는 "힘이 미치는 데까지 그들을 보호해줄 뿐"이라고 말한다. 그것이 진리의 길이라고 그는 믿는다. 재앙에 걸린 도시를 혼자서라도 먼저 빠져나가려고 안간힘을 쓰고 있는 기자 랑베르와의 대화에서도 "페스트와 싸우는 유일한 방법은 성실성뿐"이라고 강조한다.

랑베르가 홀로 도시를 빠져나가기 위해 증명서를 써달라고 하자 리유는 거절한다. 그가 페스트에 걸리지 않았다고 확신할 수 없었기 때문이다. 랑베르가 혼자서라도 행복해지는 것을 반대하지는 않지만, 직무상 해서는 안 될 일을 할 수는 없었다. 페스트에 걸리지 않은 수천 명의 사람이 같은 이유로 도시 바

깥으로 나갈 수 없는 상황이었다. 그는 랑베르에게 "현실을 있는 그대로 감수하라"고 말한다.

리유의 헌신적인 자세는 파늘루 신부와 분명한 대조를 이룬다. 신부는 특별 기도주간 행사의 미사에서 강론을 하면서 시민들을 향해 "불행을 겪어 마땅하다"고 말한다. 그날 성당은 지푸라기라도 잡아보려는 절박한 마음으로 찾아온 시민들로 인산인해였다. 그들을 향해 신부는 페스트가 발생한 것은 시민들의 죄악 때문이라고 책망한다.

가차 없는 재앙은 짚과 낱알을 가리기 위해서 인류라는 밀을 타작하는 것이며, 낱알보다는 짚이 더 많을 것이다. 이 세상은 너무나 오랫동안 악과 타협해 왔다. 참으로 오랫동안 이 도시의 사람들 위로 연민의 얼굴을 보여주시던 신께서도 기다림에 지치고 실망해 외면을 한 것이다. 신의 광명을 잃고 우리는 바야흐로 페스트의 암흑 속에 빠지고야 말았다.

아름답고 찬란한 저 페스트의 천사가 지붕 위에 서서 시민들의 집을 가리키거나, 나무대문을 두드리거나, 집 안에 들어가 방에서 시민들이 돌아오기를 기다릴 것이다. 페스트 천사의 그 손은 누구도 피할 수 없을 것이며, 시민들은 짚과 함께 버림받을 것이다. 거대한 나무토막이 도시의 하늘에서 소용돌이치며 닥치는 대로 후려갈기고 다시 솟아오를 것이다. 지금 괴롭히는 그 재앙이 시민들을 도리어 향상시킬 것이다. 그러니 하느님보다 더 서둘러서는 안 된다.

신부의 이런 강론은 한때 르네상스의 산실이었던 피렌체의 실권을 장악했던 수도사 사보나롤라의 다음과 같은 음울한 설교를 연상시킨다.

이것이야말로 신께서 내리시는 칼이다. 내 예언은 적중했다. 회초리가 내리쳐진다. 신께서 몸소 저 군대를 인솔하고 계신다. 이것이야말로 신이 내리시는 노여움의 시련이다!

오, 피렌체여, 로마여, 이탈리아여, 노래와 춤으로 지새던 때는 지났다. 이제 눈물의 강이 흐른다. 동포여, 회개하라. 주께 가까이 가자! 주여, 저희들의 죄로 말미암아, 저희들을 사랑하시기 때문에 돌아가신 분이시여, 용서하소서. 당신의 어린 양이 되고자 애쓰는 이 피렌체의 백성을 용서하소서!

요컨대 파늘루 신부의 설교는 도시를 엄습한 페스트를 서둘러 퇴치하려 하지 말고, 희생자가 '충분히' 발생한 다음 스스로 물러날 때까지 기다리라는 이야기다. 집단 사형선고나 비슷한 것 아닐까? 차라리 서로 페스트를 옮겨서 다 같이 죽자고 설교를 할 것이지….

파늘루 신부의 설교 내용은 고대 그리스인의 자세보다도 더 반문명적이다. 당시는 전염병을 확실하게 퇴치할 만한 의학적 지식이 없었던 대신 신에게 경건하게 기도라도 했다. 소포클레스의 작품 《오이디푸스 왕》의 한 구절을 보자.

그 수없이 헛된 죽음으로 이 나라는 여지없이 망하고 있다.
시체는 병을 퍼뜨리고 간호도 조상도 찾아볼 수 없다.
아내들도 노파들도 제단 층계에서 울부짖는다.
목 놓은 탄식 소리와 찌르는 듯 우는 소리에 뒤섞인 기도 소리.
오오, 제우스의 황금의 딸이여, 구해주시옵소서.

시민들을 치명적 전염병으로부터 구해낼 능력이 없다면, 차라리 이렇게 기도라도 열심히 하는 것이 성직자의 올바른 자세일 것이다.

리유는 파늘루 신부의 '경건주의적' 혹은 '신비주의적' 태도에 단호하게 반대한다. 그런 태도는 치명적 전염병을 퇴치하려는 도시 주민들의 갈망과 노력에 찬물을 끼얹을 뿐이다. 희망을 무참하게 꺾어버리는 주장에 지나지 않는다. 그는 성자가 될 수는 없지만 재앙 또한 용납할 수 없었다. 페스트가 나름대로 유익한 점도 있다는 생각은 더더욱 용인할 수가 없다. 그것은 "미친 사람이나 눈먼 사람이나 비겁한 사람의 태도"일 따름이다. 중요한 것은 많은 사람들이 페스트로 인해 죽는다든가 이별을 하는 사태를 막는 것이다. 그러려면 페스트와 단호히 싸우는 길밖에 없었다.

시민들을 죄인 취급한 파늘루 신부의 '경건한' 태도와 의사 리유의 '실전적' 자세는 자연히 갈등을 일으킬 수밖에 없다. 리유는 오통 판사의 어린 자녀가 페스트에 걸려 죽어갈 때 파늘루 신부에게 "그 아이에게는 적어도 아무 죄가 없었다"며 격렬하게 쏘아붙인다. 그러나 신부는 "우리는 우리가 이해할 수 없는 것을 사랑해야 할지도 모른다"고 뜻 모를 소리를 한다. 그러자 리유는 "어린이들마저도 주리를 틀도록 창조해 놓은 세상이라면 죽어도 거부하겠다"고 격하게 반발한다.

페스트는 인류의 역사와 오랫동안 함께해온 치명적 전염병이다. 호메로스가 쓴 서사시 《일리아스》에서도 아폴로 신의 심술로 말미암아 그리스군 진영에 페스트 같은 전염병이 창궐한다. 그 이후 유럽에서 가끔씩 페스트가 출몰해서 선량한 시민과 도시를 파멸의 구렁텅이로 몰아넣곤 했다. 보카치오가 쓴 《데카메론》도 페스트를 피하려는 사람들의 이야기를 다룬 작품이다.

치명적인 전염병이 닥치면 아무리 우수한 의사라도 혼자서 맞설 수 없다. 여러 사람이 협력해서 대처해야 한다. 이 작품에서도 페스트가 번지자 타루는 자원보건대를 만들자고 제안하고, 그랑은 조직된 보건대에서 온갖 궂은일을 도맡아 한다. 노의사 카스텔은 혈청을 만들기 위해 집중적인 노력을 기울인다. 각기 필요한 분야에서 적절한 역할을 해냈다. 모두가 몸을 사리지 않고 열심히 했다. 나중에는 파늘루 신부와 오통 판사, 랑베르 기자까지 참여해 수고를 아끼지 않았다. 그 와중에 파늘루 신부와 카스텔은 페스트에 감염돼 목숨을 잃는다. 이들의 노고와 희생 덕분에 오랑의 페스트는 결국 몇 달 만에 진압되기에 이르렀다.

수고한 이들의 중심에는 역시 의사 리유가 있다. 그는 인간의 질병과 생명을 책임지는 전문직업인으로서 고립무원의 도시에서 헌신적으로 자기 책무를 다했다. 아무리 각계 인사의 협력이 중요하다고 해도 의사가 빠지면 소용이 없다. 인간생명을 살리고 병자를 치료하는 데 있어서는 역시 의사의 정확한 진단과 처방이 필수적이다. 그래서 성서에서는 의사를 두고 '신이 내린 직업'이라고 했다. 플라톤의 《향연》에도 알키비아데스가 "한 명의 의사가 백 명의 문외한 보다 낫다"며 호메로스의 《일리아스》를 인용하는 내용이 나온다.

과연 리유는 자신이 전염될까 두려워 도망치지 않고, 끝까지 직업적인 책임을 완수했다. 의사가 갖춰야 할 '직업정신'의 귀감을 보여줬다. 그의 직업정신은 의사라는 직업의 기능적인 책임에 그치지 않았다. 불행에 빠진 도시의 운명을 끝까지 함께한다는 연대 의식도 포함한다. 기능적 책임을 다하는 것으로 만족한다면 그 도시를 서둘러 벗어나 아내와 재회하고 다른 도시에서 여유 있는 환자나 진료하면서 행복하게 살아가면 된다. 페스트에 걸린 도시 주민이야 자기 알 바 아니라며 떠나버리면 그만일 것이다. 그러나 의사로서 진정한 직업정신을 가진 사람은 차마 그러지 못한다. 치명적인 전염병으로 신음하는 도시를 도망치듯 버리고 갈 수는 없는 것이다. 리유가 바로 그런 의사였다. 그러므로 그는 의사의 '전범'이요 직업정신의 '영웅'이다.

랑베르 기자도 책임의식을 가져야 할 전문직업인이다. 이런 상황에서 그가 할 일은 분명하다. 기사를 통해 그 도시의 전염병 참상을 널리 알리는 것이다. 그런 역할만 충실히 해도 그는 직업적 책임을 충분히 하는 것이다. 그 기사 덕분에 다른 지역 시민의 관심과 지원이 저절로 답지할 것이므로. 비록 고립돼 있어도 의지만 있다면 얼마든지 방법은 찾을 수 있다. 그것도 안 될 경우에는 현장에서 생생하게 상황을 취재해 뒀다가 추후에 적절하게 활용하면 된다. 이것도 저것도 안 될 경우에는 현장의 지원대에 참여해 전염병 퇴치에 힘을 보태고, 기사를 쓰고 널리 알리는 것은 훗날의 일로 미룰 수도 있다. 어떤 경우든 현장에 남거나 현장과 가장 가까운 위치에서 생생하게 사실을 기록해 두어야 한다.

그러나 랑베르는 자신의 책무를 소홀히 했다. 어떻게 해서든지 봉쇄된 도시를 혼자라도 빠져나가야 한다는 생각뿐이었다. 그에게는 자신의 행복이 가장 중요한 과제였기 때문이다. 그런 그도 뒤에는 혼자만 행복하겠다고 생각했던 것을 부끄러워하며 자원보건대 활동에 참여한다. 아마도 혼자서 빠져나가려는 온갖 시도가 물거품이 되자 체념하는 심리가 작용했을 것이다. 리유의 헌신적 활동에 감화를 받은 측면도 다소 있겠지만.

오랑에서 의사 리유를 비롯한 '영웅'들이 페스트와 힘겨운 싸움을 벌이는 동안 겪는 고뇌는 독자의 마음을 적신다. 자원보건대에서 궂은일을 도맡아 하던 그랑은 어느 날 길거리에서 굵은 눈물을 흘렸다.

싸늘한 정오에 차에서 내린 리유는 그랑이 나무를 거칠게 깎아서 만든 장난감들로 가득 찬 어느 진열장 앞에 바싹 달라붙어 있는 것을 멀리서 보았다. 그 늙은 서기의 얼굴에는 끊임없이 눈물이 흘러내리고 있었다. 그 눈물은 리유의 마음을 흔들었다. 왜냐하면 그는 그 눈물의 이유를 알고 있었고, 자기 역시 목구멍 깊숙한 곳에서 그것을 느끼고 있었기 때문이다.

그랑은 약혼녀 잔과 오래전에 헤어진 뒤 다시 만날 기약도 없이 페스트와의 싸움에 매달리고 있었다. 리유 역시 깊은 병으로 말미암아 요양 중인 아내를 멀리 두고 이 도시에서 온 몸과 마음을 다 바치고 있었다. 몇 달 동안 그랑과 리유는 함께 전염병 퇴치에 헌신하느라 몸과 마음이 지치기도 했을 것이다. 그러니 그랑의 눈물은 곧 그 두 사람의 눈물이요, 엄청난 재앙과 사투를 벌이는 사람들 모두의 눈물이기도 하다.

  그래서 리유는 생각한다. 사랑이 없는 이 세계는 죽은 세계와 다를 바 없다고. 일이니 용기니 하는 것들에 지친 나머지 인간의 얼굴과 애정 어린 황홀한 가슴을 요구하게 되는 때가 찾아오게 마련이라고.

  다행히 리유에게는 함께 사는 어머니가 큰 힘이 되었다. 어머니는 환자를 한 명이라도 더 살리기 위해 불철주야 애쓰는 리유를 아끼고 걱정해 주었다.

"베르나르야."

"네?"

"고단하지 않니?"

"아뇨."

어머니의 사랑이 정말로 진하게 느껴지는 장면이다. 어머니의 이런 깊은 사랑이 있었기에 리유는 최악의 조건 속에서도 지치지 않고 책임을 다할 수 있었던 것이다.

카뮈가 《페스트》를 쓰게 된 계기는 2차대전 때의 체험이었다고 번역자 김화영 씨는 설명한다. 전염병 페스트와 전쟁은 평온하던 인간의 삶을 갈기갈기 찢어버리고 극도의 공포와 궁핍을 초래한다는 점에서 비슷하다. 카뮈는 2차대전 당시 나치독일 치하에서 지하신문 〈전투〉의 편집을 맡으며 항독운동에 참여했다. 전쟁발발 이전 알제리 취재 경험과 전쟁 시기의 지독했던 경험이 《페스트》에 녹아든 셈이다.

프랑스 파리가 나치 독일에서 해방됐듯이 오랑은 페스트에서 해방됐다. 오랑이 있는 알제리는 프랑스와의 치열한 투쟁 끝에 힘겹게 독립을 쟁취했다. 그렇지만 인간사회에서 전쟁과 전염병은 완전히 사라지지 않았다. 지구상 곳곳에서 여전히 포성은 울리고, 근절된 줄 알았던 전염병이 여기저기서 끊임없이 되살아난다. 뿐만 아니라 새로운 괴질이 생겨나 인간을 위협한다. 아니 인간사회가 존속하는 한 전쟁과 전염병은 영원히 사라지지 않을지도 모른다. 아마도 그것이 자연 속에 살아가는 인간의 숙명이라고 해야 옳을 것이다.

타루가 이야기한 대로 인간은 모두 페스트 속에 있다. 사람들은 언제든 또다시 페스트에 감염될 가능성을 안고 살아간다. 인간사회에는 페스트라는 자연적 전염병뿐만 아니라 갖가지 페스트가 잠복해 있다. 페스트라는 전염병의 어원이 된 라틴어 페스티스(pestis)에도 전염병 페스트라는 뜻 외에 재앙, 해악, 파멸 등 여러 가지 의미가 들어 있다. 내 생각에는 인간사회의 가장 큰 페스트는 '탐욕적 이기심' 이라고 생각된다. 그 페스트는 어떤 약으로도 치유되기 어려운 것이기에 전염병보다 더 파괴적이고 항구적이다.

그러므로 리유가 보여준 그 투철한 직업정신은 의사에게만 요구되는 것이 아니다. 인간의 사회적, 경제적 활동이 다양해지고 복잡해짐에 따라 탐욕적 이기심도 다양해지고 복잡해진다. 그럴수록 다양하고 전문화된 전문직업인이 함께 늘어나고 그들의 책임도 무거워진다. 이들 다른 분야의 전문직업인에게도 리유와 같은 투철한 직업정신이 요구된다. 전문지식과 경험을 바탕으로 해당 분야에서 최종적인 권한과 책임을 갖기 때문이다.

아마도 의사와 함께 가장 오래된 전문직업인은 법관일 것이다. 법관은 인류가 사회를 구성한 이후 언제나 존재해 왔다. 인간사회에 잠복해 있는 페스트는 그들에 의해 치유되고 척결될 수 있다. 성서에는 유태인들이 왕정을 수립하기 전에는 판관들이 통치했다고 쓰여 있다. 군주가 입법, 사법, 행정을 모두 장악했던 시절에는 법관이 중요하지 않았을지도 모른다. 하지만 입법, 사법, 행정이 분립돼 있는 오늘날에는 누구도 법관의 권한을 침해할 수 없다. 그들은 인간의 생명과 재산에 대한 최종 처결권을 보유하고 있다. 따라서 그들의 직업정신은 그 어느 전문직업인보다 중요하다.

오늘날에는 회계사, 감정평가사, 애널리스트, 학예사, 기자, 교수와 교사 등 새로운 유형의 전문직업인이 속속 등장한다. 이들도 각 분야에서 핵심적인 권한과 책임을 갖고 있다. 이들의 직업정신이 각 분야를 성장시키고 정화시킨다. 그 직업정신이 올곧게 발휘되는지에 따라 각 분야에 숨어 있는 페스트가 퇴치되거나 창궐한다.

이를테면 회계사가 주어진 소임을 제대로 이행하지 않을 경우 기업의 분식회계가 독버섯처럼 퍼진다. 기업이나 금융기관에 대한 신뢰는 붕괴된다. 애널리스트도 마찬가지다. 이들은 한 나라의 경제나 기업이 병들지 않고 건전하게 운용되는 데 중요한 임익을 담당하는 전문직업인들이다. 또 미술관 학예사가 작품에 대한 평가를 소신껏 하지 않으면 창의적인 예술가가 발굴되고 육성될 수 없다. 이들 전문직업인에게는 헌법과 법률과 양심에 따라 소임을 완수해야 할 의무가 있다.

사실 오늘날 문명국일수록 이들 전문직업인에게 주어지는 명예와 함께 책임추궁이 무섭다. 사심에 의해 업무를 처리하지 않도록 물질적, 정신적 보상을 충분히 하는 대신 그릇된 판단으로 잘못을 저질렀을 경우 추상같은 응징이 따른다. 이들이 소임을 다하지 않았을 경우 폐해가 너무나도 크기 때문이다. 이것은 의사 리유가 없거나 자기 책임을 다하지 않았을 경우의 오랑을 생각해 보면 쉽게 이해된다. 이렇게 막중한 책임을 지고 있는 전문직업인에게는 남다른 직업정신이 절실히 요구된다. 각자 '마음의 왕국'을 갖고 있어야 한다.

재앙을 이기고 살아남은 오랑 시민들이 극심한 공포로부터 벗어날 때의 그 환희는 인류가 느낄 수 있는 기쁨 가운데서도 최고의 기쁨일 것이다. 적어도 살아남은 이들에게는. 이 글의 서두에서 제시한 바와 같이, 베토벤의 〈합창〉 교향곡과 그 속에 담겨 있는 '환희의 송가'는 바로 그런 때를 위해 작곡된 것이 아닐까? 베토벤도, 그것에 관한 물음을 제기한 니체도 나의 이런 견해에 그다지 반대하지 않을 것이라고 생각한다.

## 잊지 못할 구절들

《페스트》

† 커다란 불행의 도가니 속에서 자라나는 삶에 대한 열정.

† 나는 어둠 속에 있고, 거기서 뚜렷이 보려고 애쓴다는 것입니다.

† 신성모독이나 기도를 초월해서 우리를 한데 묶어주고 있는 그 무엇을 위해서 함께 일하고 있어요. 그것만이 중요합니다.

† 명백히 필요한 악이 있고, 또 명백히 불필요한 악이 있다.

† 희망 없이 마음의 평화는 있을 수 없다.

† 인간에게는 경멸해야 할 것보다는 찬양해야 할 것이 더 많다.


## 참고서적

《페스트》 알베르 카뮈 지음, 김화영 옮김, 책세상, 1991년

《비극의 탄생》 프리드리히 니체 지음, 곽복록 옮김, 1995년

《나의 친구 마키아벨리》 시오노 나나미 지음, 오정환 옮김, 한길사, 2002년

《일리아스》 호메로스 지음, 천병희 옮김, 숲, 2002년

《데카메론》 조반니 보카치오 지음, 권오현 옮김, 하서출판사, 1993년

고전, 내 마음의 엘리시움

지은이 | 차기태

1판 1쇄 펴낸날 | 2007년 9월 10일

펴낸이 | 이주명
편집 | 문나영
출력 | 문형사
종이 | 화인페이퍼
인쇄 · 제본 | 한영문화사

펴낸곳 | 필맥
출판등록 제300-2003-63호
주소 | 서울시 서대문구 충정로2가 184-4 경기빌딩 606호
이메일 | philmac@philmac.co.kr
홈페이지 | www.philmac.co.kr
전화 | 02-392-4491
팩스 | 02-392-4492

ISBN 978-89-91071-48-3 (03810)

• 잘못된 책은 바꾸어 드립니다.
• 값은 뒤표지에 있습니다.

이 도서의 국립중앙도서관 출판시도서목록(CIP)은 e-CIP홈페이지(http://www.nl.go.kr/cip.php)에서 이용하실 수 있습니다. (CIP제어번호 : CIP2007002549)